21 世纪应用型本科电子商务与信息管理系列实用规划教材

电子商务概论

主　编　苗　森

副主编　王　妍　黄秋波　王　侃

北京大学出版社
PEKING UNIVERSITY PRESS

内 容 简 介

本书是电子商务的启蒙教材,根据电子商务的理论研究,结合实践发展的成果撰写而成。本书介绍了电子商务的概念、发展过程以及电子商务对生产、生活的影响,重点介绍了电子商务的战略以及电子商务发展进程中产生的物流、支付、安全和法律等问题,简要介绍了支撑电子商务发展的相关技术。本书内容深入浅出、视角独特,案例实用性强。

本书可以作为本科电子商务类相关专业的教材,电子商务实践者及爱好者,也可通过此书系统地掌握电子商务的相关知识,指导实践工作。

图书在版编目(CIP)数据

电子商务概论/苗森主编. —北京:北京大学出版社,2012.8
(21 世纪应用型本科电子商务与信息管理系列实用规划教材)
ISBN 978-7-301-21044-4

Ⅰ. ①电… Ⅱ. ①苗… Ⅲ. ①电子商务－高等学校－教材 Ⅳ. ①F713.36

中国版本图书馆 CIP 数据核字(2012)第 172327 号

书　　　名:	电子商务概论
著作责任者:	苗　森　主编
责 任 编 辑:	刘　丽
标 准 书 号:	ISBN 978-7-301-21044-4
出　版　者:	北京大学出版社
地　　　址:	北京市海淀区成府路 205 号　100871
网　　　址:	http://www.pup.cn　http://www.pup6.cn
电　　　话:	邮购部 010-62752015　发行部 010-62750672　编辑部 010-62750667
电 子 邮 箱:	pup_6@163.com
印　刷　者:	北京虎彩文化传播有限公司
发　行　者:	北京大学出版社
经　销　者:	新华书店
	787 毫米×1092 毫米　16 开本　14.75 印张　332 千字
	2012 年 8 月第 1 版　2022 年 12 月第 6 次印刷
定　　　价:	42.00 元

未经许可,不得以任何方式复制或抄袭本书之部分或全部内容。
版权所有,侵权必究　举报电话: 010-62752024
电子邮箱: fd@pup.pku.edu.cn

21世纪应用型本科电子商务与信息管理系列实用规划教材
专家编审委员会

主　　任　　李洪心

副 主 任　　(按拼音顺序排名)

　　　　　　程春梅　　　庞大连　　　秦成德

委　　员　　(按拼音顺序排名)

　　　　　　陈德良　　　陈光会　　　陈　翔

　　　　　　郭建校　　　李　松　　　廖开际

　　　　　　帅青红　　　谭红杨　　　王丽萍

　　　　　　温雅丽　　　易法敏　　　张公让

法律顾问　　李　瑞

丛 书 序

随着电子商务与信息管理技术及应用在我国和全球的迅速发展，政府、行业和企业对电子商务与信息管理的重视程度不断提高，我国高校电子商务与信息管理人才培养的任务也不断加重。作为一个新兴的跨学科领域的专业，电子商务与信息管理的教育在快速发展的同时还存在着许多值得我们思考和改进的问题。特别是开办电子商务专业和信息管理专业的学校学科背景不同，有文科的、理工科的、经管类学科等，使得不同学校对核心课程的设置差异很大；另外，近年来有关电子商务与信息管理方面的教材出版的数量虽然不少，但适合于财经管理类知识背景本科生的电子商务系列与信息管理系列教材一直缺乏，而在开办电子商务和信息管理本科专业的高校中，财经管理类的高校占的比重很大。为此北京大学出版社于2006年11月在北京召开了《21世纪应用型本科财经管理系列实用规划教材》研讨会暨组稿会，会上出版社的领导和编辑通过对国内经管类学科背景的多所大学电子商务与信息管理系列教材实际情况的调研，在与众多专家学者讨论的基础上，决定成立电子商务与信息管理系列丛书专家编审委员会，组织编写和出版一套面向经管类学科背景的电子商务与信息管理专业的应用型系列教材，暨《21世纪应用型本科电子商务与信息管理系列实用规划教材》。

本系列教材的特点在于，按照高等学校电子商务专业与信息管理专业对本科教学的基本要求，参考教育部高等学校电子商务专业与信息管理专业的课程体系和知识体系，定位于实用型人才培养。

本系列教材还体现了教育思想和教育观念的转变，依据教学内容、教学方法和教学手段的现状和趋势进行了精心策划，系统、全面地研究普通高校教学改革、教材建设的需求，优先开发其中教学急需、改革方案明确、适用范围较广的教材。此次教材建设的内容、架构重点考虑了以下几个要素。

(1) 关注电子商务与信息管理发展的大背景，拓宽经济管理理论基础、强调计算机应用与网络技术应用技能和专业知识，着眼于增强教学内容的联系实际和应用性，突出创造能力和创新意识。

(2) 尽可能符合学校、学科的课程设置要求。以高等教育的培养目标为依据，注重教材的科学性、实用性和通用性，尽量满足同类专业院校的需求。

(3) 集中了在电子商务专业与信息管理专业教学方面具有丰富经验的许多教师和研究人员的宝贵意见，准确定位教材在人才培养过程中的地位和作用。面向就业，突出应用。

(4) 进行了合理选材和编排。教材内容很好地处理了传统内容与现代内容的关系，补充了大量新知识、新技术和新成果。根据教学内容、学时、教学大纲的要求，突出了重点和难点。

(5) 创新写作方法，侧重案例教学。本套教材收集了大量新的典型案例，并且用通俗易懂的方式将这些案例中所包含的电子商务与信息管理的战略问题传授给读者。

前任联合国秘书长安南在联合国 2003 年电子商务报告中说:"人类所表现出的创造力,几乎都没有像互联网及其他信息和通信技术在过去十年中的兴起那样,能够如此广泛和迅速地改变社会。尽管这些变革非常显著,然而消化和学习的过程却只是刚刚开始。"可以说没有一个学科像电子商务与信息管理这样如此完美地融技术与管理于一体,也没有哪一个人的知识能如此的全面丰富。参与本系列教材编写的人员涉及国内几十所高校的几十位老师,他们均是近年来从事电子商务与信息管理教学一线的高校教师,并均在此领域取得了丰富的教学和科研成果。所以本系列教材是集体智慧的结晶,它集所有参与编写的教师之长为培养电子商务与信息管理人才铺垫基础。

在本系列教材即将出版之际,我要感谢参加本系列教材编写和审稿的各位老师所付出的辛勤劳动。由于时间紧,相互协调难度大等原因,尽管本系列教材即将面世,但一定存在着很多的不足。我们希望本套系列教材能为开办电子商务和信息管理专业的学校师生提供尽可能好的教学用书,我们也希望能得到各位用书老师的宝贵意见,以便使编者们与时俱进,使教材得到不断的改进和完善。

2007 年 11 月于大连

李洪心 李洪心博士现为东北财经大学教授,教育部高等学校电子商务专业教学指导委员会委员,劳动和社会保障部国家职业技能鉴定专家委员会电子商务专业委员会委员,中国信息经济学会电子商务专业委员会副主任委员。

前　言

作为在人类历史上影响深远的科技革命，互联网无疑改变了整个世界，影响着人类生产和生活的方方面面。随着互联网技术日新月异的变革，电子商务作为其中一个方面，也得到了长足的发展。

电子商务是研究电子信息技术并促使商业过程发生深刻变革的学科，应用也越来越普及，电子商务市场交易规模强劲的增长趋势得到了各行各业的重点关注。在这种背景下，社会对电子商务专业人才的需求日益增加，推动了高等院校对电子商务应用型人才的培养。

基于此，本书定位于基础性专业课程，以高等院校经济管理等相关专业学生为目标受众，深入浅出，详细介绍了电子商务的发展、战略以及伴生的相关技术问题。综合层面、战略层面和应用层面的逻辑结构贯穿本书，案例丰富，数据翔实，具有较强的实战性。

电子商务来自于技术应用又发展于技术应用，因此，本书立足于应用型教学，并结合编者多年的电子商务教学经验和实践，以实用、易理解、易掌握为原则，使学生系统地了解电子商务的相关理论，并将理论知识运用于实践。

本书共 12 章，主要编写脉络是综合层面、战略层面和应用层面。

综合层面由第 1 章构成。第 1 章主要介绍了电子商务的定义和发展过程，并说明了电子商务的构成要素和电子商务的类型，使读者对电子商务形成初步的认识。

战略层面由第 2～7 章构成。第 2 章介绍了互联网的起源和发展，剖析了互联网的工作原理，介绍了互联网中的协议以及重点概念。第 3 章讨论电子交易的特征，逐步梳理电子商务与传统商务的差异，介绍了电子商务的盈利模式以及电子商务在产业链上的多种模式。第 4 章讨论了战略规划，引入 SWOT 分析模型，介绍了电子商务所引起的冲突以及化解冲突的战略联盟。第 5 章主要阐述了网络营销、网络广告的概念、特征和应用，讨论了电子市场的战略目标及市场细分。第 6 章介绍了在电子商务应用中，企业对商务活动控制能力之一的客户关系管理，详细介绍了呼叫中心的应用与作用及客户关系管理系统的设计。第 7 章着手介绍物流模式及供应链管理，讨论了电子商务对供应链的影响。

应用层面由第 8～12 章构成。开展电子商务，网站的规划必不可少，第 8 章介绍网站建设的目标、设计原则和设计步骤，并详细介绍了建设电子商务网站的流程，使读者对如何构建网站有较为清晰的认识。第 9 章阐述了电子商务中的关键环节——网络支付，介绍了网络支付的相关原理、技术，以及目前已有的支付方式，并重点介绍了目前开始广泛发展的第三方支付与移动支付。第 10 章着重讨论了电子商务安全问题，介绍了网络安全技术、加密技术和认证技术等在安全策略中的运用。第 11 章探讨了电子商务法律法规的发展和成果，并从合同、税收、电子支付、知识产权和消费者权益保护等方面讨论电子商务所面临的新问题。第 12 章对电子商务环境中的参与者及其行为特征进行了剖析。

为了增强读者对电子商务的认识，加深理解，增加教材的可阅读性，本书还多处引入翔实的案例。考虑到对应用型人才的培养，案例基本国外化、大型企业化；同时注重数据的更新，确保数据的时效性和指导性，以提升相关理论的说服力。

本书由苗森(浙江树人大学)担任主编并统稿。全书各章节的分工如下：王妍(浙江树人大学)编写第1章和第4章，黄秋波(浙江树人大学)编写第2章，王侃(河南经贸职业学院)编写第3章，潘磊编写第5章并收集相关数据，何铭强、董自光、汪曼、倪蔚颖、段向云、徐玲共同编写第6章、第7章、第10章、第11章、第12章，苗森编写第8章、第9章，金利雅进行了校对与案例收集。本书的完成，离不开以上人员的共同努力。本书在编写过程中参考了国内外电子商务教材、相关文献和一些权威网站资料，引用了部分报刊新闻，在此向相关作者表示感谢！

由于编者水平有限，加之编写时间仓促，书中不足之处在所难免，恳请广大读者批评指正。

苗　森

2012年5月

目 录

第1章 电子商务导言 ... 1
1.1 电子商务的定义 ... 2
1.1.1 国际组织或各国政府部门对电子商务的定义 ... 2
1.1.2 IT行业对电子商务的定义 ... 3
1.1.3 权威学者的定义 ... 3
1.1.4 本书的定义 ... 3
1.2 电子商务的发展过程 ... 4
1.2.1 早期电子商务 ... 4
1.2.2 近代电子商务 ... 4
1.2.3 基于互联网的电子商务 ... 4
1.2.4 全球电子商务的发展 ... 5
1.3 电子商务的构成要素 ... 9
1.4 电子商务的类型 ... 10
1.4.1 企业内部电子商务 ... 10
1.4.2 B2B电子商务 ... 11
1.4.3 C2C电子商务 ... 12
1.4.4 B2C电子商务 ... 12
1.4.5 B2G电子商务 ... 12
1.4.6 C2G电子商务 ... 12
1.5 EDI电子商务和移动电子商务 ... 13
1.5.1 EDI体系的组成 ... 13
1.5.2 移动电子商务的概念及特征 ... 14
本章小结 ... 15
复习思考题 ... 15

第2章 对互联网的理解 ... 18
2.1 互联网的起源 ... 19
2.1.1 互联网和万维网 ... 19
2.1.2 第一代互联网 ... 20
2.1.3 互联网在其他领域的应用 ... 20
2.1.4 互联网的市场化 ... 21
2.2 互联网的基础 ... 22
2.2.1 万维网的发展 ... 22
2.2.2 包交换数据网络 ... 24
2.2.3 互联网中的协议 ... 25
2.3 互联网经济 ... 29
2.3.1 dot-com时代 ... 29
2.3.2 网络泡沫的破灭与电子商务的机会 ... 29
2.3.3 互联网变革在中国 ... 30
本章小结 ... 32
复习思考题 ... 33

第3章 商务模型与盈利模式 ... 35
3.1 电子商务的交易特征 ... 36
3.1.1 电子商务的特点 ... 36
3.1.2 电子商务存在的问题 ... 37
3.2 产业链与电子商务的机会 ... 38
3.2.1 电子商务产业链虚拟化经营 ... 39
3.2.2 网络平台——虚拟产业集群 ... 39
3.2.3 电子商务外包 ... 39
3.3 盈利模式的类型 ... 40
3.3.1 会员制 ... 40
3.3.2 网络广告 ... 40
3.3.3 商铺、物品登录和物品交易收费 ... 40
3.3.4 搜索竞价 ... 40
3.3.5 区域型、垂直型分站加盟、频道共建 ... 41
3.3.6 无线增值服务 ... 41
3.3.7 支付、物流环节收费 ... 41
3.4 盈利模式的组成要素 ... 41
3.5 中国电子商务与国外电子商务的比较 ... 42
本章小结 ... 44
复习思考题 ... 44

第4章 电子化商务战略 ... 46
4.1 战略规划 ... 47
4.1.1 战略规划的需求 ... 47

  4.1.2 战略规划的内容 48
4.2 SWOT 分析 49
  4.2.1 SWOT 分析模型的含义 49
  4.2.2 SWOT 分析模型应用方法 ... 50
  4.2.3 SWOT 模型的局限性 53
  4.2.4 电子商务战略规划的
     8 个步骤 53
4.3 电子商务引起的渠道冲突 57
  4.3.1 渠道冲突的含义 58
  4.3.2 渠道冲突的类型 58
4.4 渠道冲突的解决方法——战略联盟 ... 59
  4.4.1 战略联盟的类型 60
  4.4.2 战略联盟的优势 60
4.5 战略联盟绩效测量 62
  4.5.1 战略联盟绩效的影响因素 ... 63
  4.5.2 战略联盟绩效评估方法 64
本章小结 66
复习思考题 66

第 5 章 电子化市场战略 69

5.1 网络营销 70
  5.1.1 网络营销的内涵 70
  5.1.2 网络营销的基本职能 71
  5.1.3 网络营销新策略 75
5.2 网络广告 75
  5.2.1 网络广告的内涵 75
  5.2.2 网络广告的类型 78
5.3 电子市场 81
  5.3.1 电子市场简介 81
  5.3.2 电子市场的细分和电子
     目标市场的选择 82
  5.3.3 电子市场的产品策略 88
  5.3.4 电子市场的价格策略 89
  5.3.5 电子市场的渠道策略 90
本章小结 92
复习思考题 92

第 6 章 有效的客户关系管理战略 95

6.1 客户关系管理的基础 96

  6.1.1 客户关系管理的产生 97
  6.1.2 客户关系管理的含义 98
  6.1.3 客户关系管理的目标 100
  6.1.4 客户关系管理的内容 100
6.2 呼叫中心在客户关系管理中的
  应用 102
  6.2.1 呼叫中心的定义 102
  6.2.2 呼叫中心的发展历程 103
  6.2.3 呼叫中心的作用 105
  6.2.4 呼叫中心的应用 107
6.3 客户关系管理系统的功能与
  结构设计 109
  6.3.1 客户关系管理系统的
     主要组成和功能 109
  6.3.2 CRM 成功实施的关键环节 ... 115
本章小结 119
复习思考题 119

第 7 章 物流与供应链管理战略 121

7.1 物流的概念 123
  7.1.1 对物流认识的发展历程 123
  7.1.2 我国对物流的标准定义 123
7.2 物流的模式 124
  7.2.1 企业自营物流模式 124
  7.2.2 借助传统流通渠道 125
  7.2.3 物流企业联盟模式 125
  7.2.4 第三方物流模式 125
7.3 供应链管理 126
  7.3.1 供应链的含义 126
  7.3.2 供应链管理的含义与内容 ... 130
  7.3.3 电子商务对供应链运行的
     影响 131
本章小结 138
复习思考题 138

第 8 章 商务网站规划 141

8.1 电子商务网站建设的准备 142
  8.1.1 营利组织 143
  8.1.2 非营利组织 144

8.2 电子商务网站的构成 144
8.3 电子商务网站的设计原则与步骤 145
 8.3.1 电子商务网站的设计原则 145
 8.3.2 电子商务网站的设计步骤 146
8.4 建设电子商务网站的一般流程 148
 8.4.1 网站规划 148
 8.4.2 服务器部署 149
 8.4.3 域名注册 150
 8.4.4 域名备案 151
 8.4.5 网站推广和维护 152
本章小结 154
复习思考题 154

第 9 章 网络支付 156

9.1 网络支付的基础 157
9.2 网络支付的方式 159
 9.2.1 银行卡组织 159
 9.2.2 银行卡支付模式 160
 9.2.3 电子钱包 161
 9.2.4 电子现金 161
 9.2.5 电子支票 162
 9.2.6 网上银行 163
9.3 第三方支付与移动支付 167
 9.3.1 第三方支付 167
 9.3.2 移动支付 168
本章小结 169
复习思考题 169

第 10 章 电子商务安全策略 171

10.1 电子商务安全概论 172
10.2 电子商务安全措施 174
 10.2.1 网络安全措施 174
 10.2.2 加密措施 178
 10.2.3 认证技术 180
10.3 电子商务交易标准 183
 10.3.1 电子商务安全技术协议
     类型 183

 10.3.2 安全电子交易协议
     SET 简介 184
本章小结 187
复习思考题 188

第 11 章 电子商务的法律和风险 ... 190

11.1 电子商务法规概述 191
 11.1.1 电子商务法的概念和特征 ... 191
 11.1.2 电子商务法的调整对象 191
 11.1.3 电子商务法的主体 191
 11.1.4 电子商务法的性质 192
 11.1.5 国内外电子商务立法现状 ... 192
11.2 电子商务的法律新问题 193
 11.2.1 电子商务合同的法律问题 ... 193
 11.2.2 电子商务税收的法律问题 ... 194
 11.2.3 电子商务电子支付的
     法律问题 195
 11.2.4 电子商务知识产权保护的
     法律问题 196
 11.2.5 电子商务消费者权益保护的
     法律问题 198
11.3 电子商务面临的新风险 200
 11.3.1 信息风险 200
 11.3.2 信用风险 201
 11.3.3 交易安全风险 201
 11.3.4 法律政策风险 202
 11.3.5 管理风险 202
 11.3.6 投资风险 202
 11.3.7 战略风险 203
 11.3.8 人才风险 203
本章小结 204
复习思考题 204

第 12 章 电子商务经济 206

12.1 电子商务环境中的市场组织 207
 12.1.1 电子商务环境中的
     组织模式 207
 12.1.2 电子商务环境中的
     市场动态 207

12.2 电子商务环境中的消费者行为 212
 12.2.1 电子商务环境中的消费者
    行为的特点 212
 12.2.2 电子商务环境中消费者行为的
    制约因素 213
12.3 电子商务环境中的中介 214
 12.3.1 电子商务中介的定义 214
 12.3.2 电子商务中介的类型 214
 12.3.3 电子商务中介的作用 216
本章小结 218
复习思考题 219

参考文献 221

第1章 电子商务导言

学习目标

1. 了解电子商务的概念。
2. 了解电子商务的发展历程。
3. 掌握电子商务的构成要素和类型。
4. 培养学生敏锐的电子商务感知能力。

知识结构

知识模块	知识单元	相关知识点
电子商务导言	电子商务的定义	(1) 国际组织或各国政府部门对电子商务的定义； (2) IT 行业对电子商务的定义； (3) 权威学者的定义； (4) 本书定义
	电子商务的发展过程	(1) 早期电子商务； (2) 近代电子商务； (3) 基于互联网的电子商务； (4) 全球电子商务的发展
	电子商务的构成要素	网络、电子商务用户、认证中心、物流中心、网上银行
	电子商务的类型	(1) 企业内部电子商务； (2) B2B 电子商务； (3) C2C 电子商务； (4) B2C 电子商务； (5) B2G 电子商务； (6) C2G 电子商务
	EDI 电子商务和移动电子商务	(1) EDI 体系的组成； (2) 移动电子商务的概念及特征

引例

1983年3月4日，住在波士顿的兰德尔和霍尔夫妇俩接到了一个从南美洲智利打过来的电话，打电话的人从他们手中购买了一台价值7 000美元的IBM PC(personal computer，个人计算机)。而这个客户是从他们发布到 BBS(电子公告牌)网上的产品目录中得到的信息。这笔交易标志着B2C(Business to Consumer)电子商务的诞生。

但是，对于如何界定最早的电子商务交易，人们的看法不尽相同。有的人认为最早的电子商务交易其实在20世纪80年代之前就已产生，那时已经有人通过电子邮件交换产品和价格信息，进行交易。

更有人认为电子商务早在20世纪初就已产生。那时，位于不同城市的鲜花商人为了解决异地鲜花的递送问题，通过协议方式为对方的客户递送鲜花到本地的顾客家中。而鲜花底单的发送利用的是当时刚刚发明的电报技术。

看来人们对于电子商务的理解是千差万别的。因此，我们首先得了解电子商务的概念，然后再来辨别兰德尔和霍尔夫妇建立在BBS上的网络商店是否可以被认为是最早的电子商务交易。

1.1 电子商务的定义

电子商务的定义至今仍没有一个很清晰的概念。各国政府、学者及企业界人士都根据自己立场给出了许多表述不同的定义。比较这些定义，有助于我们更全面地了解电子商务，然后综合出一个较为完备的定义。

电子商务之父：杰夫·贝佐斯

杰夫·贝佐斯(Jeff Bezos)于1965年出生于美国新墨西哥州中部城市阿尔布奎克，是全球最大的互联网书店——亚马逊网络购物中心的缔造者。美国《时代周刊》杂志在2000年1月3日的特刊中，遴选杰夫·贝佐斯作为"年度风云人物"的代表，将近18页的全版版面，极力赞扬杰夫·贝佐斯的丰功伟业。他在创建电子商务帝国的同时，也创造了"电子商务"(e-business)这个名词；他不仅创造了财富，还创造了历史，世界从此进入电子商务时代。《时代》杂志总编辑沃尔特·艾萨克森(Walter Isaacson)说："杰夫·贝佐斯不仅改变了我们做事情的方式，而且还为开拓未来铺平了道路。"

1.1.1 国际组织或各国政府部门对电子商务的定义

(1) 1997年11月6日～7日在法国首都巴黎，国际商会(International Chamber of Commerce，ICC)举行的世界电子商务会议(World Business Agenda for Electronic Commerce)给出了关于电子商务最权威的概念阐述：电子商务(electronic commerce，EC)，是指对整个贸易活动实现电子化。从涵盖范围方面可以定义为，交易各方以电子交易方式而不是通过当面交换或直接面谈方式进行的任何形式的商业交易。从技术方面可以定义为，电子商务是一种多技术的集合体，包括交换数据(如电子数据交换、电子邮件)、获得数据(如共享数据库、电子公告牌)以及自动捕获数据(条形码)等。

(2) 欧洲议会关于电子商务给出的定义：电子商务是通过电子方式进行的商务活动。它通过电子方式处理和传递数据，包括文本、声音和图像。它涉及许多方面的活动，包括货物电子贸易和服务、在线数据传递、电子资金划拨、电子证券交易、电子货运单证、商业拍卖、合作设计和工程、在线资料和公共产品获得。它包括了产品(如消费品、专门设备)和服务(如信息服务、金融和法律服务)、传统活动(如健身、体育)和新型活动(如虚拟购物、虚拟训练)。

(3) 中国上海市电子商务安全证书管理中心给电子商务下的定义：电子商务是指采用数字化电子方式进行商务数据交换和开展商务业务的活动。电子商务主要包括利用电子数据交换(electronic data interchange，EDI)、电子邮件(E-mail)、电子资金转账(electronic funds transfer，EFT)及 Internet 的主要技术在个人间、企业间和国家间进行无纸化的业务信息的交换。

1.1.2　IT 行业对电子商务的定义

IT(information technology，信息技术)行业是电子商务的直接设计者和设备的直接制造者。很多公司都根据自己的技术特点给出了电子商务的定义。虽然差别很大，但总的来说，无论是国际商会的观点，还是 HP 公司的 e-world、IBM 公司的 e-business，都认同电子商务是利用现有的计算机硬件设备、软件设备和网络基础设施，通过一定的协议连接起来的电子网络环境来进行的各种各样商务活动的方式。

1.1.3　权威学者的定义

美国学者瑞维·卡拉科塔(Revivia Calacota)和安德鲁·B·惠斯顿(Andrew B. Wheatston)在他们的专著《电子商务的前沿》中提出："广义地讲，电子商务是一种现代商业方法。这种方法通过改善产品和服务质量、提高服务传递速度，满足政府组织、厂商和消费者的低成本的需求。"这一概念也用于通过计算机网络寻找信息以支持决策。一般地讲，今天的电子商务通过计算机网络将买方和卖方的信息、产品和服务联系起来，而未来的电子商务则通过构成信息高速公路的无数计算机网络中的一条将买方和卖方联系起来。

1.1.4　本书的定义

综合各类表述，本书对电子商务的定义表述为，电子商务是指在互联网(Internet)、企业内部网(Intranet)和增值网(value added network，VAN)上以电子交易方式进行交易活动和相关服务活动，是传统商业活动各环节的电子化、网络化。电子商务包括电子货币交换、供应链管理、电子交易市场、网络营销、在线事务处理、电子数据交换、存货管理和自动数据收集系统。在此过程中，利用到的信息技术包括互联网、外联网、电子邮件、数据库、电子目录和移动电话。

电子商务的定义有广义和狭义之分。狭义的电子商务是指利用 Internet 从事商务或活动。而广义的电子商务是指使用各种电子工具从事商务或活动。这些工具包括从初级的电报、电话、广播、电视、传真到计算机、计算机网络，到 NII(national information infrastructure，国家资讯通信基本建设)、GII(global information infrastructure，全球信息基础设施)和 Internet 等现代系统。而商务活动是从泛商品(实物与非实物、商品与非商品化的生产要素等)的需求活动到泛商品的合理、合法的消费除去典型的生产过程后的所有活动。

1.2 电子商务的发展过程

1.2.1 早期电子商务

1.1.4 节中提到广义的电子商务是使用各种电子工具从事商务或活动。因此，1844 年 5 月 24 日，莫尔斯在美国国会大厅举行的电报通信试验可以被看做电子商务的起点。随后，1876 年贝尔发明了电话，以及之后电报、电视等一系列电子工具的诞生使早期的电子商务得到了进一步发展。

1.2.2 近代电子商务

近代电子商务出现于 20 世纪 60～90 年代，被称为 EDI 的电子商务。

EDI 是英文 electronic data interchange 的缩写，中文可译为"电子数据交换"，中国香港、澳门及海外华人地区称其为"电子资料联通"。它是一种在公司之间传输订单、发票等作业文件的电子化手段。它通过计算机通信网络将贸易、运输、保险、银行和海关等行业信息，用一种国际公认的标准格式，实现各有关部门或公司与企业之间的数据交换与处理，并完成以贸易为中心的全部过程。它是 20 世纪 80 年代发展起来的一种新颖的电子化贸易工具，是计算机、通信和现代管理技术相结合的产物。国际标准化组织(International Organization for Standardization，ISO)将 EDI 描述成"将贸易(商业)或行政事务处理按照一个公认的标准变成结构化的事务处理或信息数据格式，从计算机到计算机的电子传输"。而国际电信联盟远程通信标准化组织 ITU-T(原国际电报电话咨询委员会 CCITT)将 EDI 定义为，"从计算机到计算机之间的结构化的事务数据互换。"又由于使用 EDI 可以减少甚至消除贸易过程中的纸质文件，因此，EDI 又被人们通俗地称为无纸贸易。

1.2.3 基于互联网的电子商务

20 世纪 90 年代以来，由于 EDI 通信系统的建立需要较大的投资，使用 VAN 的费用很高，仅大型企业才能使用。于是 20 世纪 90 年代中期后，互联网迅速普及，逐渐从大学、科研机构走向企业和一般百姓的家庭，互联网开始演变为一种大众化的信息传播工具。由于互联网的费用更低、覆盖面更广、服务更好，所以开始逐渐取代 VAN 而成为 EDI 的数据交换载体。电子商务借助互联网的普及，发展迅速，迎来了电子商务的高峰期。人们对于电子商务的一般认识也正是从此时开始的。

现在再回顾引例中的问题，我们可以认为从狭义的电子商务的定义来讲，兰德尔和霍尔夫妇建立在 BBS 上的网络商店似乎可以被认为是最早的电子商务交易。

1.2.4 全球电子商务的发展

从全球电子商务的发展历程可以发现,各国政府对于电子商务的发展起着指导和促进的作用。以下简要介绍欧美、日本等政府为促进电子商务发展所做的努力与举措,同时回顾我国电子商务的发展历程。

1. 美国电子商务的发展

美国是电子商务的先驱,1990年以来,伴随着互联网的迅速普及,电子商务迅速成为美国经济发展的一大热点。1993年,克林顿总统签发了《国家信息基础结构的行动纲领》,开始全面推动建设美国国家信息基础设施。1997年,美国政府发布了《全球电子商务纲要》,将因特网与200年前的工业革命相提并论。

1998年,克林顿总统发表了著名的"网络新政"的演说,宣布为了推动网络贸易,将对电子商务实行免税。其后不久,美国国会即通过了《因特网税收自由法案》。电子商务起源于美国,高度发达的市场经济体系又提供了良好的经济、技术和社会条件,因此,美国的电子商务发展异常迅猛,迄今一直保持着全球领先的地位。comScore公司(美国知名的互联网统计公司)的数据显示,2011年美国电子商务支出总额达到2 560亿美元。

2. 欧洲电子商务的发展

1997年4月,欧洲联盟(以下简称欧盟)出台了《欧盟电子商务动议》,该动议指出:欧洲的主要竞争者正在利用电子商务带来的机遇迅速发展,欧洲国家必须加强政治上的合作,在基础设施、技术和服务等方面做好准备,制定统一的法律框架,确保欧洲企业有能力迎接挑战。

从1998年起,大部分欧盟成员国充分开放电信市场,推动数字通信终端,逐渐成为互联网接入和电子商务的主要平台。

1999年12月,欧盟委员会制定了电子欧洲(e-Europe)计划,为求实现使每一个家庭、每一所学校、每一家公司和每一个管理部门都能上网的目标,重点建设10个重要领域,促进电子商务的发展。2010年欧洲网购业务达到1 719亿欧元。

3. 日本电子商务的发展

当日本国会在2000年11月通过《信息技术基本法》时,"互联网"一词开始被载入日本的法律词典中。这项在2001年1月正式实施的立法,是基于对现行50项法律的修正。它为信息技术的传播铺平了道路,而这些信息技术贯穿于日本商业、政府、教育以及信息网络社会的其他方面。

2001年1月,日本建立IT战略指挥部,作为商业领导人和内阁成员的顾问小组,为其提供政策建议以推动电子商务和IT的发展,故而称之为"e-Japan"战略。这样,"e-Japan"战略于2001年1月正式发起,在IT战略指挥部的支持下,作为互联网重要的基础构架的蓝图直至2005年。

现在,日本正在把IT的关注度转至"u-Japan"战略。其中,"u"代表"ubiquitous"(来自拉丁文),意为"无所不在"。换言之,日本希望在2010年以前实现所有物品和人都能在任意时间、任意地点通过互联网接收和发送信息的技术。

2010年7月20日,日本经济产业省公布了《2009年版日本电子商务(EC)市场调查报告》。根据该调查显示,日本2009年的消费者网购(B2C)的市场规模为6.7兆日元,约合5324亿元人民币。

4. 中国电子商务的发展

中国电子商务近15年来的发展及标志性事件如图1.1所示。

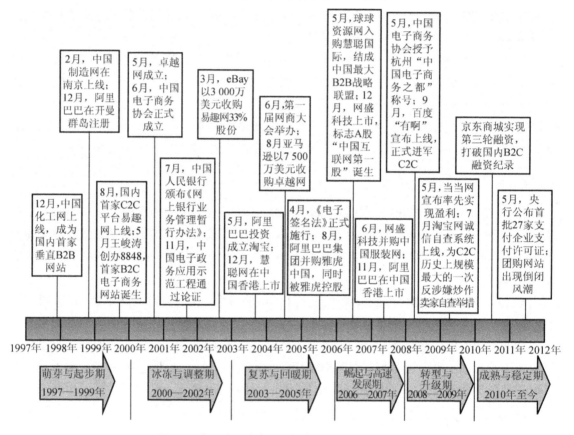

图1.1 中国电子商务15年来的发展及标志事件

1) 萌芽与起步期(1997—1999年)

特征:业内公认的说法是,国内第一批电子商务网站的创办时期始于1997年起步后的3年。当时互联网全新的概念鼓舞了第一批新经济的创业者,他们认为传统的贸易信息会借助互联网进行交流和传播,商机无限。于是,1997—1999年,美商网、中国化工网、8848、阿里巴巴、易趣网和当当网等知名电子商务网站先后涌现。

数据:据中国B2B研究中心调查显示,在目前已经成立的电子商务网站当中,有5.2%创办于20世纪90年代。该阶段无疑是我国电子商务的萌芽与起步时期。

2) 冰冻与调整期(2000—2002 年)

特征：2000—2002 年，在互联网泡沫破灭的大背景下，电子商务的发展也受到了严重影响，创业者的信心经受了严峻的考验，尤其是部分严重依靠外来投资"输血"、而自身尚未找到盈利模式具备"造血"功能的企业，经历了冰与火的严峻考验。于是，包括 8848、美商网和阿里巴巴在内的知名电子商务网站进入残酷的寒冬阶段，而依靠"会员＋广告"模式的行业网站集群，则大都实现了集体盈利，安然度过了互联网最为艰难的"寒潮"时期。

数据：据中国 B2B 研究中心调查显示，在这 3 年间创建的电子商务网站不到现有网站总数的 12.1%。无疑，该阶段是我国电子商务的冰冻与调整时期。

3) 复苏与回暖期(2003—2005 年)

特征：电子商务经历低谷后，2003 年一场突如其来的 SARS 使电子商务出现了快速复苏回暖的趋势，部分电子商务网站也在经历过泡沫破灭后，更加谨慎务实地对待盈利模式和低成本经营。

数据：据中国 B2B 研究中心调查显示，目前现有电子商务网站总数占现有网站总数的 30.1%，应用电子商务的企业会员数量开始明显增加，2003 年成为不少电子商务网站尤其是 B2B(Business to Business)网站的"营收平衡年"，该阶段无疑是我国电子商务的复苏与回暖期。

4) 崛起与高速发展期(2006—2007 年)

特征：互联网环境的改善、理念的普及给电子商务带来巨大的发展机遇，各类电子商务平台会员数量迅速增加，大部分 B2B 行业电子商务网站开始实现盈利。而专注于 B2B 的网盛生意宝与阿里巴巴的先后成功上市所引发的"财富效应"，更是大大激发了创业者与投资者对电子商务的热情。IPO 的梦想、行业良性竞争和创业投资热情高涨这"三驾马车"，大大推动了我国电子商务行业进入新一轮高速发展与商业模式创新阶段，衍生出更为丰富的服务形式与盈利模式，而电子商务网站数量也快速增加。

数据：据中国 B2B 研究中心调查显示，仅 2007 年，国内各类电子商务网站的创办数量就超过了现有网站总数的 30.3%。该阶段正是我国电子商务的崛起与高速发展阶段。

5) 转型与升级期(2008—2009 年)

特征：全球金融海啸的不期而至，全球经济环境的迅速恶化，致使我国相当多的中小企业的发展举步维艰，尤其是外贸出口企业随之受到极大影响。作为互联网产业中与传统产业关联度最高的电子商务，也很难独善其身。受产业链波及，外贸在线 B2B 首当其冲，以沱沱网、万国商业网、慧聪宁波网和阿里巴巴为代表的出口导向型电子商务服务商或关闭、或裁员重组、或增长放缓。

而与此同时，在外贸转内销与扩大内需、降低销售成本的指引下，内贸在线 B2B 与垂直细分 B2C 却获得了新一轮高速发展，不少 B2C 服务商获得了数目可观的 VC(venture capital，风险投资)的资本青睐，传统厂商也纷纷涉水，B2C 由此取得了前所未有的发展与繁荣。而 C2C 领域，随着搜索引擎巨头百度的进入，使得网购用户获得了更大的选择空间，行业竞争更加激烈。

数据：据中国 B2B 研究中心调查显示，仅在两年不到的时间内创建的电子商务网站占现有网站总数的 22.3%，且有 75.4%的电子商务网站专注于细分行业的 B2C。该时期电子商务行业优胜劣汰步伐加快，模式、产品和服务等创新层出不穷。无疑，该阶段是我国电子商务的转型与升级时期。中国电子商务服务企业增长阶段分布如图 1.2 所示。

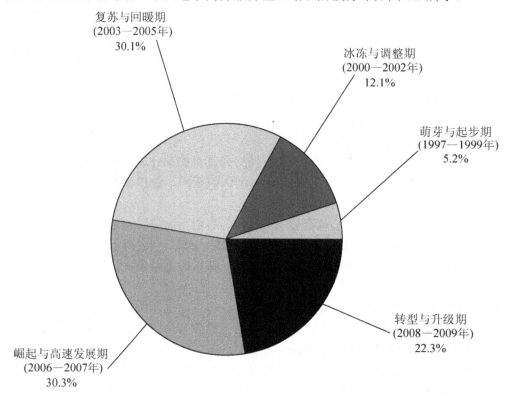

图 1.2　1997—2009 年我国电子商务服务企业增长阶段分布图

6) 成熟与稳定期(2010 年至今)

从 2010 年至今，中国电子商务进入成熟与稳定期。行业整体发展呈现五方面的特征：一是政策监管日趋完善，行业发展环境日渐规范；二是电子商务行业快速成长，资本青睐程度不减；三是团购新模式，带动为生活服务的电子商务发展；四是电子商务对传统经济渗透加强；五是电子商务促进跨国贸易的开展。在政策监管方面，从 2010 年起，我国相继颁布了《网络商品交易及有关服务行为管理暂行办法》、《关于促进网络购物健康发展的指导意见》、《非金融支付机构管理办法》和《关于开展电子商务示范工作的通知》，随着电子商务示范企业的发展，针对电子商务的支持措施陆续出台，中国电子商务发展将迎来更为完善、规范的发展环境。在资本市场方面，来自 China Venture 的数据显示，2010 年，从融资金额来看，电子商务所占的比例为 57.2%；从融资笔数来看，电子商务所占的比例为 50.1%；市场领先企业阿里巴巴加快了市场扩张的步伐，在国际市场分别收购了 Vendio 和 Auctiva，借助全球速卖通的推出，打通了海外 B2B2C(Business to business to Customer)业务链条；麦考林、当当网挂牌上市，网络购物迎来第一批上市潮；在团购模式上不断创新，类似美国 Groupon"每日一团"模式的团购网站数量迅速增长，呈现出"千团大战"的局面。业内各方认为团购市场门槛低，同质化严重，缺乏行业规范。传统企业进军电子商务市场，互联网对传统经济的渗透加强，苏宁易购上线，国美借收购库巴网发力电子商务市场，淘宝网推出旅行频道；电子商务企业发力海外市场，跨国交易成新趋势。例如，阿里巴巴成功收购两家美国企业，淘宝雅虎共建跨国网购平台、李宁 eBay 海外网店上线。艾瑞市场咨询认为，电子商务的海外扩张之路无疑是机遇与挑战并存。

1.3 电子商务的构成要素

从应用角度来考虑构成电子商务的要素，电子商务主要是由网络、电子商务用户、商家、认证中心、物流中心和网上银行组成的。电子商务的基本组成示意图如图 1.3 所示。

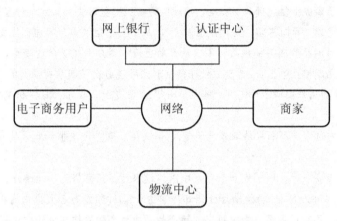

图 1.3 电子商务基本组成示意图

1. 网络

网络包括 Intranet、Extranet 和 Internet。Intranet 是企业内部活动的场所；Extranet 是企业与外部进行商务活动的场所；Internet 是电子商务的基础，是商务信息传递的载体。

2. 电子商务用户

电子商务用户分为个人用户和企业用户(商家)。交易双方都通过网络发布和获得交易信息并通过网络进行商务活动。

3. 认证中心

认证中心(Certificate Authority，CA)是受法律承认的权威机构，负责发放和管理电子证书，使得交易双方能相互确认身份。电子证书一般包含证书持有人的个人信息、公开密钥、有效期和发证单位的电子签名等数字文件。

4. 物流中心

电子商务的数字类产品可以直接通过互联网传递，但是实物商品还是需要由物流将商品送到消费者手中。

5. 网上银行

随着电子商务的发展，银行业开始开启网上银行业务，提供网上支付手段，为用户提供 24 小时实时服务，这极大地促进了电子商务的发展。

案例 1-1

支付宝："因为信任，所以简单！"

支付宝(中国)网络技术有限公司是国内领先的独立第三方支付平台，由阿里巴巴集团创办。支付宝致力于为中国电子商务提供"简单、安全、快速"的在线支付解决方案。支付宝公司从 2004 年建立开始，从成立初期的"面向淘宝"到"走出淘宝"，从第三方担保平台转向在线支付平台。支付宝始终以"信任"作为产品和服务的核心，不仅从产品上确保用户在线支付的安全，同时让用户通过支付宝在网络间建立起相互的信任，为建立纯净的互联网环境迈出了非常有意义的一大步。截至 2011 年 12 月，支付宝注册用户突破 6.5 亿人，日交易额超过 45 亿元人民币，日交易笔数峰值达到 3 369 万笔。

目前支持使用支付宝交易服务的商家已经超过 46 万家，涵盖了虚拟游戏、数码通讯、商业服务和机票等行业。

目前国内中国工商银行、中国农业银行、中国建设银行、招商银行、上海浦发银行等各大商业银行以及中国邮政、VISA(威士卡)和 MasterCard(万事达卡)国际组织等各大机构均和支付宝建立了深入的战略合作关系，不断根据客户需求推出创新产品，成为金融机构在电子支付领域信任的合作伙伴。支付宝在第三方支付交易规模市场份额中稳居首位。

(资料来源：http://ab.alipay.com/i/jieshao.htm)

1.4 电子商务的类型

电子商务的分类标准很多：按参与对象分类、按网络类型分类、按运作方式分类、按交易过程分类、按交易的地域范围分类以及按接入模式分类。本书主要介绍按参与对象分类的电子商务类型，因为这是最常见也是最容易让人了解电子商务活动的分类。

电子商务的主要参与对象有企业(business)、消费者(consumer)和政府机构(government)等。因此，按参与对象划分电子商务有企业内部、企业与企业(B2B)、消费者与消费者(C2C)、企业与消费者(B2C)、企业与政府(business to government，B2G)以及消费者与政府(consumer to government，C2G)6 种类型。

1.4.1 企业内部电子商务

企业内部电子商务是指在企业内部通过网络实现内部物流、资金流和信息流的数字化。企业内部各部门进行交换时，交换对象是相对确定的，交换的安全性和可靠性要求较低。企业内部电子商务将企业的内部交易网络化，它是企业外部电子商务的基础。

1.4.2 B2B 电子商务

B2B 电子商务是指企业与企业之间通过互联网进行产品、服务及信息交换的电子商务活动。

B2B 电子商务模式按市场战略的不同又可以分为 3 种类型,即卖方控制型市场战略、买方控制型市场战略以及中介控制型市场战略。

1. 卖方控制型市场战略

卖方控制型市场战略是指由单一卖方建立,以期寻求众多的购买者,旨在建立或维持其在交易中的市场势力的市场战略。

2. 买方控制型市场战略

买方控制型市场战略是由一个或多个购买者建立,旨在把市场势力和价值转移到买方的市场战略。买方控制型市场战略除了由一个购买者直接建立的电子市场之外,还包括买方代理型和买方合作型两种买方控制型市场战略。

3. 中介控制型市场战略

中介控制型市场战略是由买卖双方之外的第三者建立,以便匹配买卖双方的需求与价格的市场战略。

案例 1-2

阿里巴巴:"让天下没有难做的生意!"

阿里巴巴是全球企业间(B2B)电子商务的著名品牌,是目前全球最大的网上交易市场和商务交流社区。阿里巴巴创建于 1998 年底,总部设在杭州,并在美国硅谷、伦敦等设立分支机构。良好的定位、稳固的结构和优秀的服务使阿里巴巴成为全球首家拥有 210 万商人的电子商务网站,成为全球商人网络推广的首选网站,被商人们评为"最受欢迎的 B2B 网站"。杰出的成绩使阿里巴巴受到各界人士的关注。WTO(World Trade Organization,世界贸易组织)首任总干事萨瑟兰出任阿里巴巴顾问,美国商务部、日本经济产业省和欧洲中小企业联合会等政府和民间机构均向本地企业推荐阿里巴巴。

阿里巴巴主要通过旗下 3 个交易市场协助世界各地数以百万计的买家和供应商从事网上生意,包括集中服务全球进出口商的国际交易市场(www.alibaba.com),集中国内贸易的中国交易市场(www.1688.com)以及在国际交易市场上的全球批发交易平台速卖通(www.aliexpress.com),为规模较小、需要小批量货物快速付运的买家提供服务。截至 2011 年 12 月,阿里巴巴拥有来自 240 多个国家和地区的近 7 630 万名注册用户,1 000 万个企业商铺,在大中华地区、印度、日本、韩国、欧洲和美国共设有 70 多个办事处。

(资料来源:http://page.china.alibaba.com/shtml/about/ali_group1.shtml)

1.4.3 C2C 电子商务

C2C 电子商务是指消费者与消费者之间的电子商务。C2C 电子商务模式是一种个人对个人的网上交易行为，目前 C2C 电子商务企业采用的运作模式是通过为买卖双方搭建拍卖平台，按比例收取交易费用，或者提供平台方便个人在网上开店铺，以会员制的方式收费。零售电子商务的 3 个基本要素是信息流、物流与资金流，C2C 已经基本解决，目前真正的难点在于交易信用与风险控制。必须建立起一套合理的交易机制来保证线上交易的安全。阿里巴巴的"支付宝"是目前比较成功的一套支付机制。

> 案例 1-3
>
> **淘宝网："没有淘不到的宝贝，没有卖不出的宝贝。"**
>
> 淘宝网是亚太地区最大的网络零售商圈，致力于打造全球领先网络零售商圈，由阿里巴巴集团在 2003 年 5 月 10 日投资创立。淘宝网现在业务跨越 C2C、B2C 两大部分。截至 2010 年，淘宝网注册会员达 3.7 亿人，在线商品数达到 8 亿，最多时候，每天 6 000 万人访问淘宝网，平均每分钟出售 4.8 万件商品，覆盖了中国绝大部分网购人群；2011 年交易额为 5 374 亿人民币。
>
> （资料来源：http://page.china.alibaba.com/group/profile.html）

1.4.4 B2C 电子商务

B2C 电子商务指的是企业针对个人开展的电子商务模式。在这种模式中，商家首先在网站上开设网上商店，公布商品的品种、规格、价格和性能等，或者提供服务种类、价格和方式，由消费者个人选购，下订单，在线或离线付款，商家负责送货上门。这种网上购物方式可以使消费者获得更多的商品信息，虽足不出户却可货比千家，买到价格较低的商品，节省购物的时间。当然这种电子商务模式的发展需要高效率和低成本的物流体系的配合。这种方式中比较典型的代表就是全球知名的亚马逊网上书店。

1.4.5 B2G 电子商务

B2G 电子商务涵盖了政府与企业间的各项事务，包括政府采购、税收、商检和管理条例发布，以及法规政策颁布等。政府一方面作为消费者，可以通过 Internet 网发布自己的采购清单，公开、透明、高效、廉洁地完成所需物品的采购；另一方面，政府对企业宏观调控、指导规范、监督管理的职能通过网络以电子商务方式能更充分、及时地发挥。借助于网络及其他信息技术，政府职能部门能更及时、全面地获取所需信息，作出正确决策和快速反应，能迅速、直接地将政策法规及调控信息传达于企业，起到管理与服务的作用。在电子商务中，政府还有一个重要作用，就是对电子商务的推动、管理和规范作用。

1.4.6 C2G 电子商务

C2G 是政府的电子商务行为，不以盈利为目的，主要包括政府采购、网上报关和报税等，对整个电子商务行业不会产生大的影响。消费者对行政机构间的电子商务，指的是政府对个人的电子商务活动。这类的电子商务活动目前还没有真正形成。然而,在个别发达国家,如在澳大利亚,政府的税务机构已经通过指定私营税务,或财务会计事务所用电子方式来为个人报税。这类活动虽然还没有达到真正的报税电子化,但是它已经具备了消费者对行政机构电子商务的雏形。

1.5 EDI 电子商务和移动电子商务

1.5.1 EDI 体系的组成

EDI,即"电子数据交换",在 1.2.2 节中已介绍了其内涵,在此不多赘述。

EDI 体系由 EDI 标准、软硬件和通信网络组成。EDI 体系的组成图如图 1.4 所示。

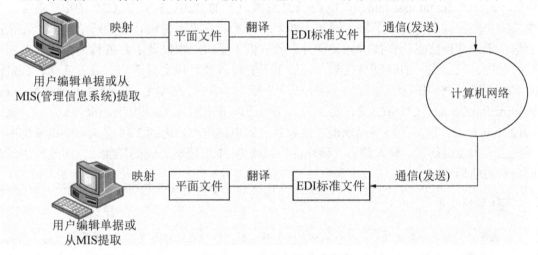

图 1.4 EDI 体系组成图

1. EDI 标准

EDI 标准是由各企业、各地区代表共同讨论、制定的电子数据交换共同标准,可以使各组织之间的不同文件格式,通过共同的标准,达到彼此之间文件交换的目的。

2. EDI 软件及硬件

实现 EDI,需要配备相应的 EDI 软件和硬件。EDI 软件具有将用户数据库系统中的信息译成 EDI 的标准格式、以供传输交换的能力。虽然 EDI 标准具有足够的灵活性,可以适应不同行业的不同需求,但每个公司都有其自己所规定的信息格式,因此,当需要发送 EDI 电文时,必须用某些方法从公司的专有数据库中提取信息,并把它翻译成 EDI 的标准格式进行传输,这就需要有 EDI 相关软件的帮助。

3. 通信网络

通信网络是实现 EDI 的手段。EDI 通信方式有多种。其中一种方式是点对点,这种方式只有在贸易伙伴数量较少的情况下使用。但随着贸易伙伴数目的增多，当多家企业直接电脑通信时，会出现由于计算机厂家不同、通信协议相异以及工作时间不易配合等问题，造成相当大的困难。为了克服这些问题，许多应用 EDI 的公司逐渐采用第三方网络与贸易伙伴进行通信，即增值网络方式。它类似于邮局，为发送者与接收者维护邮箱，并提供存储转送、记忆保管、通信协议转换、格式转换和安全管制等功能。因此，通过增值网络传送 EDI 文件，可以大幅度降低相互传送资料的复杂度和困难度，极大提高 EDI 的效率。

1.5.2 移动电子商务的概念及特征

1. 移动电子商务的概念

移动电子商务(M-Commerce)，它是由电子商务的概念衍生出来的，即利用手机、掌上电脑(personal digital assistant，PDA)等无线终端进行的 B2B、B2C 或 C2C 的电子商务，最主要的实现方式是短信、手机上网和无线射频技术。它将因特网、移动通信技术、短距离通信技术及其他信息处理技术完美结合，使人们不受时空限制地进行各种商贸活动，实现随时随地、线上线下的购物与交易、在线电子支付以及各种交易活动、商务活动、金融活动和相关的综合服务活动等。根据中国互联网网络信息中心(China Internet Network Information Center，CNNIC)发布的《第 30 次中国互联网络发展状况统计报告》显示，截至 2012 年 6 月底，我国手机网民规模首次超越台式电脑用户，达到 3.88 亿人，手机成为中国网民第一大上网终端。有人预言，移动商务将决定 21 世纪新企业的风貌，也将改变生活与旧商业的地形地貌。

案例 1-4

国家统计局发布数据显示，从电话用户变化情况看，移动电话对固定电话的替代作用越来越明显。近年来，移动电话用户数由 2007 年年末的 5 亿人，发展到 2012 年 2 月的 10 亿多人，年均增长 16.9%，这为移动电子商务提供了庞大而广泛的用户基础。

(资料来源：http://baike.baidu.com/view/41363.htm)

移动电子商务主要提供以下服务：银行业务、股票在线交易、订票、购物、娱乐和无线医疗等。

2. 移动电子商务的特征

(1) 方便。移动终端既是一个移动通信工具，又是一个移动 POS 机，或一个移动的银行 ATM 机。用户可在任何时间、地点进行电子商务交易和办理银行业务。

(2) 不受时空限制。移动商务是电子商务从有线通信到无线通信、从固定地点的商务形式到随时随地商务形式的延伸，其最大优势就是随时可获取所需的服务、应用、信息和娱乐。

(3) 安全。使用手机银行业务的客户可更换为大容量的 SIM 卡，使用银行可靠的密钥，对信息进行加密，传输过程全部使用密文，确保了安全可靠。

(4) 灵活迅速。用户可根据需要选择访问和支付方式，并设置个性化的信息格式。

移动电子商务使人们的消费购物行为发生根本性的变化，移动商务的快速增长和广阔的市场前景，使其目前正在成为一种技术前沿和热点研究领域。

课后阅读

电子商务风云人物——马云

马云，阿里巴巴集团主要创始人之一、阿里巴巴集团主席和首席执行官、阿里巴巴公司主席和非执行董事、软银集团董事、中国雅虎董事局主席、亚太经济合作组织工商咨询委员会会员、杭州师范大学阿里巴巴商学院院长、华谊兄弟传媒集团董事及北京华夏管理学院特聘教授。

1999年，马云创办了阿里巴巴网站，开拓电子商务应用，尤其是B2B业务。目前，阿里巴巴是全球最大的B2B网站之一。阿里巴巴网站的成功使马云多次获邀到全球著名高等学府讲学，当中包括宾夕法尼亚大学的沃顿商学院、麻省理工大学和哈佛大学等。

2003年创立淘宝网——目前国内最大C2C购物平台。

2004年创立独立的第三方电子支付平台"支付宝"，目前全球用户数量排名第一。

2005年和当时全球最大门户网站雅虎进行战略合作，兼并其在华所有资产，阿里巴巴因此成为中国最大互联网公司。

2006年成为中央电视台2套《赢在中国》最有特色、最具影响力的评委，还用雅虎中国和阿里巴巴为《赢在中国》官方网站提供平台以及为千百万创业者提供平台。

2009年收购中国万网。

2010年建立1688网络批发大市场。

本 章 小 结

电子商务是一种替代传统商务活动的新形式，它利用现代信息网络来进行商务活动。特别是以通过Internet来进行的各种商务活动可以极大地降低交易成本，简化贸易流程，增加贸易机会，提高贸易效率。通过本章学习，可以了解电子商务的定义及其发展历程，掌握电子商务的构成要素和类型，培养学生敏锐的电子商务感知能力。

复习思考题

一、选择题

1. 广义的电子商务是指（　　）。
   A．以整个市场为基础的电子商务
   B．一切以电子工具从事商务的活动
   C．利用Internet从事商务或活动
   D．企业内部的信息化管理活动
2. （　　）是指导和促进电子商务发展的关键因素。
   A．企业　　　　　B．社会　　　　　C．政府　　　　　D．消费者

3. 电子商务的构成要素主要包括( )。
   A. 网络　　　　　B. 电子商务用户　　C. 认证中心　　　D. 物流中心
   E. 网上银行
4. 电子商务按参与对象划分有( )等类型。
   A. 企业内部　　　B. B2B　　　　　　C. B2C　　　　　D. C2C
   E. B2G　　　　　F. C2G
5. EDI 体系由( )组成。
   A. 数据标准　　　B. 软件　　　　　　C. 硬件　　　　　D. 通信网络
   E. 认证中心

二、简答题

1. 简述我国电子商务发展是如何借鉴欧美等国家电子商务发展的经验的。
2. 简述 B2B 型电子商务的分类特点。
3. 简述移动电子商务的概念及实现方式。

三、实践题

1. 借鉴 C2G 型电子商务模式在现实中的应用实例，分析该模式未来的发展方向。
2. 分析一家电子商务企业，提出一些对其电子商务发展的改进意见。

案例分析

中国民航网通过将现代电子商务模式与传统航空旅游分销业进行创新性融合，以先进的电子商务技术，让旅客与航空旅游产品提供商进行直接交易，成功实现了无中间商、无店铺租金的经营模式，为中外旅客提供方便快捷、安全可靠、价格便宜的完美旅行体验。

中国民航网这种商业模式为消费者、航空公司和电子商务企业都带来了多赢的结果。

1. 消费者

中国民航网"傻瓜式"的中文预订系统，让消费者担当售票员的角色和工作，使消费者从中体验操作的快感。消费者除了能自由选择日期、航班、航空公司机型、舱位、座位和价格外，同时还可获得十分可观的返利优惠，平均每张机票可获返利优惠 80 元以上，每间酒店可获返利 50 元以上。消费者为电子商务企业打工，电子商务公司返利给消费者作为报酬的角色转换，让消费者乐在其中，极大提高了消费者满意度。

2. 航空公司

在传统销售机票方式中，消费者拨打电话给民航销售代理预订机票，将机票款支付给民航销售代理人，民航销售代理人在一周后将机票款缴交给国际航空运输协会(International Air Transport Association，IATA)，国际航空运输协会在一周后将机票款结算给航空公司。几经周折，航空公司至少在机票位置销售出去后半个月以上才能收到机票款。如果遇上销售代理人挪用机票款或停业，则时间更长。中国民航网电子商务营销模式，让消费者在电子商务平台上预订机票舱位的同时，航空公司即时就收到机票款，此时消费者还没有乘坐飞机呢！加快现金流周转对航空公司来说非常重要，但更重要的是航空公司通过消费者的直接操作，更容易了解消费者的消费需求和消费动向，更有利于航空公司调整运营策略。

3. 电子商务企业

中国民航网让消费者与产品提供商在电子商务平台上直接交易，取消中间环节，取消中间代理商和中间批发商，让消费者替代电子商务企业的工作人员，既提高了消费者的满意度，又大幅度降低了经营成本，又将节约的经营成本返利给消费者，降低产品价格，形成核心市场竞争力，同时也是电子商务企业攻城略地最好的利器。这种以集多项先进技术于一身的电子商务交易平台，其实就是现代版的大卖场。

(资料来源：http://www.prnews.cn/press_release/42929.htm)

思考题：
1. 民航业在电子商务浪潮中有什么发展？
2. 你从上述案例中得到什么启示？
3. 你对民航业的电子商务模式有什么建议？

第 2 章 对互联网的理解

学习目标

1. 了解互联网的起源与发展。
2. 掌握互联网的工作原理。
3. 了解互联网的协议 TCP/IP 与域名。
4. 掌握互联网经济的发展与影响。

知识结构

知识模块	知识单元	相关知识点
对互联网的理解	互联网的起源	互联网的发展进程
	互联网的基础	(1) 万维网的发展； (2) 包交换数据网络； (3) 互联网中的协议
	互联网经济	第二轮与第一轮电子商务的区别

引例

在 20 世纪 90 年代末期，很多企业领袖都认为"互联网改变了一切"。其中，第一位发出这种声音的就是思科(Cisco)的 CEO——约翰·钱伯斯(John Chambers)先生。

思科公司创建于 1984 年。由于互联网的快速发展，思科迅速成长，在 2000 年成为世界上规模最大、盈利能力最强的 IT 公司之一。思科公司设计、创造和销售计算机网络设备。

基于公司的快速成长，为了及时交付客户产品，避免出现供不应求的状况，思科决定提前生产，把多余的设备放在仓库中。但是在 2000 年，思科的很多重要客户停止扩张，有的甚至破产了，思科的库存也随之增大。在 2001 年，思科销售额下滑 30%，投资者纷纷抛掉思科股票，它的股价从 80 美元暴跌至 14 美元。

思科总裁约翰·钱伯斯开始采取紧缩策略。在 2001—2004 年，思科处理掉了 2 亿美元的库存，并在 35 000 员工的基础上解雇了 1 万名员工。为了提高效率，公司还将原有的 50 条生产线缩减成 40 条，并减少了 60%的供应商。不过约翰·钱伯斯心里清楚，75%的网络公司用的是他们的设备，思科的市场地位不会动摇，他要做的仅仅是调整经营方案，渡过艰难时期。

尽管思科和其他通信公司的销售骤减，但是使用互联网的人数却在快速增加。电信公司搭建的网络设施有了新的商业机会，他们以较低的价格出售网络使用权。因此5年后，思科开始转亏为盈。经过"暴风雪"后，思科又开始靠提供互联网技术赚钱。

自从互联网诞生以来，世界便紧密地连在一起。Web 时代，网络阅读取代了读报。如今，大多数人都借助 E-mail，而不再使用纸笔进行通信。如今，收听广播、观看联网视频，都成为一种普遍的生活习惯，人们甚至可以通过互联网来购物和支付账单。Web 还提供了各种便于联系的社交媒体，互联网为人们与儿时伙伴再续旧缘提供了可能，它越来越成为影响现代生活的重要部分。很难想象如果没有互联网会怎么样，因为我们的日常生活已经离不开互联网了。

经典人物2-1

互联网之父：文特·瑟夫与鲍勃·卡恩

互联网之父文特·瑟夫(Vint Cerf)与鲍勃·卡恩(Bob Kahn)联手缔造了 TCP/IP 通信协议集。TCP/IP 是网络上的计算机相互通信的语言。瑟夫曾说，互联网就是人的一面镜子，而垃圾邮件是免费服务的副效应。

E-mail 创始人：雷·汤姆林森

程序员雷·汤姆林森(Ray Tomlinson)是 E-mail 之父，他让不同位置的机器之间(大学之间、跨越大洲和大洋)交换消息成为可能。他提出使用"@"作为 E-mail 地址格式。如今，每天全球有一亿以上的人在输入"@"。

万维网的发明者：蒂姆·伯纳斯-李

蒂姆·伯纳斯-李(Tim Berners-Lee)发明了万维网(World Wide Web，WWW)。他写出了第一个 Web 客户端和服务器端程序，设计了超链接(超文本)方式来连接形形色色的在线信息。他现在还在维护着 Web 标准，作为世界万维网协会(World Wide Web Consortium，W3C)的主席，他继续担任着完善万维网设计的职责。

2.1 互联网的起源

2.1.1 互联网和万维网

成千上万的人每天都在使用互联网，但是其中仅有一小部分人知道互联网的工作原理。互联网是一个巨大的跨越全球的计算机网络系统，通过互联网，你可以和全世界的人交流，在线阅读报纸、杂志、学术期刊和书籍，可以参与网络游戏和网络讨论，还可以下载软件。

近年来，网上购物变得非常火爆，各种各样的公司也通过互联网营销并销售自己的产品。

互联网的一部分被称为万维网，它是指连接到互联网上的计算机的一个子集，这个子集上的用户可以非常容易地共享信息。对于万维网，最重要的是，它拥有一个易于使用的标准界面。这个界面使那些不精通计算机技术的用户也能获得各种各样的网络资源。

2.1.2 第一代互联网

早在19世纪70年代，美国安全部门开始关注一旦计算机设施被核武器袭击会产生哪些影响。美国安全部门意识到，未来世界的武器需要更加强大的计算机设施。在当时，强大的计算机系统只不过是由一些大型的主机组成的，所以安全部门开始想办法把这些主机互相连接起来，并把它们连接到美国遍布全球的武器装备上。政府雇佣了很多优秀的通信领域的研究者，并在一些常春藤大学立项研究创建一个可以持续使用的全球范围的计算机网络，保证即使部分计算机被敌人摧毁或入侵仍能保持运行通畅。研究人员通过研究发现了一种创建独立的计算机网络的方法，即摒弃使用一台主机控制整个网络的方式。

早期的计算机网络需要租用电信公司的线路，建立连接，当时的电话通信网络只在打电话者和被呼叫人之间建立一条单一的线路，数据也只沿着单一固定的路径传递。当公司想要连接两台处于不同地方的计算机时，首先要装一部电话来建立这种连接，然后再把计算机连接到这条线路的两端。

美国安全部门担心这种单一线路的潜在风险，研究人员进而研发出一种新型的数据传送方式，即多道法。通过这种方法，文件和信息被分成若干个包，这些包被电子编码标记了它们的出处、排列次序和目的地。

在1969年，研究人员在美国国防部高级研究计划署(Advanced Research Projects Agency，ARPA)使用这些模型连接了4台计算机，这4台计算机分别在洛杉矶的加利福尼亚大学和斯坦福研究院，位于圣塔芭芭拉的加利福尼亚大学和犹他大学。研究人员还给这个网络起了个名字叫Arpanet。Arpanet是互联网最初的模型。经过了20世纪70年代和80年代，很多学术组织的学者连接到Arpanet并一起努力通过技术改进改善这个网络的速度和效率。同时美国的其他大学的研究人员用同样的技术创建了他们的专用网络。

2.1.3 互联网在其他领域的应用

互联网最早是政府安全部门操控武器装置、传送科研文件的工具。20世纪80年代，互联网开始被应用于其他领域。E-mail就是在1972年诞生的，它是由雷·汤姆林森发明的。为了更加方便地使用网络，他编写了一个程序用来收发信息。这个程序被视为一种新的沟通方式迅速地被广泛使用。军事和教育领域的网络使用者还在继续增加。很多新的使用者通过网络技术传送文件，访问远程计算机。

第一个电子邮件列表(mailing lists)就出现在这些网络活动中。邮件列表就是电子邮件中通讯录的雏形，指只要在列表中的用户就可以自动收到邮件。1979年，由杜克大学与卡罗来纳大学的学生和编程者组成的团队创建了Usenet——用户新闻网络(Users'News

Network)。Usenet 允许任何人使用，包括阅读、发表文章。Usenet 现在仍存在，新闻主题涉及 1 000 多个不同的领域。甚至有些学者在这些网络上创建了游戏软件。

尽管人们在使用网络的过程中，发明了很多新的应用程序，但是，网络的使用还是仅限于研究人员和学术组织。在 1929—1989 年，大量的网络应用程序被完善并被更多的用户检验。安全部门的网络被更多的科研机构和学术组织使用，他们意识到拥有这样一个沟通平台有很多好处。在 20 世纪 90 年代，个人计算机的使用得到普及，那些独立的学术组织和科研组织的网络合并成了互联网。

在 20 世纪 90 年代，随着个人计算机技术的成熟和价格下降，越来越多的公司开始构建他们的内部网络。当时内部网络主要用于员工间相互传递信息，但公司希望这种信息传递范围能扩大到公司外部。政府部门的网络和大多数学术网络在 NSF[①]的资助下合并。但是 NSF 禁止商业机构进入它们的网络。所以商业机构开始寻求商业 E-mail 服务提供商的帮助，一些大型的公司开始租用电话线构建自己的网络以连接总部和分公司。

1989 年，NSF 允许两家商业邮件服务提供商——MCI Mail 和 CompuServe 连入它的网络，但只能而且仅限于互联网的用户收发邮件。建立起来的连接允许公司通过 MCI Mail 和 CompuServe 向互联网上的地址发邮件，同时学术和教育机构也可以向 MCI Mail 和 CompuServe 发送邮件。NSF 认为在互联网的这种商业应用中，受益最多的还是那些非商业用户。20 世纪 90 年代开始，各行各业的人们不仅是科学家和研究人员开始思考把这些网络变成全球资源。尽管安全部联网计算机数量从 1969 年的 4 台增长到 1990 年的 30 多万台，互联网的成长还只是刚刚开始。

2.1.4 互联网的市场化

1991 年，NSF 开始减少了对互联网的商业使用的限制，并开始实施将互联网私有化的计划。互联网的私有化最终在 1995 年完成，NSF 把 NAP(Network Access Point，网络接入点)大部分网络交给私人公司管理。新的互联网有 4 个 NAP，分别位于旧金山、纽约、芝加哥和华盛顿，每个点都由一个电信公司管理。随着互联网的增长，很多公司在不同的地方开设更多的 NAP。这些公司被称为网络接入提供商，他们把互联网的使用权直接卖给最终用户，或通过互联网服务商(Internet Server Provider，ISP)卖给终端用户。

互联网悄然无声地在不可预料的世界中成长。对于那些致力于互联网开发的研究人员，互联网成了他们不可缺少的工具。然而对于那些研发组织的人们来说，很难想象这种互动的网络会给他们的生活带来哪些变化。

在过去的 30 年中，互联网成为最不可思议的技术和最伟大的社会成就。成千上万的人们，既不是计算机专家也不是研究人员，却每天都在使用这个复杂的、互相连接的计算机网络。这些计算机运行着上千种不同的软件包，并位于世界各个不同的国家。每年互联网上，货物或服务买卖的金额达上亿美元。谁也不会想到一个最初军方用来抵制袭击的网络会被应用到社会生活中。

---

① National Science Foundation 美国国家科学基金会，美国独立的联邦机构，成立于 1950 年。任务是通过对基础研究计划的资助，采用改进科学教育、发展科学信息和增进国际科学合作等办法促进美国科学的发展。

互联网对于商业社会的开放，使互联网更加快速地发展。同时，万维网也诞生了。

2.2 互联网的基础

2.2.1 万维网的发展

万维网是在计算机上运行的连接到互联网的软件。万维网产生的流量是当今互联网上最大的，超过了 E-mail、文件传输和其他数据流量。与其说万维网是一种特殊的技术，不如说它是一种思考、组织信息储存和检索的方式。对于万维网的发展至关重要的两个元素是超文本(hypertext)和图形化的用户界面。

1. 超文本的发展

1945 年，美国科学研究发展局局长万尼瓦尔·布什(Vannevar Bush)在《大西洋月刊》 The Atlantic Monthly 上发表了一篇文章，文章内容主要为科学家如何把第二次世界大战(以下简称二战)时期学到的技能应用到和平时代，这篇文章在信息传递技术方面提出很多超前的想法，他推断工程师最终将发明一种扩展记忆设施(Memex)来把一个人的书、信和录像研究成果记录在一个微软上。布什的 Memex 包括医学救助知识，便于用户可以快速灵活地通过 Micfilm 阅读器和索引找到他们想要的知识。

在 19 世纪 70 年代，特德·纳尔逊(Ted Nelson，被称为 HTTP 之父)描述了一个相近的系统，在这个系统中每个页面连接另一张页面。特德·纳尔逊把他的页面连接系统称为超文本。之后，道格拉斯·恩格尔巴特(Douglas Engelbart)——大名鼎鼎的鼠标发明者，在大计算机上创建了第一个超文本实验系统。

1987 年，特德·纳尔逊的书《文明机器》发行。在这本书中他勾画了一个名为 Xanadu 的工程，它包括用于分布式及集体式创作的系统、保留文件所有先前版本的能力、链接类型和返回链路等大量特定的超文本的思想。特德·纳尔逊用超文本的形式搭建了页面的连接系统，在这个系统中，每个页面的信息是相互联系的。

1989 年，蒂姆·伯纳斯-李试图为 CERN(欧洲的一个质子物理实验室)改进实验室资料管理过程，CERN 进入互联网已经有两年了，但是那里的科学家想寻求一种更好的方法，在全世界范围的能量物理研究机构内分享科研文件。蒂姆·伯纳斯-李提出超文本系统以提供数据共享功能。

在接下来的两年，蒂姆·伯纳斯-李改进了超文本服务项目的程序，并把它放在互联网上让更多的人使用。超文本服务器指某台计算机，它存储用超文本标志语言书写的文件，其他计算机可以连接到这台计算机上阅读这些文件。当今网络上的这些服务器被称为网络服务器。

Hypertext Markup Language，是由最原始的超文本服务项目发展而来的，它包含一系列附加在文本上的代码。这些代码描述了文本因素间的关系。例如，html 包括很多标签，这些标签指明哪些是标题、哪些是正文、哪些是数字。其中一种非常重要的标签是指超文本链接标签，这种标签指向在同一个或另外一份 html 文件中的另一个地址。

2. 图形化的超文本用户界面

目前有很多不同的软件用来阅读超文本文件，其中有两个页面浏览器普及率比较高，分别是网景公司开发的 Netscape Navigator 和微软公司开发的 Internet Explorer。页面浏览器是指用来浏览阅读超文本文件的软件。如果超文本文件是储存于连接在互联网上的某台计算机上，用户就可以通过使用页面浏览器来阅读任何一台互联网计算机上的超文本文件。

超文本文件和 Word 文档有很大的不同：超文本文件中的文字格式没有固定规则。例如，在编辑 Word 文档时，标题可以设定为宋体五号，所有的文字居中，行间距为单倍行距，格式被保存后，不管何时用 Microsoft Word 打开阅读文档，文档都是固定的格式。相比之下，超文本文件只包含一个带有标签的头文本。很多浏览器都可以浏览同一文件，但是展现在阅读者眼前的文件格式依据浏览器不同而改变。

通过图形化的用户界面，页面浏览器可以把枯燥的超文本文件以简单、易读的方式展现在读者眼前。因此，我们可以这样广义地解释图形化的用户界面(graphical user interface，GUI)：屏幕产品的视觉体验和互动操作部分。例如，Windows 是以 GUI 方式操作的，因为你可以用鼠标单击按钮来进行操作，很直观；而 DOS 就不具备 GUI，所以它只能输入命令。

3. 万维网

蒂姆·伯纳斯-李把他的通过超链接形成的 HTML 文本系统称为万维网，简称为 Web。Web 一出现便为科研组织所用，但是没有几个普通的互联网用户可以使用这样的网络，因为针对个人用户没有可供使用的超文本浏览器。1993 年，在伊利诺斯州大学，由马克·安德烈森(Marc Andreessen)带领的一组学生编写了名为 Mosaic 的程序，这是世界上第一个可以浏览超文本文件的浏览器，而且由于它可供普通个人用户使用，所以得到迅速普及，至今还有很多人在使用这个浏览器。

商人由此也嗅到了潜在的浏览器市场，1994 年，马克·安德烈森带着 Mosaic 的编写者与 Silicon Graphics 公司的创始人詹姆斯·克拉克(James Clark)合作成立了网景通信公司(Netscape Communications)。公司的第一款产品就是基于 Mosaic 的网景浏览器，产品的销售很顺利，并且快速占领了浏览器市场。网景公司也成为成长最快的软件公司。微软公司看到了网景的成功，随后也推出了一款名为 Internet Explore 的浏览器。发展至今，微软公司的 Internet Explore 浏览器已经占领了浏览器市场的主导地位。

比起互联网自身的发展，网站的发展显得更加迅速。据统计，目前的网站数量已经达到了 5 亿个，因为每个网站下面包含着大量的独立网页，所以网页的数量到现在也没人能计算。1996—2011 年网站数量增长的曲线如图 2.1 所示。

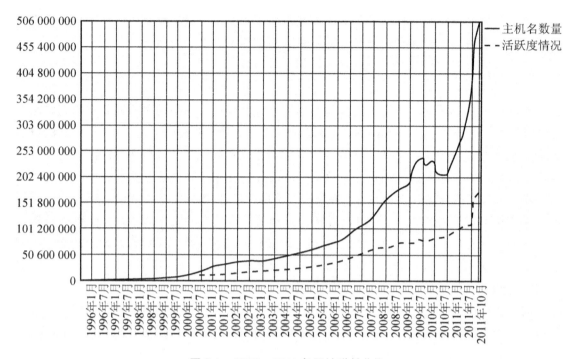

图 2.1　1996—2011 年网站增长曲线

2.2.2　包交换数据网络

相距比较近的联网计算机，如果在同一幢楼里，可以称为局域网(local area network，LAN)。而范围更广的联网计算机我们称之为广域网(wide area networks，WAN)。

广域网早期的模型要追溯到 20 世纪 50 年代，那时候的广域网就是通信公司的线路。早期的互联网是租用通信公司的电话线路的，但是这种连接只是从呼叫者与被叫者之间的单一线路。通信设备和这条单一线路由闭式开关控制，它的工作方式就像人们在家里开、关灯一样，只不过用机械或电子设备代替了人手，致使开、关的速度更快。

这些通信线路的组合与线路之间的闭式开关共同组成了一个环路，通讯当中，这种由中心设备控制，单向连接的模型被称为环路转接。环路转接方式非常适合电话通信，但是它却不支持广域网以及互联网这样交互网络的工作。互联网设计的初衷是为了抵御敌人的侵袭。设想一下，如果政府安全部门的网络是环路转接网络，一旦环路中有一条线路被攻击，就会造成整个网络瘫痪，传送的数据丢失，后果不堪设想。在互联网网络中，数据以包转换的方式在两点间传输。在包转换网络中，文件和 E-mail 的信息被分成很多个片，我们把这种片称为包，这些包被标注了来源、排列顺序和目的地地址。包在互联网中无序移动直到它们到达目的地。它们选择到达目的地的路径是没有规律的，到达目的地是无序的，等所有的包都到达之后，目的地计算机会重组这些包，形成原始的文件或者 E-mail。

决定数据包传输路径的规则被称为路由算法。应用程序把路由算法应用到路由表中储存的信息当中。这些信息包含与其他路由器连接的信息，连接优先级的确定规则和处理网络拥堵的方法。

在独立的广域网或局域网中，数据包生成的标准和规则有很多。在网络中，负责传送数据包的网络设施被称为集线器(hubs)、交换机(switches)。而路由器负责连接两个独立的网络。随着技术的进步，这些网络设备的区别逐渐被淡化了。

当数据包离开一个独立网络进入互联网的时候，数据包必须被转化成标准格式。路由器便承担着这个转换任务。由此可见，路由器在互联网结构中承担着非常重要的任务。当企业或者其他组织想要连接到互联网时，至少要有一台路由器。互联网中路由器的工作原理如图 2.2 所示。

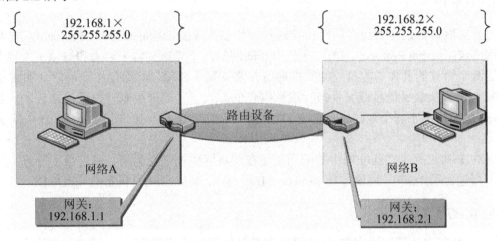

图 2.2　路由器工作原理

互联网中还有一种路由器负责控制数据包的传输交通。这类路由器和连接他们的通信线路被统称为骨干网，骨干网中的路由器被称为骨干路由器。骨干路由器都是些大型计算机，他们每秒可以处理五千万个数据包。每台路由器连接到互联网的路径有很多。互联网的创建者在创建互联网时，设计了大量的空余线路，即使在一个路由器或通信线路中断工作的情况下，网络仍能工作。

2.2.3　互联网中的协议

世界上第一个数据转换网络是 Arpanet，但是这个网络只连接了一些大学和研究机构。这个实验性的网络经过后来的发展形成了网络控制协议(network control protocol)。协议的概念是一系列将网络数据格式化、排序和纠错的规则集合。例如，协议决定了数据发送端如何辨别数据已经被发送以及数据接收端确认数据是否被接收，协议还包含了规定传输过程中允许被传播的内容。计算机之间要想输送数据必须使用同一个协议。在计算机制造早期，每个计算机生产商使用自有协议来制造计算机，所以那时候不同厂家生产的计算机是不能联网传输数据的，这被称为"私有结构"或"封闭结构"。"开放结构"在 Arpanet 进化的过程中被提出，之后它成为互联网的核心，被应用到所有连接到互联网的计算机中，它包含信息处理的 4 个重要规则。

(1) 公共网络应最大限度地开放。
(2) 传输失败的数据需要重新从源头传输。

(3) 路由器只负责传输数据，而不负责储存数据。
(4) 在网络上不存在全球控制系统。

开放结构的理念使不同厂家的计算机可以相互连接传送数据，这为互联网的成功作出巨大贡献。Arpanet 以及互联网使每个局域网或广域网彼此独立工作，每个独立的局域网或广域网使用自己的协议传输数据，最终通过路由器连接到互联网，大大提高了网络的工作效率。

1. TCP/IP

目前互联网协议主要包含两个：传输控制协议(Transmission Control Protocol，TCP)和互联网协议(Internet Protocol，IP)。这是由互联网的两个先驱文特·瑟夫和鲍勃·卡恩制定的。这两个协议的具体内容是控制数据如何在互联网中传输，网络连接如何建立和终止。

TCP 协议决定了信息或文件被拆成数据包的方式，它同样控制着数据包在目的地如何重组。IP 协议指明了每个包的地址信息。TCP/IP 协议被推出后马上取代了 Arpanet 中的 NCP 协议。

TCP/IP 协议除了在互联网中的应用，还在局域网中被广泛运用。目前很多计算机操作系统中都包含了 TCP/IP 协议，如 Linux、Macintosh、Microsoft Windows 和 UNIX。

2. IP 地址

过去 20 年中，互联网中的 IP 协议版本是互联网协议第四版(version 4)，简称为 IPv4。IP 地址是一个 32 位二进制数的地址，由 4 个 8 位字段组成，每个字段之间用点号隔开，用于标志 TCP/IP 主机。计算机在处理内部计算时，全都使用的是二进制数字，二进制数字只由 0 和 1 组成。目前 IPv4 可以容纳的地址数约为 40 亿个(2^{32}＝4 294 967 296)。

当数据包被传送时，就携带了发送计算机和接受计算机的地址信息。为了方便识别，IP 地址通常被分成 4 段，每 4 个数字由 8 位组成。在计算机的内部运算当中，涉及以下单位符号。

1) bit

二进制数系统中，每个 0 或 1 就是一个 bit(位)，bit 是内存的最小单位。

2) byte

byte(字节)由 8 个位所组成，可代表一个字符(A～Z)、数字(0～9)或符号(,.?!%&+-*/)，是内存储存数据的基本单位。

以此类推：

1 byte＝8 bit

1 KB＝1 024 bytes＝2^{10} bytes

1 MB＝1 024 KB＝2^{20} bytes

1 GB＝1 024 MB＝2^{30} bytes

在二进制当中，8 位字节的取值范围是 00000000 到 11111111，换算成十进制是 0～255，体现在 IP 地址中是 0.0.0.0 到 255.255.255.255。十进制的 IP 地址 216.115.108.245 表示成二进制是 11011000011100110110110011110101 大多数人认为十进制的 IP 地址比二进制的 IP

地址更加简单,所以现在十进制IP地址被广泛使用。

目前IP地址由3个非营利性的机构负责管理分配,分别是美洲互联网号码注册中心(American Registry for Internet Numbers,ARIN)、欧洲互联网地址注册管理机构(Reseaux IP Europeans,RIPE)和亚洲太平洋地区互联网络信息中心。这些机构分别负责世界不同地区IP地址的注册和管理。这些组织提供的注册地址全部由互联网名称与数字地址分配机构(Internet Corporation for Assigned Names and Numbers,ICANN)统管。ICANN是一个非营利性的国际组织,成立于1998年10月,是一个集合了全球网络界商业、技术及学术各领域专家的非营利性国际组织,负责互联网IP地址的空间分配、协议标识符的指派、通用顶级域名(gTLD)以及国家和地区顶级域名(ccTLD)系统的管理以及根服务器系统的管理。这些服务最初是在美国政府合同下由互联网号码分配当局(Internet Assigned Numbers Authority,IANA)以及其他一些组织提供。现在,ICANN行使IANA的职能。

在互联网创建时,IPv4提供了40亿个地址,但是实际对外提供的只有一半即20亿个地址,在这20亿个地址中有一部分是字组地址,字组地址是可扩展的。现在网络工程师尝试研发技术以扩展IP地址,其中最为著名的是子网技术(subnet),被应用到LAN或WAN中扩展内部IP地址空间。在子网技术中,有一个很重要的环节是网络地址转换(network address translation,NAT)。NAT就是在局域网内部网络中使用内部地址,而当内部节点要与外部网络进行通信时,就将内部地址替换成公用地址,从而在外部公网(Internet)上正常使用。NAT可以使多台计算机共享Internet连接,这一功能很好地解决了公共IP地址紧缺的问题。通过这种方法,可以只申请一个合法IP地址,就把整个局域网中的计算机接入Internet中。这时,NAT屏蔽了内部网络,所有内部网计算机对于公共网络来说是不可见的,而内部网计算机用户通常不会意识到NAT的存在。

互联网工程小组(internet engineering task force,IETF)为了解决IPv4地址资源短缺的问题,在IPv4的基础上推出了IPv6。新IP地址的使用还需要一段时间,因为IPv4和IPv6不能兼容,据估计,IPv6要代替IPv4至少还需要5年的时间。IPv6的优点是,使用128位的IP地址代替32位的IP地址。这样IPv6中的IP地址可以提供2^{128}个IP地址。采用IPv6地址后,未来的移动电话、冰箱等信息家电都可以拥有自己的IP地址。

案例 2-1

IPv6 与家庭网络

互联网在全球普及之后"家庭网络"的概念开始出现,但是由于IPv4地址的稀缺,当众多的信息家电通过家庭网关连入网络时,IPv4有限的地址资源无法为所有信息家电分配唯一的IPv4地址,只能利用诸如NAT、私有地址空间等技术来绕过这一限制。复杂的设置和管理将严重阻碍用户对于新技术的接受程度,IPv6则没有这样的限制。

韩国家庭宽带普及率全球领先,下载网速也排名全球第一,网速达到36.71MB/s,家庭网络已经成为下一步的网络发展重点。根据韩国政府的"1 000万家庭网络计划",家庭服务器/家庭网关市场的年平均增长率将为62%。

韩国政府的"家庭网络导航项目"吸引了来自电信、广播、建筑和电子等领域的公司参与。该项目通过"家庭网络模型业务"活动来促进各种业务的开发，推动产业发展，核查不同设备和业务之间的兼容性，并且为建立标准和长期发展计划做准备。韩国的电信业务提供商，如 KT、SKT 和 HanaroTelecom 都采取了积极的行动，其兴趣点不仅仅是家庭自动化的概念，还包括 VOD/IP 广播业务、远程医疗/教育和其他增值业务。

由 Consulintel 管理、在西班牙马德里 FixedShowcase 演示了 IPv6@Home 真实的家庭网络场景。IPv6@Home 是能够通过照相机察看家里状况的自动系统，可以打开/关闭百叶窗、打开/关闭电灯/电炉等，查看屋里是否有陌生人闯入、远程管理报警、远程管理照相机(观看视频信号)和远程照顾宠物(提供水或者食物)等。一些设备采用原生 IPv6(通过以太网、WLAN、PLC 和蓝牙)，其他设备采用 X.10，使用接口系统(OSGi)IPv6-X.10。

(资料来源：http://www.qnr.cn/pc/rj/zhongji/other/200902/123637.html)

3. 域名

互联网的创始人认为不管是以二进制还是以十进制数字表示的 IP 地址都很难被记住。为了改变这种状况，一个使用文字标记地址的系统诞生了，这就是域名(domain names)。域名就是用来代替 IP 地址的一串文字。域名通常由 3 或 4 组文字构成，域名中的文字从右至左越来越具体。例如，域名 www.zju.edu.cn，由 4 个部分组成。最右边的"cn"代表中国，"edu"代表四年制的大学院校，"zju"代表浙江大学，"www"则代表这是万维网的一部分。并不是所有的域名都是以"www"开头的，如雅虎的游戏服务(Yahoo!Games)，网址为 games.yahoo.com。

域名最右侧的部分被称为一级域名。在早期，域名只包含两大类，其中一类是如"edu"、"com"和"org"的常用域名，另一类是代表国家的一组域名。1998 年，ICANN 成立，负责域名的注册与管理。在 2000 年，ICANN 又添加了 7 个新的一级域名，其中有 4 个是通用一级域名，分别是.biz、.info、.name 和.pro。另外 3 个是行业类别一级域名(sponsored top-level domain, STLD)分别是.aero、.coop 和.museum，行业类别一级域名由相应的行业组织负责，不在 ICANN 负责的范围内，与该行业紧密相关的领域才能使用 STLD。例如，.aero 是由一个航空运输工业协会赞助的 STLD，因此，只有与飞机、机场和航空工业相关的领域才能用这个域名。现有的一些一级域名见表 2-1。

表 2-1 一级域名

最初的通用域名		国家域名		2000 年新增的域名	
TLD	用途	TLD	代表国家	TLD	用途
.com	商业	.au	澳大利亚	.biz	广义商业
.edu	四年制大学院校	.ca	加拿大	Info	个人
.gov	政府部门	.fr	法国	.name	
.mil	军事部门	.jp	日本	.pro	专业领域(如会计师、律师和内科医生)
.net	通用	.uk	英国		
.org	非营利性机构	.cn	中国		

2.3 互联网经济

2.3.1 dot-com 时代

在 1997—2000 年的 3 年间，12 000 多家与互联网相关的公司开业，所有公司加起来的启动资金有 1 000 多亿元。在那个盲目乐观、浮躁的时期，投资者恐怕失去一生中关键的赚钱机会，很多投资者甚至对互联网毫无概念，只知道做一些漂亮的页面出来，就可能赚上一笔钱，至于它如何盈利，没有人关心。

2.3.2 网络泡沫的破灭与电子商务的机会

互联网泡沫，又称科网泡沫或 dot-com 泡沫，在 1995—2001 年，由于大量热钱涌入互联网行业，因此出现投机泡沫。在欧美及亚洲多个国家的股票市场中，与科技及新兴的互联网相关企业的股价快速上升，在 2000 年 3 月 10 日 NASDAQ 指数到达 5 132.52 的最高点时到达顶峰。在此期间，西方国家的股票市场看到了其市值在互联网板块及相关领域带动下的快速增长。这一时期的标志是成立了一批大部分以投资失败告终的通常被称为".com"的互联网公司。股价的飙升和买家炒作的结合，以及风险投资的广泛利用，创造了一个温床，使得这些企业摒弃了标准的商业模式，突破传统模式的底线，转而盲目关注于如何增加市场份额。

该时期，投资者远远多于好的项目，所有项目可吸收的资金不断上涨。糟糕的是，有一些不成熟的项目也得到了投资。那时候报纸、电视、广播到处都是关于"dot-com"的报道。盲目投资的结果是到了 2000 年，5 000 多家公司相继歇业或者变卖，网络泡沫破灭了。2000—2002 年，众多电子商务公司宣布破产，但是在这期间，B2C 却一直处于增长状态，尽管速度跟 20 世纪 90 年代比有所减慢。因此，媒体对此进行大肆报道，前面提到的"dot-com"看起来更像是减慢而不是真的倒塌。2001 年是个分水岭，前 4 年，网上交易额每年都以两倍或 3 倍的速度增长，很多专家还预测按这个速度增长下去会持续到 2010 年，但从 2001 年开始，年增长率减少到每年 20%~30%。

促使网上交易额增长的一个重要原因是网民越来越多。在 2008 年，将近 2/3 的网民每人至少在网上购买了一样东西。2009 年，美国有 75%的成人在使用网上银行。

经济学家克里斯(Chris)曾在他的书 *As Times Goes By* 中描述了工业革命中发展的 4 个阶段。很多学者预测电子商务和信息革命也会像克里斯在书中描述的一样发展。他们认为，电子商务的第二轮发展已经开始。

(1) 电子商务的第一轮发展很显著地被称为一种美国现象，当时的网站都是基于英文的网站。而第二轮发展中电子商务成为世界范围的活动，卖方操着各国语言，来自不同的国家，语言和不同货币转换的问题成为这一轮电子商务发展的主要问题。

(2) 在第一轮发展中，由于资本丰裕、门槛低，很多大型的公司为了赚钱相继而生。投资者对于电子商务的态度过度乐观，他们不管要花多少钱，也不管项目实际的面目，都要参与其中。而在第二轮发展中，企业开始使用自己的内部资金实现公司的扩张。这种衡量和更谨慎的投资使电子商务成长稳扎稳打,尽管速度没有那么快。

(3) 还有一点不同是在第一轮发展中,互联网技术在 B2C 中的应用不是很成熟,发展比较慢。那个时候上网还要用 modem(调制解调器)。而在第二轮发展中,宽带进入大部分美国家庭是电子商务快速发展的一个重要因素。2004 年,美国使用宽带的家庭迅速增加。在 2004 年年初,大约有 12%的美国家庭拥有宽带网。在 2005 年年末,这个比率增加到 25%~30%。很多专家认为宽带迅速普及的一个重要原因是人们对于传输大的音频、视频文件的需要。尽管费用增加了,但是速度却快了 10 倍。这不仅让互联网的使用效率提高,也改变了人们使用网络的方式。

(4) 在第一轮发展中,互联网体现在 B2B 及 BP 的具体应用是使用条形码和扫描仪来记录零件及生产现状等。当时用于记录的技术并没有很好地整合起来,公司之间传递信息主要通过传真、E-mail 和 EDI。而在第二轮发展中,射频识别(radio frequency identification, RFID)工具和智能卡与驱动技术结合起来,像指纹识别、视网膜扫描等设备相继发明,使企业在错综复杂的环境中更易于掌控人及交易过程细节。这些技术之间不断结合,并向外与通信技术结合、分享,使公司可以更有效地与合作伙伴及客户沟通。

(5) E-mail 使用的不同。在第一轮发展中,E-mail 作为一种工具相对来讲是没有构成体系的,而在第二轮发展中,卖方将 E-mail 的使用纳入了他们的整体营销战略中。

(6) 在第一轮发展中,很多失败破产企业的主要盈利点是网上的广告,在第二轮发展中,公司发掘到了让互联网成为更有效的媒体的方法。有些种类的广告,如招聘广告增长迅速,代替了很多传统的广告。

(7) 在第一轮发展中,数码产品销售并不是很好,歌曲不能在网上发布,这促使盗用作者知识产权来获取歌曲变得很猖獗。在第二轮发展中,音乐、录像和其他数码产品开始有规则地、合法地在网上发布,Apple 公司的 iTunes 就是在这轮发展中一次很好的尝试。(第 3 章将会讲到数字产品发布战略)

(8) 在第一轮发展中,很多公司和投资者认为只要第一个成为某种服务或产品的提供者就可以成功,这在当时被称为先发优势(first mover-advantage)。一些商业评论家认为,成为第一个并不一定能成功。成功的往往是那些名声在外的大公司,他们拥有市场、产品和渠道等各种优势。而且先发者如果触碰到了实行垄断及变化迅速的行业往往不能成功。而在第二轮发展中,先发优势在公司开展网上业务时逐渐被淡化。

2.3.3　互联网变革在中国

案例 2-2

中国的 Internet 旅程

1995 年 1 月,中国电信开通了北京、上海两个接入 Internet 的节点。在 1995 年,这算不了新闻,但在一部中国互联网史中,这一事件却成为中国互联网诸多事件的开端,成为一个历史时刻。因此,1995 年被称为互联网商业元年。

在此之前,中国曾经与 Internet 有两次互联。1993 年 3 月 2 日,经过中国科学院高能物理研究所计算中心许榕生研究员的推动，中科院高能所租用 AT&T 公司的国际卫星信道建立的接入美国 SLAC 国家实验室的 64KB 专线正式开通，成为我国部分连入互联网的第一根专线。所谓"部分连入"，是基于以下承诺：中国专线只能进入美国能源科学网，并且不得在网上散布病毒和用于军事及商业目的，中方必须签字后才能使用。

1994 年 4 月 20 日，由中国科学院计算机网络信息中心研究员钱华林主持开发设计的，当时的国家计委利用世界银行贷款重点学科项目 NCFC 工程的 64KB 国际专线开通。从这一天起，中国开始了以一个国家的身份进入互联网的接入时期。不论是许榕生所推动的中科院高能所的专线，还是由钱华林主导的 NCFC 工程接入，都是中国互联网历史上划时代的创举。

而北京、上海两个接入 Internet 的节点的开通，有如打开了大众对互联网无比渴望的黑匣子，提供了一条公众对互联网进行连接的有效路径。

1995 年，也是电信改革大幕正式开启的一年。这一年，电子工业部旗下的另一家运营商吉通先于中国电信为大众提供电子邮件方面的应用。对手的出现，在客观上造成了中国电信对互联网、对数据通信业务的重视和推动。

1995 年是中国创业浪潮的一个重要年份，大学英语老师马云、宁波电信员工丁磊都是这一年决定离开公职准备闯一闯的；而先富起来的张树新、万平国等人也开始做起 ISP(互联网接入服务)的生意。

1995 年，也是全球互联网商业发轫之年。这一年网景公司上市，打开了人们关于互联网公司的种种商业想象；这一年微软发布了 Windows 95，提供了极客(geek)利用和研究底层技术平台的可能。

中国用 Internet 连接并追赶世界的脚步从一开始就不曾落后。

(资料来源：林军. 沸腾十五年——中国互联网：1995—2009[M]. 北京：中信出版社，2009)

互联网革命仍在继续，根据中国互联网报告，2012 年中国互联网用户超过欧盟总人口，达 5.38 亿人，并以每月 1 000 万人的增长速度迈进，而这个数字在 1997 年时是 62 万人。15 年中，它增长了 867 倍，这个数字对于中国社会更深远的影响，并非在于商业领域，他们对于中国的传统商业模式带来了足够的冲击，互联网的影响则超出了最初所有人的想象。麦肯锡在 2011 年发布的一份报告中指出，到 2015 年，中国网民总数将达到 7.5 亿人，超过总人口数量的一半。

陈彤在 1997 年创办的四通利方体育论坛(新浪网的前身)日后变成了一支不可忽视的舆论力量；dot-com 公司更加放松的工作方式迅速传染到了北京、上海、广州，几乎所有的公司都在使用 MSN、QQ 和 E-mail，dot-com 公司对于新一代中国青年的心理产生了无法估计的深刻影响……所有人都在感慨"这世界变化快"，没有人能否认，互联网在这个不断加速的世界中或许是最重要的助推器。

"利用我们的(宽带)技术，启蒙将像水龙头中的水一样流出来，它将带来整个国家的启蒙。"田溯宁对美国记者大卫·谢夫(David Sheff)讲道。《连线》杂志的特约记者大卫·谢夫于 2002 年 5 月出版的《中国的黎明》一书，为我们理解在 dot-com 时代的明星人物提供了某种有益的提示。这群出生在 20 世纪 60～70 年代的年轻人，在短短的几年内，利用世界最领先、最时髦的技术与国际资本，对中国进行了一场声势浩大的启蒙，尽管其中的大多数参与者对此懵懂无知，或干脆就是投机分子或是贩子。中国从未像 1997—2002 年，如此热烈地对世界潮流作出反应，追随它并克隆它，尽管他们的创造性相形见绌。他们无意之中加快了中国社会的行进步伐，更加迅速地破坏了旧有的社会结构。

互联网对于中国更深刻的影响尚未展开。即使在互联网的发源地美国，一位重要的网络思想家大卫·温伯格(David Weinberger)也在宣称，人们仍未意识到互联网的真正价值，它成为了金钱与巨大名声的受害者。人们本能地将互联网与 dot-com 百万富翁、IPO 联系在一起，而事实上，互联网的真正作用在于它鼓励了人们之间的交流，正像大卫·温伯格所说："互联网鼓励了人们在大众媒体时代不可能进行的交流。"他甚至不无夸张地宣布，互联网是对人性的再一次颠覆，我们重又开始体验交流的乐趣、智慧的分享，它拒绝了工业时代的极度功利化倾向。大卫·温伯格网络预言家的色彩虽过分强烈，但也不无道理。

课后阅读

曲折上升的科技革命

伟大的科技创新，总是不可避免会形成泡沫并破裂，盛极而衰的演变，似乎是天意弄人，硅谷发生的事也不例外。

英国就有过这样的例子：19 世纪 40 年代初，所谓的铁路革命发生了。

一家接一家的企业如雨后春笋般冒出来，以疯狂的速度建造铁路、车站和火车，而在这种行动的背后，是一波接一波的资本投机。就在这个泡沫愈吹愈大的时候，铁路公司的股票在伦敦大街上被叫卖，没有一个心智正常的人不想拥有一些这种炙手可热的纸资产。

然而，到了 1845 年，产能出现过剩，铁路公司股价开始下跌，最终导致了 1847 年股市崩盘，铁路公司大批破产，投资者血本无归。

但是，随后发生的事却是大多数人所没有想到的。经过大清洗之后，幸存下来的铁路公司，其繁荣超出任何人的想象，将英国的铁路总里程延长了 10 倍。仅仅几年，大不列颠进入了维多利亚女王全盛时期，这在很大程度上应当归功于那场暂时失败的铁路革命。

英国在 18 世纪末也发生过同样的事。当年建造运河形成了一波投机热，终于引发了 1793 年破产高潮。然而在 18 世纪的最后 10 年，幸存下来的运河建造公司将该国的运河总长延长了一倍，从而在随后的第一次工业革命中担当了重要的角色。

20 世纪初美国的汽车革命又何尝不是如此？1909 年，生产汽车的公司达 274 家。第二次世界大战后，尽管它们的数量急剧缩减至不超过 10 家，但汽车产业的繁荣达到空前的程度，并改变了整个世界的格局。

从这些历史先例中可以得出一条教训：投机推动的科技革命常常以暂时的失败告一段落，但却为下一代经济打下了基础，不久就会带来一个更伟大、更持久的繁荣时期。互联网的革命也是如此……

本 章 小 结

本章节介绍了互联网的起源和发展过程，包括互联网技术是如何从研究机构中诞生而后运用到电子商务中的。本章还介绍、解释了目前互联网使用的传输协议，以及代表地址的 IP 和域名两种不同的表示方式。学生通过本章的学习，应对电子商务的重要组成部分——互联网有一个初步的了解，明确互联网的工作原理。

第 2 章 对互联网的理解

复习思考题

一、选择题

1. IP 地址采取的是(　　)。
   A．二进制　　　　B．八进制　　　　C．十进制　　　　D．十六进制
2. 下列不属于行业类别一级域名的是(　　)。
   A．.coop　　　　B．.aero　　　　C．.museum　　　D．.edu
3. 内存的最小单位是(　　)。
   A．字节　　　　B．位　　　　　　C．字段　　　　　D．1K
4. 目前互联网协议主要包含(　　)。
   A．TCP/IP　　　B．ICMP　　　　C．GPRS　　　　D．CDMA
5. 在一定的地理范围内(如一个学校、工厂和机关内)的通信网称为(　　)。
   A．广域网　　　B．局域网　　　　C．万维网　　　　D．互联网

二、简答题

1. 简述互联网 TCP/IP 协议。
2. 简述域名规则。

三、实践题

1. 调研近 3 年来本校在互联网应用方面的进展，写一份调研报告。
2. 试分析电子商务第二轮发展有何特征。

案例分析

中国互联网经过 10 多年的发展与积累，已经逐渐向更加开放与创新的方向发展。纵观各种现象，我们预测未来中国互联网的发展将呈现以下几个方面的趋势。

趋势一：移动互联网时代的到来

中国步入 3G 时代以来，以无线通信为基础的移动互联网在中国得到快速普及和发展。移动互联网应用服务的种类和样式越来越丰富；与此同时，传统互联网企业、电信运营商和终端制造企业也纷纷加入到这一新兴的发展领域，运营主体继续呈现多元化发展趋势。据 Enfodesk 易观智库发布的《中国移动互联网市场年度综合报告 2011》显示，3G 技术的发展使得中国移动互联网运营商的主导权逐渐减弱，2011 年移动互联网用户与互联网用户重叠率将超过 70%，到 2012 年将完成互联网用户向移动互联网的迁徙。除此之外，移动资讯平台、手机搜索、无线音乐和移动视频等多样化的创新移动终端也不断涌现。

趋势二："开放"渐成互联网发展总基调

在三网融合的大背景下，互联网以更加开放的姿态去发展，核心互联网企业在发展壮大的进程中，相互都选择了开放平台的形式。其中，中国电信推出的"天翼空间"不仅对

电信用户开放,还对其他两家运营商开放,与其他的行业、企业实现更好的融合。在用户需求趋于多样化和综合化的背景下,单一企业已经无法完成满足用户的需求,而这种开放合作的模式也降低了产业链各方之间的交易成本,使得分工协作具有显著的外部经济性,"开放"也将逐渐成为未来中国互联网发展的主旋律。

趋势三:新一轮的互联网上市浪潮来临

在经过第一轮搜狐等门户网站、第二轮垂直信息服务、第三轮网游、第四轮B2B电子商务企业的上市浪潮后,2010年和2011年将迎来互联网企业新一轮的上市浪潮。在这一进程中,企业的上市将推动相关行业集中度的提升,互联网相关领域也将陆续进入发展成熟期。

趋势四:应用服务将不断出现

2010年是中国互联网应用服务极具创新发展的一年,网络团购、微博即是其中的典型服务。桌面互联网方面,网络经济庞大的用户基础、SNS、支付、物流和通信等基础环境的逐步改善,为新应用、新业务的出现和发展提供了条件。移动互联网方面,以手机应用商店、电子阅读、LBS(Location Based Service,基于位置的服务)等为代表的创新服务,正在诠释与传统桌面互联网不同的含义。

(资料来源:http://ad.sohul.com/s2011/2004/s279450676)

思考题:

1. 未来互联网应用服务创新应注重哪些要点?
2. 谈谈你所了解的某项应用创新服务。
3. 分析中国互联网行业的发展趋势将对电子商务的影响。

第3章 商务模型与盈利模式

学习目标

1. 了解电子商务的特点。
2. 了解电子商务与传统商务的差异。
3. 了解产业链与电子商务的机会。
4. 掌握电子商务的盈利模式及其组成部分。
5. 对国内外电子商务比较的认识。

知识结构

知识模块	知识单元	相关知识点
商务模型与盈利模式	电子商务的交易特征	(1) 电子商务的特点； (2) 电子商务存在的问题
	产业链与电子商务的机会	(1) 产业链虚拟化经营； (2) 网络平台； (3) 电子商务外包
	盈利模式的类型	会员制、网络广告等
	盈利模式的组成要素	利润源、利润点、利润杠杆、利润屏障、利润通道
	电子商务的比较	中国电子商务与国外电子商务的比较

引例

一个人，在完全封闭的环境里，没有饮用水、食物、电话，唯一跟外界联络的就是一台可以上网的电脑，他能取得足够的食物和生活必需品，并顺利度过72个小时吗？1999年，由国家信息产业部信息化推进司指导、全国10多家媒体及梦想家中文网联合主办的中国首届"72小时网络生存测试"活动，于9月3日～6日在北京、广州、上海三地同时举行，12位自愿者在一个完全封闭的环境里依靠互联网生活72小时，以亲身经历让人们了解中国网络最真实的一面。

12名自愿者靠主办机构发给的1 500元人民币现金和1 500元人民币电子货币进行生存测试。网

络所能提供的社群关系、购物交易甚至休闲娱乐及精神文化等功能都将在这72小时里受到严格的挑战。

各测试者在这3天里所为各不相同,但大部分人把时间花费在购物上了。只有一名测试者表现突出,他在网上开了一间花店,已经卖出了一些鲜花,并且有150元盈利。值得一提的是,因为他的网上生存初步形成了一个循环的过程,不但能花,而且能挣,这才是真正的生存。

10余年后的今天,移动鼠标,等着快递送货上门;敲击回车键,方案策划发给客户审阅;拿起电话,订票订餐迅速搞定……如今,躲在家里,靠着电脑和手机就可以度日的"宅男宅女"日益增多,他们用鼠标完成购物、电话订票订餐,在家中上班、做兼职,进行其他电子商务运作。

没错,在今天,如果你想宅,就一定能宅。想要交朋友,就上网;想购物,就上网;想买房,就上网;想就餐,就上网……总之,你想办的事情,通过合适的方式,"宅"在家里也一定能办妥。

电子商务极大地改变了现代人的生活,因此,很有必要了解下电子商务与传统商务间的差异。

3.1 电子商务的交易特征

电子商务是现代商务领域的一场革命,尽管与传统商务相比电子商务的发展时间尚短,且还不甚完善,但是电子商务已表现出了其相对于传统商务的巨大优势,当然电子商务还存在着一些不足,需要在今后的发展过程中不断地给予完善。

电子商务与传统商务的比较,见表3-1。

表3-1 电子商务与传统商务的比较

项 目	电子商务	传统商务
信息提供	准确、透明	根据销售商的不同而不同
交易对象	全球	部分地区
交易时间	全天24小时	规定营业时间
流通渠道	企业—消费者	企业—批发商—零售商—消费者
营销活动	双向通信	销售商单方营销
销售方法	自由购买	通过各种买卖关系
销售地点	虚拟空间	实际店铺
顾客方便度	顾客按自己的方式随意购买	受时间和地点的限制

3.1.1 电子商务的特点

1. 贸易全球化

互联网打破了时空界限,全球市场成为一个整体。通过互联网,任何一个企业都可以将自己的产品销往世界各地,在全世界寻找合作伙伴,同时也要面对来自各个国家的竞争对手。

2. 市场虚拟化

网络市场是在Internet上利用搜索引擎和智能代理软件构成的一个分布的、逻辑的交易平台，该平台没有任何地理障碍。相对于传统商务，电子商务具有全新的时空优势，这种优势可以在更大程度上、更大范围内满足客户的需求。电子商务已经没有了国界和昼夜之分。

3. 交易成本低

电子商务使得交易成本大大降低：通过网络进行交易活动，省去了中介环节的费用；电子商务实行"无纸贸易"，可减少文件处理费用；电子商务使买卖双方即时沟通供需信息，使得无库存生产和无库存销售成为了可能；企业利用内部网可实现"无纸办公"，提高了内部信息的传递效率，节省了时间，降低了管理成本；通过互联网企业可以对各地市场情况作出反应，即时生产、即时销售，降低存货费用，提高物流效率，从而降低成本；电子商务可以进行无店铺销售，从而省去了店铺的成本。

4. 交易效率高

由于互联网将贸易中的商业报文标准化，使商业报文能在世界各地瞬间完成传递与计算机自动处理，原料采购、产品生产、产品销售、银行汇兑和保险等过程都可以在最短时间内在无人参与的情况下完成。而在传统贸易中，这些环节都需要人员参与，不仅费时，还容易因工作人员的失误而造成错误。电子商务克服了传统商务费用高、易出错和速度慢的缺点，极大地缩短了交易时间，使得整个交易非常方便和快捷。

5. 交易透明化

买卖双方从交易的洽谈、签约以及货款的支付、交货通知等整个交易过程都在网络上进行。通畅、快捷的信息传输可以保证各种信息之间相互核对，可以防止信息的伪造。

3.1.2 电子商务存在的问题

1. 合同问题

电子商务合同主要通过电子形式来签订。电子商务进行的是无纸贸易，这涉及数字签名、电子发票和电子合同的法律地位和效力问题。电子商务合同双方都通过网络进行运作，其信用需依靠密码的辨认或认证机构的认证。密码认证的虚拟性和认证机构认证的多样性导致合同的信用体系存在较大的问题，对于大额和长期的商务活动存在着较大的风险。

2. 支付问题

电子商务能够实现零距离支付，这就需要安全有效的电子商务金融渠道，尤其是电子支付手段。而我国现在的金融支付手段不完善，各大银行的电子支付程序比较烦琐，并且尚未统一支付系统。电子交易中的当事人采用不同的支付方式且这些支付方式又互不兼容时，双方就无法通过电子支付的手段来完成支付，从而也无法完成整个电子交易。

3. 安全问题

电子商务的交易安全涉及以下几个方面：①电子商务网站容易受到黑客攻击，国内安全技术结构和加密技术强度普遍不足；②电子商务售后服务不足，出现问题客户往往无法找到负责人；③电子商务安全缺乏足够的法律保护。

4. 知识产权保护问题

知识产权具有垄断性、地域性、时间性、无形性和政府确认性等特点。电子商务活动建立在互联网上，网络的传输表现出开放性和全球性的特点。这使得知识产权的垄断性和地域性受到了严峻的挑战，不利于保护产权所有人的正当权利。

5. 隐私权保护问题

网络隐私权是指公民在网络中享有的私人生活安宁与私人信息依法受到保护，不被他人非法侵犯、知悉、搜集、复制、利用和公开的一种人格权。目前电子商务隐私权保护遇到三大问题：个人信息数据保护、个人数据二次开发利用和个人数据交易。网络侵权行为削弱了电子商务交易的诚信基础，不利于电子商务交易的发展。

6. 税收问题

现行的税收制度是建立在传统的生产、贸易方式的基础之上的。而现行税收制度的一些规定不适用或不完全适用于电子商务，并涉及国际税收关系和国内财政收入等一系列有关税制和税收征管的问题。

案例 3-1

盛大"三国杀"怒告"三国斩"侵权案

2010 年 7 月 13 日，在杭州市西湖区人民法院，"三国杀"运营商盛大边锋网络状告"三国斩"运营商趣玩数码侵权。

盛大子公司边锋网络认为，趣玩数码侵犯其著作人身权、著作财产权，要求法院判令被告立即停止运营"三国斩"网络游戏或删除内容、停止发售"三国斩"卡牌；判令被告在其经营的网站以及《计算机世界》上赔礼道歉、消除影响；判令被告赔偿原告 50 万元；判令被告承担原告调查取证费及律师费共 7.8 万元；判令被告承担本案诉讼费。

趣玩数码认为，边锋网络运营的游戏"三国杀"本身就涉嫌抄袭意大利知名桌游"BANG!"，"三国杀"没有理由来告"三国斩"。2010 年 12 月 31 日，盛大撤诉。

(资料来源：http://www.zgdls.com/2011/zscqzx_0108/114952.html)

3.2 产业链与电子商务的机会

电子商务可以作为整个产业链的接点。这个接点可以是电子商务产业链自身，把电子商务的支撑产业统领起来，实现电子交易；也可以从企业角度，实现企业内部信息化，通过电子商务连接好内部与外部系统,用电子商务将其他企业和社会上的资源进行有效配置,打通企业的产业链;还可以是把所有的用户汇聚起来的接点。产业链上的电子商务有 3 种模式。

3.2.1 电子商务产业链虚拟化经营

虚拟经营中,核心企业作为产业链中的领导者,统领包括产品研发、设计、生产、配送和销售等所有环节。虚拟经营可以把能力有限的零散企业的能力组织起来,构成强大的企业群组织。虚拟经营的模块企业之间通过合理的利益分配机制、信用机制和有效的沟通机制,构建企业间风险共担的协作关系。

电子商务在虚拟经营中担任重要的角色,电子商务平台将各个企业的产品和服务汇聚起来,采用适合企业需要的信息库技术、通信技术,实现信息流、资金流的快速流动。在前台则以优质的产品或服务提供给消费者。电子商务把适合的主导企业和模块企业汇聚到一条产业链上以形成更为强大的竞争力。产业链上虚拟组织构成如图 3.1 所示。

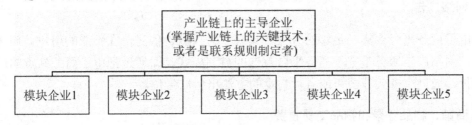

图 3.1 产业链上虚拟组织构成

3.2.2 网络平台——虚拟产业集群

虚拟产业集群是指在网上根据主导企业发展需要,或者是按行业区分或者是按消费者需求,把相关的企业集结到同一个商务平台上,或者建立网络链接,形成虚拟产业集群。

网络平台建设的关键是寻找产业关联。例如,将有关医药卫生保健品的企业、产品、服务、医院、医师和患者通过一个网络平台连接起来,有效地将原来分散的资源组织起来,形成无数条产业链,有效提升服务,给患者、医生、医院、医药公司或企业之间搭建起合作平台,使产业链更加稳固,提升服务品质,实现资源的共享和互补。

虚拟产业集群可以跨越地理界限,企业联盟及资产互补,加快创新,提升企业竞争优势,其作用与实体产业集群相同。

3.2.3 电子商务外包

电子商务使得交易成本降低,企业内部和外部的市场之间可以有更多的产业链组织形式,外包就是其中之一。

企业通过分析自己的产业价值链,明确自己的优势及劣势,将不具有优势的环节通过产业链的组织方式外包出去。产业链的组织方式有很多种,如战略联盟、产品联盟、代理和加工等。

利用外包思想,运用电子商务手段,结合灵活的产业链组织形式,找准自己在产业链上的定位，大企业做产业链上"系统集成商"，小企业做配套企业，有利于电子商务的发展创新。

3.3 盈利模式的类型

3.3.1 会员制

会员制模式包括网上店铺出租、公司认证和产品信息推荐等多种服务组合而成的增值服务，它一般适用于提供企业之间交易平台的 B2B 电子商务网站。

会员制的业务主要包括向会员提供线下认证、线上商铺和排名等服务，从而向会员收取一定比例的年费。费用第一年交纳，第二年到期时需要客户续费，续费后再进行下一年的服务，不续费的会员将恢复为免费会员，不再享受多种服务。

3.3.2 网络广告

当电子商务平台聚集了足够的人气、具有广告投放价值时，在不影响用户访问体验的前提下，网络广告服务是电子商务平台首选的盈利模式，即通过把电子商务站点的广告位明码标价，通过广告代理公司或自行售卖的方法出售广告位。

3.3.3 商铺、物品登录和物品交易收费

电子商务平台可以分为商铺和物品。因此，卖家注册商铺可以收费，每个物品的上架和交易成功，电子商务平台都可以根据物品标的的大小收取不同的费用。商铺服务一般会提供不同等级的服务，免费、普通和高级等。根据商铺形式、展现形式等不同而收取不同的费用。物品登录费用一般是根据标的物的区间不同而设置不同的价格，物品交易费用则以交易数额的一定比例来收取。

3.3.4 搜索竞价

电子商务平台的商品日益丰富引发了大量的搜索应用，在搜索结果中排列靠前则显得至关重要。由此出现了一种收费模式，根据搜索关键字竞价的业务。用户可以对某一个关键字提出自己的价格，最终最高价的用户获得一段时间内享用此关键字搜索结果的某一名次排名。

 案例 3-2

搜索竞价与百度竞价排名

百度竞价排名是把企业的产品、服务等通过以关键词的形式在百度搜索引擎平台上作推广，它是一种按效果付费的新型而成熟的搜索引擎广告。用少量的投入就可以给企业带来大量潜在客户，有效提升企业销售额。竞价排名是一种按效果付费的网络推广方式，由百度在国内率先推出。企业

在购买该项服务后，通过注册一定数量的关键词，其推广信息就会率先出现在网民相应的搜索结果中。

百度的竞价排名完全按照给企业带来的潜在用户访问数量计费，没有客户访问不计费，企业可以灵活控制推广力度和资金投入，使投资回报率最高。可以设置自己想要的关键词，每次按点击的次数收费。每个关键词的起步价不同，如果多家网站同时竞买一个关键字，则搜索结果按照每次点击竞价的高低来排序。每个用户所能提交的关键字数量没有限制，无论提交多少个关键字，均按网站的实际被点击量计费。

3.3.5 区域型、垂直型分站加盟、频道共建

电子商务的发展越来越向区域性发展。区域性的电子商务更能降低信任危机，更能节省物流成本，具有极大的发展潜力。与此同时，垂直性的电子商务业务因其对行业特性的体现而深得用户认可。但是，由于细分型网站的运营需要大量相关区域、相关行业人力，独立运营的成本过大。因此，分站加盟、频道共建的模式就应运而生了。

3.3.6 无线增值服务

无线增值服务是建立在移动通信网络基础上的数据服务。随着我国无线增值业务的用户数量不断增长，无线增值业务收入增长水平已超过了其他电信业务的增长水平。电子商务的高端发展也同样需要无线增值服务的支持。例如，电子商务异地交易需要短信提醒来辅助安全性，电子商务资讯信息的传递需要短信发送以增加时效性；电子客票的交易更适用于无线业务等。电子商务企业提供无线增值服务，并通过包月、计时等多种形式收费。

3.3.7 支付、物流环节收费

线上的实物交易一般利用传统的线下方式，通过互通电话、线下银行支付和物流公司运输完成。近年来，随着大量网上支付公司的发展和物流体系的重组，支付和物流环节的业务也逐渐发展为一大高利润业务。例如，网上交易买家可以先把预付款通过网上银行打入到支付公司的专用账号，待卖家发货到手后，支付公司会把买家的账款打入到卖家账号，这样可以解除电子商务交易中网上支付安全性的若干问题，买家不用担心接收不到货物还要付款，卖家不用担心发出了货物没有收到款等问题的出现。网上支付公司的日益普及极大地促进了电子商务的发展。

3.4 盈利模式的组成要素

盈利模式的 5 个基本组成要素是利润源、利润点、利润杠杆、利润屏障和利润通道。这 5 项组成要素构成了盈利模式的逻辑结构。

(1) 利润源是企业的目标市场，即其产品与服务的购买者与使用者群体。一个企业如果想拥有理想的利润源，首先要保证其具备一定的规模，其次要对利润源的需求和消费行为有深刻的认识,最后要擅于挖掘和创造新的利润源。

(2) 利润点是企业赖以盈利的产品和服务,这是实现利润的基础。利润点必须符合目标市场的需求,并能为构成利润源的客户创造价值,最重要的是要能够为企业带来利润。

(3) 利润杠杆是指企业为了获得利润而进行的产品生产、服务提供、内部管理以及吸引顾客购买等一系列业务与管理活动。

(4) 利润屏障是企业为防止竞争者掠夺本企业的利润而采取的防范措施,这是实现利润的必要保障。

(5) 利润通道是指企业获得利润的路由与途径,这是利润实现的必经之路。它反映了信息、产品、服务和资金的流向,以及实现利润的直接来源。盈利模式组成要素逻辑结构如图 3.2 所示。

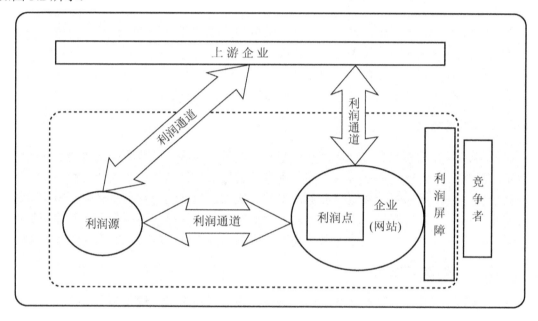

图 3.2　盈利模式组成要素逻辑结构

3.5　中国电子商务与国外电子商务的比较

电子商务作为一个名词概念,在中国和美国及其他发达国家几乎同时被提出。我国现在所采用的电子商务技术也与美国及其他发达国家相差无几。

在中国,电子商务的名词概念先于电子商务的应用与发展,电子商务技术需要不断地寻找商务需求,是先进的网络和电子商务技术推动了中国企业电子商务的应用与发展。这是中国电子商务发展的一个重要特点。

与美国等发达国家相比,中国电子商务有其特殊的国情与商情,在体制、法律、支付、物流、信息化基础、收入水平和文化等方面均存在着相当大的差异和不足。这主要表现在,我国各行业信息化程度还不够高,信息基础设施建设还比较薄弱,信息的流动不通畅,信用卡的认证、发行和流通不规范,使电子支付和电子转账业务存在困难。我国物流快递业务在国内的发展没有得到广泛的普及,给网上购物带来许多不便。同时在观念上,我国消费者在购物时还习惯于对商品进行物理接触和现金付款,对于在网上购物和信用卡支付尚需要一个观念转变的过程。更重要的是,作为电子商务主力军的企业和商家并没有真正"热"起来,电子商务的应用也远没有达到人们想象的那样实用和方便,特别是先期开展电子商务的企业有许多并没有取得预期的效益。

因此,促进我国电子商务的发展还有许多事情要做:①要开展对电子商务的深层研究,积极探讨我国电子商务发展的政策方针;②要加快我国通信基础设施和有关电子商务标准化建设;③要解决好电子商务的安全、法律、税收和电子支付等问题;④要引导消费者转变消费的思想和观念,调动人们参与电子商务的热情;⑤要加强电子商务的实际应用系统的推广,积极引导企业上网交易。

阿里巴巴的盈利模式

阿里巴巴成功的第一步是抢先快速圈地。1988 年,马云以 5 万元起家时,中国互联网先锋赢海威已经办了 3 年。赢海威采用美国 AOL(American Online,美国在线)的收费入网模式,这对于经济发展水平高的国家,本身经济实力强而且网络信息丰富的 AOL 是适用的。马云并没有采用赢海威的收入模式,而是采用了免费大量争取企业的方式,这对于一个个人出资的公司,是非常有远见和魄力的。坚持这样一种模式是需要坚毅的精神的。在遭遇互联网寒冬的 2001 年,马云给公司定了一个目标,要做最后一个站着的人。他说:"今天是很残酷,明天更残酷,后天很美好,但是很多人都看不到后天,因为他们死在明天的晚上。"这种抢先圈地的模式坚持下来并贯彻至今,现在阿里巴巴在中国的企业会员是 700 万家,海外 200 多万家。2011 年 11 月 30 日阿里巴巴对外宣布,其中国站注册会员数量突破 5 000 万人,阿里巴巴中国站已经成为全球最大的批发市场、采购平台和商人社区。

马云成功的第二步是利用第一步的成功开展企业的信用认证,敲开了创收的大门。信用对于重建市场经济和经济刚起飞的中国市场交易是拦路虎,电子商务尤为突出。马云抓住了这个关键问题,2002 年力排众议创新了中国的互联网上的企业诚信认证方式——"诚信通"。如果说,这种方式在普遍讲诚信的发达国家是多余的,在中国则是恰逢其时了。阿里巴巴既依靠了国内外信用评价机构的优势,又结合了企业网上行为的评价,恰当配合了国家和社会对于信用的提倡。

在诱导企业缴费加入"诚信通"方面,阿里巴巴巧妙利用了它抢先圈地的成果。几百万家企业为它提供了大量的企业需求信息。这对于 60%加工能力过剩的中国企业是非常宝贵的信息。阿里巴巴不仅对于通过诚信通的企业提供需求信息,还通过 E-mail 一年提供 3 600 条信息。这些需求信息对于众多千方百计寻求订单的企业来说,其价值不言而喻,最起码也有把握现实的市场动态的参考价值。

阿里巴巴的第三步就是他掌握 5 000 家的外商采购企业的名单,可以实实在在帮助中国企业出口。对每家企业收费 4 万~6 万元,又为阿里巴巴带来每年几千万元的收入,并提高了国内外的知名度。

阿里巴巴的第四步是收购雅虎中国后准备推出的电子商务搜索。阿里巴巴已经推出自己的关键字竞价搜索。雅虎的搜索在中国仅低于百度 3 个百分点,超过全球龙头谷歌 8 个百分点。现在阿里巴巴依靠雅虎每年几十亿美元技术开发投入形成的技术实力必然会有所创新。创建全球首个有影响力和创收力的专业化搜索应当是合理选择。电子商务搜索可以将电子商务涉及的产品信息、企业信息,还有物流、支付等相关信息都串联起来,可以逐步自然形成一种电子商务信息的标准。同时可以首先推进阿里巴巴的电子商务,并统领全国的电子商务。

(资料来源:http://www.douban.com/note/209208346)

本 章 小 结

电子商务与传统商务相比,打破了时空的界限,具有传统商务无法比拟的优势。虽然电子商务还不甚完善,但是其多样化的盈利模式使其相对于传统商务更具竞争力。通过国内外电子商务的比较,可以借鉴发达国家电子商务发展的经验,以推进我国电子商务的发展。

复习思考题

一、选择题

1. 电子商务的特点包括(　　)。
   A. 贸易全球化　　B. 市场虚拟化　　C. 交易效率高　　D. 交易透明化
2. 电子商务在产业链上的应用模式包括(　　)。
   A. 虚拟经营　　B. 虚拟产业集群　　C. 外包　　D. 品牌联合
3. 电子商务的盈利模式的基本构成要素包括(　　)。
   A. 利润源　　B. 利润点　　C. 利润杠杆　　D. 利润屏障
   E. 利润通道
4. 产业链的组织方式包括(　　)。
   A. 战略联盟　　B. 产品联盟　　C. 代理　　D. 加工
   E. 外包
5. 产业链上电子商务的模式包括(　　)。
   A. 虚拟化经营　　B. 网络平台　　C. 电子商务外包　　D. 加入会员

二、简答题

1. 简述电子商务的盈利模式。
2. 简述现阶段电子商务存在的问题。

三、实践题

1. 分析我国电子商务在法律方面存在的问题。
2. 分析身边的一家电子商务企业的盈利模式。

案例分析

"消费满500返500,满1 000返1 000!"最近杭城一些街边店铺里的一则广告,引起了很多消费者的注意。与以往商店促销不同，广告里所说的返利不是由商店完成，而是一家名为"万家购物"的网站，网站的创办方是浙江金华亿家电子商务有限公司。

据该公司客服介绍，公司成立于2010年，目前已经有200多万个会员，8万家加盟店。公司除了不卖房产和贵金属，几乎什么都卖，大到汽车，小到桂林米粉，近半个月来的日均销售额超过2亿元。

跟万家购物类似，目前国内已出现多家打着"消费＝存钱＝免费"模式的购物网站，虽然去年以来各地工商部门和消费者权益保护委员会(以下简称消保委)不断提醒商家和消费者不要受类似公司的蛊惑，但仍有不少人在利益的驱使下妥协，使得这些公司的扩张愈演愈烈。

据介绍，万家购物的会员在加盟商处消费可以逐步累积，满500元就能获得1个分红权，满1000元可获得2个，以此类推。万家购物会从每天的营业额里拿出10%作为红利于次日发给每个会员分红权。这笔分红则来自于加盟商。每笔交易完成时，万家购物会从加盟商的账户上自动扣除交易额的16%，其中的10%用来返利。也就是说，消费者购买价值1000元的产品，万家购物会获得其中的160元，最终返还给消费者1000元。

对于万家购物的商业模式，浙江工商大学金融学院副院长楼迎军表示，万家购物的模式和庞氏骗局很像，就是将后来人的消费作为前面人的返现，看上去可行，实际上很脆弱，"万家必须要快速增加加盟商和消费会员的数量以提高营业额，一旦扩张速度减缓，会导致整个模式崩溃。"

商家和万家购物之间的信息不对称，是楼迎军提出的另一个疑虑。在万家购物模式中，万家购物本身不参与具体的交易环节，那就给商家和消费者合谋制造假订单提供了可乘之机。

万家购物存在的隐忧已经引起了有关方面的重视。去年以来浙江省工商局和各地消保委纷纷在网站上发出消费警示，衢州市消保委也已约谈万家购物在当地的代理商。

同时记者在调查时，发现万家购物的模式并不是首创。早在8年前，山东一家名为众旺的公司曾经推出了"消费储值"的商业模式，一度风靡全国，在杭州也有商家趋之若鹜，但最终因为资金链难以为继携款潜逃，"消费储值"的商业模式也迅速沉寂。

2012年6月，万家购物涉嫌网络传销被查处。

(资料来源：梁应杰. 满500返500零成本购物购物网站全额返现迷雾重重[N]. 都市快报，2012(C05))

思考题：
1. 你认为万家购物是什么盈利模式？
2. 分析该种盈利模式存在的问题。
3. 规范该类网站应从哪些方面入手？

第4章 电子化商务战略

学习目标

1. 了解战略规划的含义。
2. 掌握 SWOT 分析模型的应用。
3. 掌握电子商务战略制定的方法步骤。
4. 了解电子商务应用引起的渠道冲突。
5. 了解战略联盟的含义。
6. 掌握战略联盟绩效测量的方法。

知识结构

知识模块	知识单元	相关知识点
电子化商务战略	战略规划	(1) 战略规划的定义； (2) 战略规划的需求和内容
	SWOT 分析	(1) SWOT 分析模型的含义； (2) SWOT 模型的局限性； (3) 电子商务战略规划的8个步骤
	电子商务引起的渠道冲突	(1) 渠道冲突的含义； (2) 渠道冲突的类型
	渠道冲突的解决方法——战略联盟	(1) 战略联盟的类型； (2) 战略联盟的优势
	战略联盟绩效测量	(1) 战略联盟绩效的影响因素； (2) 战略联盟绩效评估方法

引例

2011 年 3 月，易观国际与 APEC(Asia-Pacific Economic Cooperation，亚太经济合作组织)电子商务联盟联合主办的"2011 亚太电子商务绿色经济发展峰会暨第二届易观电子商务年会"在北京举行。苏宁易购凭借其前瞻性的战略思路和发展规划，以及 2010 年的良好业绩，获得最佳战略案例奖项。

2010 年，众多传统企业纷纷进军电子商务，既是因为看到了电子商务未来发展的无限潜力，也是基于自身拥有的布局市场的先天优势。苏宁将发展电子商务网络零售作为实施"科技转型、智慧服务"战略的重要内容之一,网络零售将成为与实体店并驾齐驱、相互协同的新渠道,是苏宁的企业再造工程、第二连锁事业。2010年1月,苏宁易购正式上线。苏宁易购凭借实体服务优势,运营一年销售规模就已达到20亿元,增长幅度高达400%。2011年,苏宁电器实现销售规模1 100亿元,门店总数达到1 684家,为中国连锁经营协会发布的"2011中国连锁百强"亚军。千亿级的销售规模,使得苏宁拥有了强大的议价能力,也为苏宁易购在产品价格方面具备了充分的行业竞争力。此外,苏宁电器全国近1 700家门店均可作为苏宁易购的售后服务中心和体验中心,为网友的购物安全提供了保障。与此同时,苏宁自建的物流配送体系,为苏宁易购的快速发展起到了强有力的支撑,2011年建设了10个B2C小件配送中心,特别是针对电子商务特点而建设的自动化仓库,开启了虚实结合的现代仓储构建模式。目前在北京、上海、广州等一级城市,苏宁易购家电可做到半日送达。

2012年2月,苏宁发布2012年发展规划,苏宁易购的发展被定义成整个苏宁发展的核心工作,围绕组织团队建设、采购运营变革、信息服务升级等制定了全面的发展年度攻略,提出了"线上冲刺5倍增长、品类拓展、购物体验细节改进、物流网支持双线发展"等实施计划,并将2012全年销售目标定为300亿元。

(资料来源:http://info.homea.hc360.com/2011/04/071028670996.shtml)

4.1 战略规划

战略规划,即制定组织的长期目标并将其付诸实施,它是一个正式的过程和仪式。一些大企业都有意识地对大约50年内的事情作出规划。

经典人物4-1

竞争战略之父:迈克尔·波特(Michael Porter)

迈克尔·波特是哈佛大学商学研究院著名教授,当今世界上少数最有影响的管理学家之一。

他曾在1983年被任命为美国总统里根的产业竞争委员会主席,开创了企业竞争战略理论并引发了美国乃至世界的竞争力讨论。他先后获得过大卫·威尔兹经济学奖、亚当·斯密奖,5次获得麦肯锡奖,拥有很多大学的名誉博士学位。到现在为止,迈克尔·波特已有14本著作,其中最具影响力的有《品牌间选择、战略及双边市场力量》(1976)、《竞争战略》(1980)、《竞争优势》(1985)和《国家竞争力》(1990)等。

4.1.1 战略规划的需求

战略规划是行动的指导思想。思想一定要有实践意义,否则思想就是空想。

战略规划的有效性包括两个方面:一方面是战略正确与否,正确的战略应当做到组织资源和环境的良好匹配;另一方面是战略是否适合于该组织的管理过程,也就是和组织活动是否匹配。

一个有效的战略一般具有以下特点。

(1) 目标明确——战略规划的目标应当是明确的，不应是二义的。其内容应当使人得到振奋和鼓舞。目标要先进，但经过努力可以达到，其描述的语言应当是坚定和简练的。

(2) 可执行性——好的战略说明应当是通俗的、明确的和可执行的，它应当是各级领导的向导，使各级领导能确切地了解它，执行它，并使自己的战略和它保持一致。

(3) 组织人事落实——制定战略的人往往也是执行战略的人，一个好的战略计划只有有了好的人员执行，才能实现。因而，战略计划要求一级级落实，直到个人。高层领导制定的战略一般应以方向和约束的形式告诉下级，下级接受任务，并以同样的方式告诉再下级，这样一级级地细化，做到深入人心，人人皆知，战略计划也就个人化了。个人化的战略计划明确了每一个人的责任，可以充分调动每一个人的积极性。这样一方面激励了大家动脑筋想办法，另一方面增加了组织的生命力和创造性。在一个复杂的组织中，只靠高层领导一个人是难以识别所有机会的。

(4) 灵活性——一个组织的目标可能不随时间而变，但它的活动范围和组织计划的形式无时无刻不在改变。现在所制订的战略计划只是一个暂时的文件，只适用于现在，应当进行周期性的校核和评审，灵活性强使之容易适应变革的需要。

4.1.2 战略规划的内容

战略规划是分层次的，战略规划不仅在最高层有，在中层和基层也应该有。一个企业一般应有3层战略，即公司级、业务级和执行级。

战略规划不仅有不同级别，而且规划期有长有短，但是不管何种类型的战略规划，都应包含以下3方面内容。

1. 方向和目标

经理在设立方向和目标时有自己的价值观和自己的抱负。但是他不得不考虑到外部的环境和自己的长处，因而最后确定的目标总是这些东西的折中，这往往是主观的，一般来说最后确定的方向目标绝不是一个人的愿望。

2. 约束和政策

要找到环境和机会与自己组织资源之间的平衡。要找到一些最好的活动集合，使它们能更好地发挥组织的长处，并最快地达到组织的目标。这些政策和约束所考虑的机会是现在还未出现的机会，所考虑的资源是正在寻找的资源。

3. 计划与指标

计划与指标是近期的任务，计划的责任在于进行机会和资源的匹配。但是这里考虑的是现在的情况，或者说是不久的将来的情况。由于是短期，有时可以制订出最优的计划，以达到最好的指标。经理或厂长以为他做到了最好的时间平衡，但这还是主观的，实际情况难以完全相符。

第 4 章　电子化商务战略

战略是理想和现实的平衡结果

战略规划内容的制订处处体现了平衡与折中，要在平衡折中的基础上考虑回答以下 4 个问题：
我们要做什么？What do we want to do?
我们可以做什么？What might we do?
我们能做什么？What can we do?
我们应当做什么？What should we do?

这些问题的回答均是领导个人基于对机会的认识，基于对组织长处和短处的个人评价，以及基于自己的价值观和抱负而作出的回答。所有这些不仅限于现实，而且要考虑到未来。

4.2　SWOT 分析

4.2.1　SWOT 分析模型的含义

在现在的战略规划报告里，SWOT 分析应该算是一个众所周知的工具。来自于麦肯锡咨询公司的 SWOT 分析，包括分析企业的优势(strengths)、劣势(weaknesses)、机会(opportunities)和威胁(threats)。因此，SWOT 分析实际上是将对企业内外部条件各方面内容进行综合和概括，进而分析组织的优劣势、面临的机会和威胁的一种方法。

通过 SWOT 分析，可以帮助企业把资源和行动聚集在自己的强项和有最多机会的地方，并让企业的战略变得更加明朗。

优劣势分析主要是着眼于企业自身的实力及其与竞争对手的比较，而机会和威胁分析将注意力放在外部环境的变化及对企业的可能影响上。在分析时，应把所有的内部因素(即优劣势)集中在一起，然后用外部的力量来对这些因素进行评估。

1. 机会与威胁分析

随着经济、社会、科技等诸多方面的迅速发展，特别是世界经济全球化、一体化进程的加快，全球信息网络的建立和消费需求的多样化，企业所处的环境更为开放和动荡。这种变化几乎对所有企业都产生了深刻的影响。正因为如此，环境分析成为一种日益重要的企业职能。

环境发展趋势分为两大类：一类表示环境威胁(environmental threats)，另一类表示环境机会(environmental opportunities)。环境威胁指的是环境中一种不利的发展趋势所形成的挑战，如果不采取果断的战略行为，这种不利趋势将导致公司的竞争地位受到削弱。环境机会就是对公司行为富有吸引力的领域，在这一领域中，该公司将拥有竞争优势。

对环境的分析也可以有不同的角度。例如，一种简明扼要的方法就是 PEST 分析法

(PEST analysis)，另外一种比较常见的方法就是迈克尔·波特的"五力分析"(Michael Porter's Five Forces analysis)。

2. 优势与劣势分析

识别环境中有吸引力的机会是一回事，拥有在机会中成功所必需的竞争能力是另一回事。每个企业都要定期检查自己的优势与劣势，这可通过"企业经营管理检核表"的方式进行。企业或企业外的咨询机构都可利用这一方式检查企业的营销、财务、制造和组织能力。每一要素都要按照特强、稍强、中等、稍弱或特弱划分等级。

当两个企业处在同一市场或者说它们都有能力向同一顾客群体提供产品和服务时，如果其中一个企业有更高的盈利率或盈利潜力，那么，我们就认为这个企业比另外一个企业更具有竞争优势。换句话说，竞争优势是指一个企业超越其竞争对手的能力，这种能力有助于实现企业的主要目标——盈利。但值得注意的是，竞争优势并不一定完全体现在较高的盈利率上，因为有时企业更希望增加市场份额，或者多奖励管理人员或雇员。

竞争优势可以指消费者眼中一个企业或它的产品有别于其竞争对手的任何优越的东西，它可以是产品线的宽度、产品的大小、质量、可靠性、适用性、风格和形象以及周到的服务、热情的态度等。虽然竞争优势实际上指的是一个企业比其竞争对手有较强的综合优势，但是明确企业究竟在哪一个方面具有优势更有意义，因为只有这样，才可以扬长避短，或者以实击虚。

由于企业是一个整体，而且竞争性优势来源十分广泛，所以在进行优劣势分析时必须从整个价值链的每个环节上，将企业与竞争对手进行详细的对比。例如，产品是否新颖，制造工艺是否复杂，销售渠道是否畅通，以及价格是否具有竞争性等。如果一个企业在某一方面或几个方面的优势正是该行业企业应具备的关键成功要素，那么，该企业的综合竞争优势也许就强一些。需要指出的是，衡量一个企业及其产品是否具有竞争优势，只能站在现有潜在用户的角度上，而不是站在企业的角度上。

企业在维持竞争优势过程中，必须深刻认识自身的资源和能力，采取适当的措施。因为一个企业一旦在某一方面具有了竞争优势，势必会吸引到竞争对手的注意。一般地说，企业经过一段时期的努力，建立起某种竞争优势；然后就处于维持这种竞争优势的态势，竞争对手开始逐渐作出反应；而后，如果竞争对手直接进攻企业的优势所在，或采取其他更为有力的策略，就会使这种优势受到削弱。

4.2.2 SWOT 分析模型应用方法

SWOT 分析步骤具体包括以下几个方面。
(1) 确认当前的战略是什么？
(2) 确认企业外部环境的变化(五力分析或者 PEST 分析)。
(3) 根据企业资源组合情况，确认企业的关键能力和关键限制。企业的关键能力与关键限制见表 4-1。

表 4-1　企业的关键能力与关键限制

潜在的资源力量	潜在的资源弱点	公司潜在的机会	外部潜在的威胁
(1) 有利的战略 (2) 有利的金融环境 (3) 有利的品牌形象和美誉 (4) 被广泛认可的市场领导地位 (5) 专利技术 (6) 成本优势 (7) 强势广告 (8) 产品创新技能 (9) 优质客户服务 (10) 优质产品质量 (11) 战略联盟与并购	(1) 没有明确的战略导向 (2) 陈旧的设备 (3) 超额负债与不良的资产负债表 (4) 超越竞争对手的高额成本 (5) 缺少关键技能和资格能力 (6) 利润的损失 (7) 内在的运作困境 (8) 落后的研究与开发(Research&Development, R&D)能力 (9) 过分狭窄的产品组合 (10) 市场规划能力的缺乏	(1) 服务独特的客户群体 (2) 新的地理区域的扩张 (3) 产品组合的扩张 (4) 核心技能向产品组合的转化 (5) 垂直整合的战略战略形式 (6) 分享竞争对手的市场资源 (7) 竞争对手的支持 (8) 战略联盟与并购带来的超额覆盖 (9) 新技术开发通路 (10) 品牌形象拓展的通路	(1) 强势竞争者的进入 (2) 替代品引起的销售下降 (3) 市场增长的减缓 (4) 交换率和贸易政策的不利转换 (5) 由新规则引起的成本增加 (6) 商业周期的影响 (7) 客户和供应商的杠杆作用的加强 (8) 消费者购买需求的下降 (9) 人口与环境的变化

(4) 按照通用矩阵或类似的方式打分评价。把识别出的所有优势分成两组，分的时候以两个原则为基础：它们是与行业中潜在的机会有关，还是与潜在的威胁有关。用同样的办法把所有的劣势分成两组，一组与潜在的机会有关，另一组与潜在的威胁有关。

(5) 将结果在 SWOT 分析图上定位。SWOT 分析如图 4.1 所示。或者用 SWOT 分析表，将刚才的优势和劣势按机会和威胁分别填入表格。

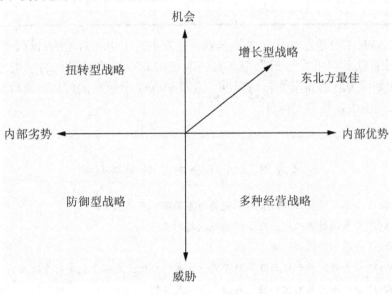

图 4.1　SWOT 分析图

(6) 战略分析。以科尔尼 SWOT 分析得出的战略为例,见表 4-2。

表 4-2 某邮政企业的 SWOT 分析

内部因素 外部因素	优势(strength) (1) 作为国家机关,拥有公众的信任 (2) 顾客对邮政服务的高度亲近感和信任感 (3) 拥有全国范围的物流网 (4) 具有众多的人力资源 (5) 具有创造邮政/金融的可能性	劣势(weakness) (1) 上门取件相关人力及车辆不足 (2) 市场及物流专家不足 (3) 组织、预算、费用等方面的灵活性不足 (4) 包裹破损的可能性很大 (5) 追踪、查询服务不够完善
机会(opportunities) (1) 随着电子商务的普及,对寄件需求增加(年均增加38%) (2) 能够确保应对市场开放的事业自由度 (3) 物流及 IT 等关键技术的飞跃发展	SO (1) 以邮政网络为基础,积极进入送市场 (2) 进入 SHOPPING MALL 配送市场 (3) ePOST 活性化 (4) 开发灵活运用关键技术的多样化的邮政服务	WO (1) 构成邮政寄包裹专门组织 (2) 对实物与信息的统一化进行实时追踪及物流控制 (3) 增值服务及一般服务差别化的价格体系的制定及服务内容的再整理
风险(threats) (1) 通信技术发展后,对邮政的需求可能减少 (2) 现有宅送企业的设备投资及代理增多 (3) WTO 邮政服务市场开放的压力 (4) 国外宅送企业进入国内市场	ST (1) 灵活运用范围宽广的邮政物流网络 (2) 通过与全球性的物流企业建立战略联盟,提高国外邮件的收益性及服务 (3) 为了确保巩固客户,树立积极的市场战略	WT (1) 根据服务的特性,对包裹详情单和包裹运送网分别运营 (2) 对已经确定的邮政物流运营提高效率,由此提升市场竞争力

一旦使用 SWOT 分析法决定了关键问题,也就确定了市场营销的目标。SWOT 分析法可与 PEST 分析法和"五力分析"等工具一起使用。市场营销课程的学生之所以热衷于 SWOT 分析法是因为它的易学性与易用性。运用 SWOT 分析法的时候,要将要用的要素列入相关的表格当中去,很容易操作。

小贴士

成功应用 SWOT 分析法的简单规则

(1) 进行 SWOT 分析的时候必须对公司的优势与劣势有客观的认识。
(2) 进行 SWOT 分析的时候必须区分公司的现状与前景。
(3) 进行 SWOT 分析的时候必须考虑全面。
(4) 进行 SWOT 分析的时候必须与竞争对手进行比较,如优于或劣于竞争对手之处。
(5) 保持 SWOT 分析法的简洁化,避免复杂化与过度分析。
(6) SWOT 分析法因人而异。

4.2.3 SWOT 模型的局限性

与很多其他的战略模型一样,SWOT 模型已由麦肯锡(Mckensey)提出很久了,带有时代的局限性。以前的企业可能比较关注成本、质量,现在的企业可能更强调组织流程。例如,以前的电动打字机被打印机取代,该怎么转型?是应该做打印机还是其他与机电有关的产品?从 SWOT 分析来看,电动打字机厂商优势在机电,但是发展打印机又显得比较有机会。结果有的企业朝打印机方向发展,最终失败了;有的朝剃须刀生产发展很成功。这就要看,你要的是以机会为主的成长策略,还是要以能力为主的成长策略。SWOT 分析法没有考虑到企业改变现状的主动性,企业是可以通过寻找新的资源来创造企业所需要的优势,从而达到过去无法达成的战略目标。

在运用 SWOT 分析法的过程中,你或许会碰到一些问题,这就是它的适应性。因为有太多的场合可以运用 SWOT 分析法,所以它必须具有适应性。然而这也会导致反常现象的产生。基础 SWOT 分析法所产生的问题可以由更高级的 POWER SWOT 分析法得到解决。

4.2.4 电子商务战略规划的 8 个步骤

由 4.2.3 节内容可见,战略规划的过程就是一个资源与机遇的匹配过程,一个为企业发展指明方向的过程。企业或组织引入电子商务,是一项企业层面的战略行为,需要进行战略规划。电子商务战略规划就是指明确电子商务战略目标,对电子商务所需资源和其带来的机遇进行匹配的过程,是电子商务应用实施的行动纲领。

按照战略规划的思想,电子商务战略规划主要包括 8 个步骤。

1. 考察企业总体战略目标

企业总体战略目标限定了企业竞争活动的范围,即各种行业和市场。实施电子商务应该从考察总体战略目标出发,调查电子商务战略是否适应企业的总体战略目标,为电子商务的应用范围指引一个明确的方向。

2. 确定企业电子商务战略目标

电子商务的实施工作将会以电子商务战略目标为导向,其控制工作将以该目标为基准。企业的电子商务战略目标主要体现在实现以下 4 个方面:差异、管理变革、保护和信任,见表 4-3。可以说,企业实施电子商务无不是为该目标体系中的一个或几个目标组合而努力。

表 4-3 企业电子商务战略目标体系

目标	具体内容	目标	具体内容
差异	专业化的一对一营销	管理变革	改善环境
	客户服务水平		企业组织结构和文化
	营销时机		企业流程和顾客沟通方式
	价格/价值定位		提高竞争力

续表

目　标	具体内容	目　标	具体内容
保护	顾客基础和市场份额	信任	企业和品牌信任度影响
	品牌和产权		采用安全可靠的系统
	市场、投资和企业		对电子商务应用的信任度

3. 分析电子商务外部战略环境

外部战略环境主要包括宏观环境和行业环境。其中，宏观环境包括政治环境、经济环境、社会环境和技术环境等；行业环境包括竞争环境、供应环境和顾客环境等，见表 4-4。战略环境分析为企业电子商务战略的开发提供了一个有利出发点。表 4-4 只是提供了一个分析框架，其内容应该依据各企业自身情况进行灵活变动。

表 4-4　电子商务外部战略环境分析

环　境	内　容
政治环境	政治环境是否稳定？是否有成熟的法律政策支持？
经济环境	网上消费规模可观否？能源成本、运输成本、流通成本如何？
社会环境	消费者的网上价值观如何？生活方式改变否？收入分配构成？
技术环境	技术新方向如何？新技术应用速度如何？
竞争环境	网上市场竞争激烈否？竞争对手对电子商务的态度如何？
供应环境	供应商对电子商务的支持如何？其讨价还价能力如何？
顾客环境	议价能力如何？产品适合网上消费吗？网上顾客的忠诚度如何？

4. 分析企业实施电子商务战略的内部相关资源和能力

企业应该分析和检验自身成功实施该战略的相关资源和能力，如果它们不满足需求，应该选择重新制定目标或加强资源和能力的补充水平。与传统企业实施电子商务战略相关的关键资源和能力主要体现在 5 个方面：人力资源、技术资源、财务资源、运营资源和组织能力。关键资源和能力的特征和内容见表 4-5。

表 4-5　关键资源和能力的特征和内容

资源/能力	主要特征	关键内容
人力资源	是否有相关的专业技术人员关系到电子商务战略的成功与否	人员的观念；人员的技术水平；人员的学习能力等
技术资源	电子商务技术是实施电子商务的前提和保障	技术人员的数量；现有技术与所需技术的差距等
财务资源	充足的资金支持了电子商务的开展	提供的资金与所需资金的比较等
运营资源	包括各类信息系统等用来支持企业电子商务流程顺利开展的资源	各类信息系统的先进性；系统的整合程度；升级的难易程度等
组织能力	组织能力使组织能够顺应企业电子商务的开展	组织流程变革的难易程度；电子商务管理水平等

同样，表 4-5 也只是给出了一个大致的分析框架，在具体应用时可以灵活增加评估内容。

第4章　电子化商务战略

5. 评估电子商务战略目标的有效性

企业应结合对战略外部环境和内部资源与能力的分析，再一次评估电子商务战略目标的有效性。在这一阶段，企业应该做到在明确实施电子商务战略过程中所需要的资源和能力的基础上，确立正确而稳定的电子商务战略目标。

6. 电子商务战略方案的制定

电子商务战略方案的制定是把企业所要实施的所有电子商务活动系统化和明确化。笔者认为，电子商务战略方案的制定主要是要确定以下3个问题。

1) 电子商务的运作模式

一些专家学者从不同角度给电子商务的运作模式进行了分类。对于传统企业而言，笔者较赞同彼得·韦尔(Peter Weir)的观点："企业的电子商务运作模式是根据企业自身的要求对原子电子商务模型所进行的整合"。原子电子商务模型是指从事电子商务最基本的方式，其数量有限，是复杂模式的基本构建模块。原子电子商务模型包括7种：内容提供商、直销、全面服务提供商、中介网站、共享基础设施、增值网络集成商和虚拟社区。不同企业可以选择不同的原子电子商务模型组合建立自身的电子商务的运作模式，如图4.2所示。

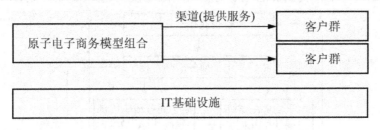

图4.2　电子商务的运作模式

2) 电子商务的核心能力

核心能力是竞争优势产生的基础。一般来讲，电子商务核心能力可能来自很多方面，如良好的客户关系和服务、高效的内部运作管理和敏捷的供应链集成等均能形成核心能力。企业应选取一个或几个点进行集中强化，才能在电子商务的应用中形成竞争优势。

3) 电子商务的战略定位

定位的目的是把电子商务提供的核心价值传递给受众(消费者、供应商和社会公众等)，并使该价值在消费者的心智中得到强化和固化。电子商务的战略定位主要应在技术、产品、服务和品牌4个方面下工夫。企业可以结合实力选取最能体现其价值的一个或几个方面进行定位。例如，在技术方面，应强化信息的安全性、功能的全面性、应用的方便性等；在产品方面，应强化产品的质量、品种和展示等；在服务方面，应强化物流的快捷性、支付的方便性和使用的人性化等；在品牌方面，应强化品牌的美誉度和忠诚度。一般来讲，企业应该选取自身的强项进行定位，以创造差异化，形成优势。但是，有实力的企业也可以进行综合定位，从4个方面进行强化。

7. 电子商务战略的实施

有效实施是保证战略成功的关键。在实施阶段，要注重每个细节的执行，并且应该制定出详细的战略实施方案。笔者认为，从企业全局的角度来看，"领导、人员、资源、组织"4个方面尤其需关注，它们是战略成功实施的重要保障。

8. 电子商务战略的实施效果评估

效果评估的目的就是看先前所确立的战略目标在实施了战略后有没有达到预想的效果。效果评估必须以确立的战略目标为基准，不能一味对经济效果进行定量评估，隐性效果不容忽略。笔者认为，除了经济效果评估外，企业还应从竞争者、客户和企业内部3个维度对实施效果进行全面评估。从竞争者维度，企业应评估在多大程度上对竞争者形成了防御或威慑作用、竞争者市场份额的变化等；从消费者维度，企业应评估消费者的忠诚度变化、采用数量变化等；从企业内部维度，企业应评估组织的适应程度、员工的支持程度和管理方式的变化等。

上述规划过程，对企业实施电子商务战略提供了一个参考性的规划框架和思路。以此为基础，可以建立一个传统企业的电子商务战略规划模型，如图4.3所示。

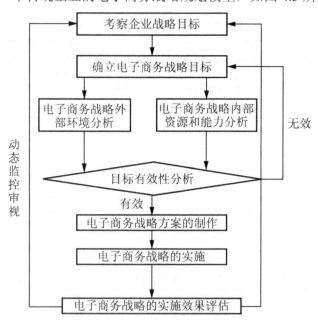

图4.3 传统企业的电子商务战略规划模型

互联网技术发展日新月异，电子商务的应用环境必定是处于一个不稳定的状态。这就要求企业在实施电子商务战略的过程中不能一味按照上述规划来进行，还应该时时监控这一动态变化的环境，灵活地对规划作相关调整，以求获取动态竞争优势，保证电子商务战略的成功实施。

4.3 电子商务引起的渠道冲突

> **案例 4-1**
>
> ### Compaq 的渠道冲突
>
> 在线销售对于有意降低成本、提升利润的 PC 厂商的确有非常强烈的诱惑，但对于已经与传统销售渠道紧密融合为一体的康柏公司(Compaq)，互联网为 PC 业带来的渠道革命，却让这家仿效戴尔公司(Dell)、尝试在线直销的公司陷入困境。
>
> Dell 通过革命性的在线直销战略获得了 50%以上的年增长率，势头直追领先者。特别是在 PC 业利润日渐微薄的情况下，Dell 却获得了比业内高数倍的利润率，这不能不令所有的同行顿起模仿和追随之意。Compaq 第一个坐不住了，1998 年 11 月，它决定投入全力启动在线直销业务，自此以后，问题接踵而来。Compaq 和经销商之间的关系因为所谓的"渠道冲突"而紧张起来。Compaq 当时是全球最大的 PC 厂商，它在美国的经销商大约有 11 000 个左右，其中 2 000 多家是为中小企业提供服务的专门店。事实上，PC 业的分销渠道与其他产业并无太大的实质性区别：通过各级代理和分销商构建的严密的销售网络，PC 及其配件、服务被送达最终用户手中。在这个过程中，厂商和分销商的利益完整地捆绑在一起，只有紧密地协作才可以给双方都带来最大的利益。Compaq 当初迅速崛起从而取代 IBM 成为业界龙头，和这些分销商的大力合作密不可分。然而，Compaq 一旦下决心要选择网上直销作为发展方向，这些分销商立刻就感受到自身利益受到极大的威胁。
>
> 显然，如果仅仅因为互联网提供了高效便捷的直销渠道，Compaq 还不会铤而走险去与分销商交恶；更重要的是，互联网提供了更好地了解顾客、响应顾客的手段，使得 Compaq 能够抓住在互联网时代竞争的核心武器。向互联网转型的趋势是不可逆的，关键是所选择的模式。
>
> Dell 模式给我们提供了研究转型模式的绝好范例。Dell 是从 PC 的邮购直销起家，它的资产主要集中在品牌和高度合作的供应链上，它不依赖强大的分销商队伍，也就是说，它的邮购直销商业模式中分销渠道并不构成主要的资产。从邮购向互联网的转型，Dell 几乎不存在渠道冲突问题，相反，它原来的邮购渠道可以和在线销售渠道无缝地结合起来。已有的研究表明，由邮购向在线销售转型在所有"e 转型"模式中最容易获得成功，而且在美国居前五名的邮购商的转型都能够平稳过渡，相继取得成功。
>
> 在分销商的眼里，Dell 模式是要消灭自己生存的空间。事实上，Dell 模式中分销渠道原本就不是一种起关键作用的力量。而对于 Compaq 来说，分销渠道却是以往取得成功的一种关键资产。在 e 转型过程中，它依然要依赖分销渠道的合作和谅解。所以 Compaq 试图以种种努力化解双方误解，包括不寄广告传单给现有经销商的客户、提供经销商介绍在线销售业务的佣金、甚至还一度暂停供货给其他在线零售商。但是，Compaq 的努力并没有减少分销商的怨声载道，原来固有的嫌隙与猜疑仍然在不断滋长。Compaq 的三心二意，使分销商失去了合作的动力，Compaq 的业绩很自然就直线滑落。最终，挣扎在渠道冲突压力之下的 Compaq 与分销商达成和解，中止了一度雄心勃勃的在线直销计划。

电子商务直销渠道具有迅速、高效与低成本等优势,这也正是传统分销渠道的劣势。如果能将电子商务直销渠道与传统分销渠道相结合,则能弥补传统分销渠道沟通能力的不足,降低渠道沟通成本,提高沟通效率,从而使企业拥有更多的时间和精力来进行核心业务的提升,实现两者的优势互补。因此,很多企业在保留传统分销渠道的同时,纷纷开拓新型的电子商务直销渠道,企业分销渠道的范围被拓宽,分销渠道呈现多元化、动态化的特征。然而,电子商务直销发展的同时也带来了传统分销渠道与电子商务直销渠道的冲突。

4.3.1 渠道冲突的含义

新型渠道冲突是基于企业将 e-channel(电子商务渠道)引入传统营销渠道系统的变革所产生的,本质上是 e-channel 与传统渠道之间的交叉冲突,如图 4.4 所示。

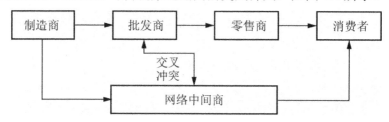

图 4.4　e-channel 与传统渠道的交叉冲突

渠道冲突是指如下一些状态:一个渠道成员意识到另一个渠道成员正在阻挠或干预他实现自己的目标或有效运作;或一个渠道成员意识到另外一个渠道成员正在从事某种会损害、威胁其利益,或者以损害其利益为代价的活动。

正如 Compaq 案例中所提到的,在电子商务渠道与传统渠道并存的情况下,由 Dell 成功的网上直销带来的网上直销舆论热潮,使传统渠道中的各转售商感受到了来自电子商务的压力,担心被渠道的扁平化给"扁"得失去生存空间。不同的渠道会竞争企业的资源,如资金、人力、产品和技术。而且,不同的分销渠道可能会互相争夺市场中相同的顾客。

4.3.2 渠道冲突的类型

由于传统营销渠道层次及交易关系的多样性,e-channel 构成模式的灵活性(网上直销或是通过网络中间商分销),渠道冲突可能表现为以下几种形式:①网络中间商与传统分销商之间的冲突;②核心企业与传统分销商之间的冲突(核心企业采用直接 e-channel 时);③核心企业与网络中间商之间的冲突(核心企业采用直接传统渠道时)。

根据渠道之间矛盾发生的焦点不同,渠道冲突又可以归纳为 3 种类型。

1. 价格冲突

由于电子商务渠道具有相对低廉的成本,而且为了吸引买方通过电子商务渠道来购买产品,通常电子商务渠道上产品的价格会低于传统渠道上产品的价格,或者是电子商务渠道上的产品会给予客户较多的折扣,而这样的定价往往会引起传统渠道商的不满。例如,电子机票,在航空公司的官网上购买会比在代理点的柜台购买便宜,即是航空公司为了吸引客户把本应付给代理的佣金让利给客户。

更有甚者，可能会出现电子商务渠道中的客户和传统渠道的客户合谋，扰乱产品的市场价格体系。例如，电子商务渠道的客户以较低价格大量采购商品加上一定差价，转卖到传统渠道，使这些廉价的产品流入市场，从而对传统渠道的运营造成干扰。电子商务渠道对传统渠道的冲击，如图 4.5 所示。

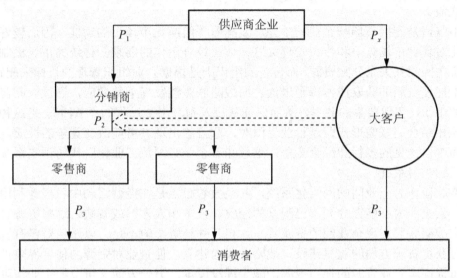

图 4.5　电子商务渠道对传统渠道的冲击

如图 4.5 所示，传统渠道中，供应商以 P_1 的价格向分销商提供某种新产品，分销商以 P_2 的价格批发给零售商，零售商又以 P_3 的价格卖给消费者；而在电子商务渠道中，如果供应商企业向电子商务渠道中的大客户提供某种新产品的价格 P_x 远小于消费者购买时的零售价 P_3 时，有些大客户就会和传统渠道的客户勾结起来，货物从大客户以低于批发价 P_2 的价格提供给零售商，冲击传统渠道。传统渠道中的上游分销商就会面临位置被替代的情况。

2．促销冲突

由于电子商务渠道与传统分销渠道具有不同的促销目标，而且受各种客观条件的限制，因而会采取不同的促销策略。而这些促销策略可能会影响到其他渠道商的利益，从而引发冲突。

3．顾客冲突

虽然网上直销渠道与传统分销渠道可能各自占据不同的细分市场，但不可避免地会出现竞争市场中相同顾客的情况。

4.4　渠道冲突的解决方法——战略联盟

渠道冲突的原因是企业所处的组织网络中网络关系出现了错乱。这是企业在动态环境中无法避免、随时可能出现的情况。当企业试图开辟电子商务渠道的时候，必然会引起原有的企业组织间网络关系的变化,如何才能在企业 E 化的过程中协调好各方的关系,使企业安然渡过变革期呢?

网络理论认为,处于网络结构中的企业,如果能将网络结构中松散的各部分结合起来,有利于保持各组织的相互协调、共同运作和一致性,能够较好地适应市场动态变化,即形成战略联盟。

战略联盟是连接市场与企业的中介,发挥着"组织化市场"的功能,因而较好地体现了信息化时代把市场竞争和组织管理关联一体、综合运作的要求。传统的市场机制往往根据竞争者之间相互关系分配资源,而传统的组织则是根据企业组织管理的目标来配置资源,两者都不能使资源的获取成本降至最低。而战略联盟能发挥乘数效应,通过对联盟内资源进行有效组织,实现要素的共享,从而保证从投入到产出全过程的"节约"。当这种多主体和多组织相结合的联盟形式跨越行业界限时,联盟的出现有可能改变竞争的性质,产生更为复杂而难以预见的多行业综合竞争,这意味着企业必须从工业化时代的预测系统走向网络化时代的学习系统。

战略联盟作为企业间的网络化系统,其最大着眼点是在经营活动中积极地利用外部规模经济。当企业内不能充分利用已积累的经验、技术和人才,或者缺乏这些资源时,可以通过建立战略联盟实现企业间的资源共享,相互弥补资源的不足,以避免对已有资源的浪费和在可获得资源方面的重复建设。战略联盟的建立,使企业对资源的使用界限扩大了,一方面可提高本企业资源的使用效率,减少埋没成本;另一方面又可节约企业在可获得资源方面的新的投入,降低转置成本,从而降低企业的进入和退出壁垒,提高了企业战略调整的协同性。

4.4.1 战略联盟的类型

战略联盟的主要分类见表 4-6。

表 4-6 战略联盟主要分类

研究的视角	战略类型
治理结构	股权式联盟(合资、相互持股)、契约式联盟(生产、研发、销售等环节)
价值链的角度	横向联盟、纵向联盟和混合联盟
合作的正式程度	实体联盟、虚拟联盟

在此介绍实体联盟和虚拟联盟。

实体联盟是指主要靠股权、合作协议等具有法律效力的契约约束组成的联盟。

虚拟联盟是指不涉及所有权的和以法律作约束力的、彼此相互依存的联盟关系。维系虚拟联盟更多的是靠对行业法规的塑造、对知识产权的控制以及对产品或技术标准的掌握和控制实现的,通过这些"软约束"协调联盟各方的产品和服务。

4.4.2 战略联盟的优势

战略联盟具有非常显著的优势,如快速性、互补性、低成本和成效大等,是一个相对比较容易实施的策略。

当然，有几点需要把握：①订立联盟策略，在合适的时候发现自己的企业在哪些方面缺乏竞争优势，在哪些方面有竞争优势，从而制定策略；②选择合作伙伴，合作伙伴的选择要适合本公司的情况，有时候并不是越大的伙伴越好，而是越适合自己的伙伴越好；③建立联盟结构与管理制度，同自己的策略联盟伙伴制定一个相互之间权利和义务的协定以及出现问题的协商制度，这对于战略联盟合约的履行是至关重要的；④订立终止联盟计划，在开始的时候就应该考虑善始善终。

 案例 4-2

战略联盟在高新技术行业的运用

惠普公司通过战略联盟的方式，得到的好处包括获得互补性资源；进入新市场、分担研究与开发的成本与风险、在合作中获得新的增长点和获得新产品或新技术等。惠普公司正是凭借其联盟管理方面的成功经验获得了上述好处。

识别关键的战略因素。围绕着关键的战略因素来组织联盟能够增加联盟成功的可能性。惠普公司就从它拥有的众多联盟中寻找出主要的战略伙伴，如微软、思科、甲骨文、美国在线等，然后设立一个伙伴级的联盟经理职位来监督公司的每一个主要联盟，战略伙伴级的联盟经理有责任同每一具体的联盟经理及其职员一起工作，以确保合作尽可能成功。

对联盟部门进行准确的定位，战略联盟职能部门应该使联盟经理能够轻易找到关于某些特殊的问题、联盟的类型或者联盟在其生命周期中所处的阶段这样一些隐含性知识。例如，当具体的联盟经理想知道商讨战略联盟协议的最佳方式是什么、什么合同条款和控制权安排最恰当、应该使用哪些技巧、与联盟伙伴解决分歧的最有效的方法是什么时，他们应该能够通过战略联盟职能部门获得这些信息。

如果定位准确，专门的联盟职能部门就会帮助公司寻求战略领先、获得资源。美国犹他州贝格海姆青年大学国际战略教授杰弗里·H·戴尔(Jeffrey H.Dyer)等人的研究认为，建立专门的联盟职能部门是获取竞争优势所需知识的关键，专门的联盟职能部门从 4 个方面创造价值：完善知识管理、提高公司的外部知名度、提供内部协调和消除责任和干预问题。因此，如何建立专门的、有效的联盟职能部门显得十分重要。通常企业可以围绕主要联盟伙伴、产业、业务单位和地理区域或者是这四者的组合来建立联盟职能部门。

制定关系管理的流程和方法。许多公司采购、生产、销售、质量保证和服务等业务活动都制定了管理流程，但是他们在关系管理上却止步不前，没有将以前的管理方法记录在案，更没有形成关系管理的流程。

惠普公司已经形成了 60 种不同的工具和模式，其中包括了一本 300 页的指南，用来指导在具体的联盟过程中作出决策，这本指南涵盖的工具包括对联盟伙伴进行评估的方法、不同部门任务与责任的谈判模式、评估联盟绩效的方法和联盟终止的清单。

"在惠普，我们努力向公司内部和外部学习，目的远不只是简单的收集资料和信息，而是向单个的联盟经理们提供帮助，指导他们切实有效地进行最好的实践。"惠普公司的战略联盟经理 Joekittel 说。

培训联盟经理。尽管企业有合作愿望，但怎样把愿望变为现实，却掌握在联盟的直接管理者(联盟经理)手中，联盟经理的合作意愿、工作能力和管理水平在一定程度上影响战略联盟的成败。在这方面，惠普公司一是有内部培训计划，二是公司定期派遣联盟经理到商学院深造，学习联盟关系管理技巧。

惠普公司的培训可以被称为正式培训，除此之外，联盟经理之间的相互交流与学习也是一种很好的非正式培训。

最后，经常协调和审查联盟关系。企业为确保联盟的正常运行，在关系管理方面，不仅需要专门的联盟职能部门、为联盟关系管理制订程序和方法、为联盟经理提供培训课程，而且经常对联盟关系进行协调和审查也是十分必要的。

协调联盟关系最重要的是要求合作伙伴之间相互沟通。曾任麦肯锡公司驻日本分公司执行董事的凯尼奇·奥梅(Kenich Omay)认为如果没有良好的、经常的沟通，即使最精心设计的关系也会破裂。他指出，单靠良好的管理程序和制度还不足以保证沟通，合伙人之间的关系需要高级经理人员花费大量的时间和精力来处理，双方总裁不能只是象征性的每年见一次面，即使关系成熟了，最高经理人员也应该至少每年会见4次，以便回顾一下已有的成绩和展望一下面前存在的机遇和障碍。他还认为双方会见的地点很重要。如果一家美国公司和一家日本公司合资建立了联营企业，最高经理人员应该至少一次聚会在日本，一次聚会在美国，另一次聚会在处于两者之间的夏威夷。

审查联盟关系则是指要审视联盟现在是否给企业带来好处以及将来能否给企业带来好处。BIC集团的首席财务官(Chief Financial officer，CFO)布莱恩曼·加维(Blythemc Garvie)认为，当战略联盟不能够比其他类似的交易安排产生更多的价值时，联盟也是失败的。因此，要认真审查联盟关系是否具有价值，是否给企业带来好处，企业甚至可以对联盟进行周期性的"健康检查"，以保证联盟的战略性和有效性。

4.5　战略联盟绩效测量

战略联盟是由两个或两个以上多个参与者形成，因此，战略联盟的目标就有了个体和整体之分，涉及3个方面的内容：①每个联盟的参与者都会有不与他人分享的"私人目标"；②结成战略联盟关系的企业所共享的利益则是联盟的"共同目标"；③"共同目标"和"私人目标"都会随着时间而变化。所以战略联盟的绩效定义为包括"私人目标"和"共同目标"在内的目标实现程度。

联盟绩效的度量是战略管理中的一个重要问题，同时也是一个多维的、复杂的、缺乏澄清的现象。早期联盟绩效的实证研究主要依赖于各种财务和客观指标(收益性、持久性等)对联盟绩效进行度量。事实上，客观性指标往往并不总是战略联盟最重要的结果。例如，对于跨国战略联盟来说，其目标可能并不在于财务上的赢利性，而是想借助联盟形式达成一定的动机，如提高母公司的学识、改进母公司的战略位势和获得合法性等。跨国战略联盟目标的实现程度可能无法通过财务等客观指标得到充分的反映。因此，转而采用主观指标对联盟绩效进行度量。虽然利用主观指标有时会因为缺乏严格性而受到批评，但实际情况并不必定如此。研究表明,主观性指标具有相当大的可靠性。

4.5.1 战略联盟绩效的影响因素

战略联盟涉及组织和组织之间的活动,因此,战略联盟是否能够实现预期的目标的决定因素相当复杂。首先可以从 4 个方面进行分析,即产业环境、目标厂商、联盟厂商以及联盟之间的信任关系。每个方面的衡量都需要综合考虑众多指标,如把产业环境的指标再细分为第二层具体指标,包括市场成长率、产业集中度和法令限制等。

下面对影响联盟绩效 4 个方面含义的具体评价指标进行解释。

1. 产业环境层面的指标

当某一指标属于整个产业环境时,归入产业环境层面。有关产业环境方面的评价因素如下:①市场成长率,指过去一段时期市场能力的平均增长率;②市场需求的不确定性,指过去一段时期市场能力平均增长率的变动率;③竞争强度,指公司面临同业竞争的激烈程度;④产业集中度,指某一产业类别的总销售额,集中于少数几家公司的程度;⑤法令限制,指产业环境中是否有不利于战略联盟的法制法规,如贸易保护、使用高关税措施等;⑥政府政策,指政府提供企业的利好或不利措施。

2. 目标厂商层面的指标

与所评价的中心企业(组织)相关的因素。当某一因素为一厂商可拥有或可完全控制,而且这一厂商为进行绩效评价联盟的成员之一时,归为这一方面。

3. 联盟厂商层面的指标

与联盟内被评价的中心企业之外的企业相关的因素。当某一因素为一厂商可拥有或可完全控制,而且这一厂商为不进行绩效评价的联盟成员厂商时,归入这一方面。

目标厂商和联盟厂商层面,两者的评价指标是一样的,因为它们都是单一的厂商,只是指标适用的对象不同而已,评价指标可以简单包括以下几点:①联盟目标的达成度,指一厂商采用联盟策略以达成厂商当初联盟所定的战略目标的程度;②联盟运作的满意度,指一厂商对其联盟运作的满意程度;③商誉,指厂商由过去的厂商活动行为与努力所逐渐累积而来的一项无形资产;④营销能力,指厂商具有的销售能力和客户服务能力;⑤创新能力,指厂商所具有的新产品开发能力、所拥有的专利和其他厂商所没有的其他特殊能力;⑥生产能力,指厂商的规模经济效率、产品品质和准时交货能力等;⑦财务能力,指厂商财务状况的稳定性、公司的融资能力、公司的现金和公司的获利能力等;⑧人事能力,指厂商拥有的战略联盟经验人才、良好的人力资源管理制度和员工的学习态度等。

4. 信任关系层面的指标

成员厂商之间,由于战略联盟而产生互动关系;当某一指标与此互动关系有关,则将其归入信任关系层面。有关信任关系方面的评价因素包括以下几点:①互信程度,即联盟成员之间互相信任的程度；②文化的相容性，即联盟成员之间拥有相似的组织文化，或者彼此相异的组织文化的程度；③资源的互补性，即联盟成员之间拥有互补性资源的程度；④过去合作经验，即联盟成员之间以往交易、接触沟通经历等；⑤目标承诺能力，即联盟成员之间对达成当初联盟的战略目标的实现承诺能力；⑥沟通能力，即联盟成员之间正式与非正式分享信息的能力；⑦结构相似性，即联盟成员在厂商规模、组织结构上的相似程度。

由于指标体系较多，可以对评价指标进行进一步细分，本文详细而具体地列出了联盟绩效的评价指标体系，见表4-7。

表4-7 联盟绩效的评价指标体系

第一层指标	第二层指标
产业环境	市场成长率
	市场需求的不确定性
	竞争强度
	产业集中度
	法令限制
	政府政策
目标厂商和联盟厂商	联盟目标的达成度
	联盟运作的满意度
	商誉
	营销能力
	创新能力
	生产能力
	财务能力
	人事能力
信任关系	互信程度
	文化相容性
	资源互补性
	过去合作经验
	目标承诺能力
	沟通能力
	结构相似性

将指标分层细化，便于对不同层面进行考察和比较，可以更细致地发现问题产生的环节。在进行绩效评价时，如果企业环境、目的和文化等因素发生变化，系统中所提供的评价指标不符合使用，可以根据需要增减或修改。

4.5.2 战略联盟绩效评估方法

绩效评估的方法有很多，可以被用作战略联盟绩效的方法也有很多。较为成熟易用的一种方法就是平衡计分卡。

运用平衡计分卡进行战略联盟绩效评估包括以下步骤。

步骤一：基于上述建立的评价指标体系，确定权重。权重或产业资讯，共同决定绩效评价的两个层次各个指标的权重。

步骤二：搜集数据，并对数据进行处理。从上述指标体系可以看出，指标分为两种类型，一类是定性的指标，如指标体系中的"互信程度"；一类是定量的指标，如"市场成长率"。要对这两类指标分别处理。

步骤三：计算战略联盟的绩效评价值。首先，计算单项指标分值，从第二层指标倒推出第一层指标值。

$$第一层指标值 = \sum(第二层指标值 \times 权重)。$$

而后，计算平衡计分总分值，即将第一层指标的分值加总，得到联盟的综合业绩分值。

步骤四：评价战略联盟的绩效。寻找影响战略联盟绩效的重要关键因素，以改善联盟绩效。从所有的产业环境、目标厂商、联盟厂商和信任关系的评价指标体系中，找出对战略联盟绩效影响较大的关键因素。那些权重高而评价值低的指标，代表其绩效最差，必须列为"首要"改进的关键因素，优化薄弱环节或者在价值链上进行重新选择。对那些权重高评价值也高的指标，把它作为价值链增值的核心环节产生新的竞争力，提高联盟的绩效，形成战略联盟的持续优势。

需要指出的是，联盟绩效既是战略管理领域关注的热点问题，同时也是一个复杂的、多维的概念。这里面不仅涉及联盟绩效的度量指标与方法、联盟绩效的影响因素分析等问题，而且涉及联盟动机或形态与联盟绩效之间的关系、联盟伙伴的行为与联盟绩效之间的关系等更深层次的问题。

 课后阅读

平衡计分卡

平衡计分卡(balanced score card，BSC)，是绩效管理中的一种新思路，适用于对部门的团队考核。

平衡计分卡于20世纪90年代初由哈佛商学院的罗伯特•卡普兰(Robert Kaplan)和诺朗诺顿研究所(Nolan Norton Institute)所长、美国复兴全球战略集团创始人兼总裁戴维•诺顿(David Norton)所从事的"未来组织绩效衡量方法"所开发的一种绩效评价体系。当时该计划的目的，在于找出超越传统以财务量度为主的绩效评价模式，以使组织的"策略"能够转变为"行动"而发展出来的一种全新的组织绩效管理方法。平衡计分卡自创立以来，在国际上，特别是在美国和欧洲，很快引起了理论界和客户界的浓厚兴趣与反响。

平衡计分卡被《哈佛商业评论》评为75年来最具影响力的管理工具之一，它打破了传统的单一使用财务指标衡量业绩的方法，而是在财务指标的基础上加入了未来驱动因素，即客户因素、内部经营管理过程和员工的学习成长，在集团战略规划与执行管理方面发挥非常重要的作用。根据解释，平衡计分卡主要是通过图、卡、表来实现战略的规划。

本章小结

对于21世纪市场营销的新发展,理论界和企业界都有许多争论性的新观念、新思想和新方法。本章选取那些研究得比较深入、有较大发展前途的营销新概念进行介绍。如果想更深入地了解和学习,可以查阅相关的书籍。这些新领域都是营销创新的结果,只要不断地在理论和实践上勇于创新,将来的市场营销新概念、新理论和新方法将会更多,市场营销学科也将更加强大。

复习思考题

一、选择题

1. 要确保战略规划有效,应该在( )方面努力。
   A. 目标明确　　　B. 可执行性　　　C. 组织人事落实　　　D. 灵活性
2. 各种形式的战略规划,都应该包含( )3方面内容。
   A. 方向和目标　　B. 约束和政策　　C. 计划与指标　　　　D. 激励机制
3. 企业电子商务战略目标体现在( )。
   A. 差异　　　　　B. 管理变革　　　C. 团队　　　　　　　D. 激励
   E. 保护　　　　　F. 信任
4. 关键资源和能力主要包括( )。
   A. 人力　　　　　B. 技术　　　　　C. 软硬件　　　　　　D. 财务
   E. 运营　　　　　F. 组织
5. 影响战略联盟绩效的因素第一层指标包括( )。
   A. 产业环境　　　B. 目标厂商　　　C. 信任关系　　　　　D. 联盟紧密度
   E. 政府政策　　　F. 联盟厂商

二、简答题

1. SWOT分析模型中S、W、O和T分别代表什么?
2. 渠道冲突有哪些类型?

三、实践题

1. 选择一个熟悉的电子商务企业,对其进行SWOT分析。
2. 列表说明各种类型战略联盟的特点及优缺点。

案例分析

某观光农业公司制作了"趣味农场"的电子商务网站商业计划书,目标是在满足网民享受田园生活的同时，为公司发展提供良好契机。该商业计划书简要介绍如下。

1. 项目背景

随着生活节奏的不断加快，人们对田园生活日益向往，这也是网上"农场"等虚拟网游火爆现象背后的社会心理现状。在现实中也可以看到很多城市居民利用阳台、庭院和空地种植花卉或蔬菜，以满足田园乐趣。再加上农产品的质量安全得不到保障，食品安全挑战着中国人的神经，以上社会背景是实施该项目的主要着眼点。

2. 网站的特色服务

1) 交流天地论坛

在论坛里可以与其他客户交流种植心得，了解农场相关活动，交换蔬菜或鲜花，增进客户间感情，发表自己的一些疑惑和感想，也可以发布一些有关于自己菜地转手等信息。解决客户在种植中碰到的问题，培养客户间的分享精神和归属感。

2) 微博

以微博作为农场信息发布与实时交流的平台，并通过自建微博群为游客提供交流平台。网站会将农场的最新消息或者活动通知发布到微博上去，人们可以通过微博了解到网站的近况，也可以通过微博链接到网站，以加强网站的推广以及增加客户的黏性。

3) 个人空间

网站推出个人空间作为用户的个人展示区域。在个人空间上可以书写日记，上传自己的图片、自己的视频和发表心情等，通过多种方式展现自己。

4) 摄像头监控

网站采用摄像头监控设备，客户能够随时随地查看作物的生长状况，也是网站提供有机蔬菜的一个可靠依据。

5) 闪亮菜星

网站在线下和线上推出各类活动和竞赛，并通过网上选拔和网上公布，录制并上传活动过程，选拔出各类菜星，派发创意奖品，使公司的线下活动很好的配合线上服务，增强客户对种植的热情。

3. 网站的基本服务

1) 农场新闻

农场新闻模块主要是方便客户及时了解一些有关农场的新鲜事。客户可以在这里看到一些优秀的菜地展示，可以下载一些相关的种植视频，营养菜谱等。

2) 认养菜地

在网上订购土地，最小认养单位为一块 5 平方米，租赁时间单位以月计算。并且签订订购协议书。

3) 成果展示

网站推出的成果展示模块为客户分享自己的成果提供了一个平台。客户可以将自己的作物照片上传到网站以便让更多的人看到自己的工作成果，这不仅可以提高客户对种植的热情，而且也可以吸引更多的人加入健康行列。

思考题：
1. 用 SWOT 法对该商业计划书进行分析。
2. 对该网站进行外部战略环境分析。
3. 你认为该项目在哪些方面需要进一步优化。

第 5 章 电子化市场战略

学习目标

1. 了解网络营销的内涵。
2. 了解网络广告的含义和类型。
3. 了解电子市场的含义。
4. 掌握电子市场细分和选择。
5. 电子市场规划中产品、价格、渠道的策略。

知识结构

知识模块	知识单元	相关知识点
电子化市场战略	网络营销	(1) 网络营销的内涵； (2) 网络营销的基本职能； (3) 网络营销新策略
	网络广告	(1) 网络广告的内涵； (2) 网络广告的类型
	电子市场	(1) 电子市场的含义； (2) 电子市场的形式和特征； (3) 电子市场的细分和电子目标市场的选择； (4) 电子市场的产品策略； (5) 电子市场的价格策略； (6) 电子市场的渠道策略

引例

诺基亚首款搭载 Symbian3(塞班3)系统的手机——诺基亚 N8 在 2010 年 8 月 25 日上午采用全新微博直播的方式线上发布。8 月 25 日上午 10 点 30 分，诺基亚联合新浪微博、人人网、开心网和优酷网的社交网络发布会开幕。直播会当天，新浪微博首页推出诺基亚 N8 手机"微博发布会"，7 小时内即收到微博评论、转发 89 034 条，诺基亚新浪微博首页关心人数达到 49 277 人，被业内称作品牌营销的又一成功案例。

5.1 网络营销

电子商务改变着工业化社会传统的、物化的营销模式。网络虚拟市场有别于传统市场，其竞争游戏规则和竞争手段发生了根本性的改变。我们已经不能简单地将传统的市场营销战略和市场营销策略搬入网络营销。传统市场营销中的一些具有优势的资源在电子市场营销中可能失去了优势，网络虚拟市场的全球性、数字化、跨时空等特性使传统市场营销理论体系面临严峻挑战。企业必须重新审视网络虚拟市场，调整旧的思路，树立新的观念，开创新的思维，研究新的方法。因此，网络营销应运而生，成为企业开展电子商务的重要组成部分。

5.1.1 网络营销的内涵

网络营销在国外有很多提法，如 Cyber Marketing，Internet Marketing，Network Marketing，E-Marketing，Online Marketing 等，不同的单词词组有不同的含义。Cyber Marketing 是指在虚拟的计算机空间进行运作的营销活动；Internet Marketing 是指在 Internet 上开展的一系列的营销活动；Network Marketing 是泛指在网络上开展的营销活动，除了 Internet 外，还可以是一些其他类型的网络。目前采用较多的术语是 E-Marketing，表示在电子化、信息化和网络化的基础上开展的营销活动。

网络营销包含的内容很广，主要有网上市场调查、网上消费者行为分析、网络营销策略制定、网上产品和服务策略、网上价格营销策略、网上渠道选择与直销、网上促销与网络广告、网络营销管理与控制等。

与许多新兴学科一样，"网络营销"同样也没有一个公认的、完善的定义。广义地说，凡是以互联网为主要手段进行的、为达到一定营销目标的营销活动，都可称为网络营销(或网上营销)。也就是说，网络营销贯穿于企业开展网上经营的整个过程，从信息发布、信息收集，到开展网上交易为主的电子商务阶段，网络营销一直都是一项重要内容。

对于网络营销的认识，一些学者或网络营销从业人员对网络营销的研究和理解往往侧重某些不同的方面：有些偏重网络本身的技术实现手段，有些注重网站的推广技巧，也有些人将网络营销等同于网上直销，还有一些人把新兴的电子商务企业的网上销售模式也归入网络营销的范畴。

严格来讲，网络营销是指借助联机网络、计算机通信技术和数字交互式媒体来满足客户需要，实现市场营销目标的一系列市场行为。

据此定义，可以得出下列认识。

1. 网络营销不等于网上销售

网上销售是网络营销发展到一定阶段产生的结果，网络营销可以是为实现网上销售目的而进行的一项基本活动，但网络营销本身并不等于网上销售。

这可以从以下两个方面来说明。

(1) 网络营销的效果可能表现在多个方面，如企业品牌价值的提升、与客户之间沟通的加强。作为一种对外发布信息的工具，网络营销活动并不一定能实现网上直接销售的目的，但是很可能有利于增加总的销售量。

(2) 网上销售的推广手段也不仅仅靠网络营销，往往还要采取许多传统的方式。例如，传统媒体广告、发布新闻和印发宣传册等。

2. 网络营销不仅限于网上

这样说也许让人有些费解。不在网上怎么称为网络营销？这是因为互联网本身还是个新鲜事物。在我国，上网人数占总人口的比例还很小，即使对于已经上网的人来说，由于种种因素的限制，即使有意寻找相关信息，在互联网上通过一些常规的检索办法，也不一定能顺利找到所需信息，何况，对于许多初级用户来说，可能根本不知道如何去查询信息。因此，一个完整的网络营销方案，除了在网上作推广之外，还很有必要利用传统营销方法进行网下推广。这可以理解为关于网络营销本身的营销，正如关于广告的广告。

3. 网络营销建立在传统营销理论基础之上

因为网络营销是企业整体营销战略的一个组成部分，网络营销活动不可能脱离一般营销环境而独立存在，网络营销理论是传统营销理论在互联网环境中的应用和发展。

4. 网络营销是电子商务的基础

电子商务是利用 Internet 进行的各种商务活动的总和，必须解决与之相关的法律、安全、技术、认证、支付和配送等问题。虽然有些问题制约着我国电子商务的发展，但网络营销则对之需求不高，因此，发展网络营销不存在障碍。国际上实施的网络营销有许多成功的范例，一些知名的企业都建有自己的网站，这些网站以自己各具特色的站点结构和功能设置、鲜明的主体立意和网页创意开展网络营销活动，给这些企业带来了巨大的财富。

5. 网络营销不单纯是指网络技术，更是指市场营销

网络营销不单纯是网上销售，更是企业现有营销体系的有益补充，是整合营销的必然产物。网络营销首先使 Internet 替代了报刊、邮件、电话和电视等中介媒体，其实质是利用 Internet 对产品的售前、售中、售后各环节进行跟踪服务。它自始至终贯穿在企业经营全过程中，包括寻找新客户、服务老客户，是企业以现代营销理论为基础，利用 Internet 技术和功能，最大限度地满足客户需求，以达到开拓市场、增加盈利为目标的经营过程。它是直接市场营销的最新形式，由市场调查、客户分析、产品开发、销售策略和反馈信息等环节组成。

网络营销是信息化社会的必然产物，但它毕竟是和传统的市场营销有着千丝万缕的联系。研究网络营销，应首先对市场营销的有关知识有一定的了解。从某种程度上来讲，网络营销是市场营销的一种演变。

5.1.2 网络营销的基本职能

网络营销可以在 8 个方面发挥作用：网络品牌、网址推广、信息发布、销售促进、销

售渠道、顾客服务、顾客关系和网上调研。这 8 种作用也就是网络营销的八大职能，网络营销策略的制订和各种网络营销手段的实施也以发挥这些职能为目的。

1. 网络品牌

网络营销的重要任务之一就是在互联网上建立并推广企业的品牌，知名企业的网下品牌可以在网上得以延伸，一般企业则可以通过互联网快速树立品牌形象，并提升企业整体形象。网络品牌建设是以企业网站建设为基础，通过一系列的推广措施，达到顾客和公众对企业的认知和认可。在一定程度上说，网络品牌的价值甚至高于通过网络获得的直接收益。

2. 网址推广

网址推广是网络营销最基本的职能之一，在几年前，业界甚至认为网络营销就是网址推广。相对于其他功能来说，网址推广显得更为迫切和重要，网站所有功能的发挥都要以一定的访问量为基础，网址推广是网络营销的核心工作。

3. 信息发布

网站是一种信息载体，通过网站发布信息是网络营销的主要方法之一，同时，信息发布也是网络营销的基本职能。所以也可以这样理解，无论哪种网络营销方式，结果都是将一定的信息传递给目标人群，包括顾客/潜在顾客、媒体、合作伙伴和竞争者等。

4. 销售促进

营销的基本目的是为增加销售提供帮助，网络营销也不例外。大部分网络营销方法都与直接或间接促进销售有关，但促进销售并不限于促进网上销售，事实上，网络营销在很多情况下对于促进网下销售十分有价值。

5. 销售渠道

一个具备网上交易功能的企业网站本身就是一个网上交易场所。网上销售是企业销售渠道在网上的延伸，网上销售渠道建设也不限于网站本身，还包括建立在综合电子商务平台上的网上商店，以及与其他电子商务网站不同形式的合作等。

6. 顾客服务

互联网提供了更加方便的在线顾客服务手段，从形式最简单的 FAQ(frequently asked question，常见问题解答)到邮件列表，以及 BBS、聊天室等各种即时信息服务。顾客服务质量对于网络营销效果具有重要影响。

7. 顾客关系

良好的顾客关系是网络营销取得成效的必要条件，通过网站的交互性、顾客参与等方式在开展顾客服务的同时，也增进了顾客关系。

8. 网上调研

通过在线调查表或者电子邮件等方式,可以完成网上市场调研,相对传统市场调研,网上调研具有高效率、低成本的特点,因此,网上调研成为网络营销的主要职能之一。

开展网络营销的意义就在于充分发挥各种职能,让网上经营的整体效益最大化,因此,仅仅由于某些方面效果欠佳就否认网络营销的作用是不合适的。网络营销的职能是通过各种网络营销方法来实现的,网络营销的各个职能之间并非相互独立,同一个职能可能需要多种网络营销方法的交互作用,而同一种网络营销方法也可能适用于多个网络营销职能。

凡客诚品的网络推广

2007年年末,凡客诚品在成功上线网络直销平台后,以标准化产品——衬衫为主要销售商品,入围B2C电子商务市场。不到一年,仅每天接到的订单已经高达6 000多单,服装销售量更是高达1.5万件,2008年销售额接近5亿元。2011年第二季度,凡客占自主销售为主B2C市场份额的4.1%,居第4位。凡客诚品将网络媒体成为主要发力渠道,他们在网络投放的广告占所有广告投放的60%以上。互联网推广对凡客诚品产生很大的效果,以下具体介绍分析他们的网络推广渠道。

凡客诚品的营销模式主要有3种:①线上营销(如网络广告投放、微博营销、电子邮件营销、顾客体验软文推广和搜索引擎广告);②线下营销(如全方位广告媒体推广、短信营销和银行合作等);③多渠道销售(网站销售、校园代理和凡客达人等)。

1. 网络广告投放

各大门户网站上都有凡客诚品的广告,还有一些大的专业网站也有他们大量的广告投放。借助门户类网站高覆盖、公信力和高曝光的优势,采用大尺寸的广告,凸显服装品质,建立高端形象。以下为凡客诚品在各大网站的广告,如图5.1~图5.3所示。

2. 搜索引擎优化

图5.4是凡客首页的相关的代码,对网站内容关键词的设置,直接关系到消费者是否能通过搜索引擎找到凡客。不过可以看出来,关键词设置得有点多。

图5.1 凡客诚品在百度的广告

图5.2 凡客诚品在搜狐的广告

图 5.3 凡客诚品在网易的广告　　　　　图 5.4 凡客诚品的搜索引擎优化

3. 搜索引擎广告(竞价)

凡客诚品在百度和谷歌都进行了竞价,搜索排名都是靠前的,这在网络推广中是比较常见的渠道,如图 5.5 所示。

图 5.5 凡客诚品的竞价排名

4. 电子邮件营销

电子邮件营销,可以给用户发一些促销的信息,让老客户回访网站。

5. 顾客体验软文推广

提供免费礼品,征集博客用户,以产品为话题让多个博客写用户体验文章,以用户角度对产品进行体验式营销。

6. 网络媒体推广

利用网络媒体的报道来提高品牌的影响力,增加对产品和网站的信任度。

7. 网络广告联盟

凡客诚品在多家网络广告联盟上投放 CPS(Cost Per Sales)广告，CPS 是指按销售提成广告费用，许多个人站长在网站上投放了他们的广告。

8. 网站销售联盟

现在他们成立了自己的网站联盟，在自己的网站上进行宣传，让广大站长和店长加入，根据销售额进行提成费用，这个形式也属于 CPS。

凡客诚品的身影无处不在，"凡客体"风靡一时，再次验证了凡客的营销有道。

5.1.3 网络营销新策略

在电子商务中营销手段也日趋多样化，以下简单介绍两种网络营销新策略：病毒式营销和事件营销。

病毒式营销是一种常见的网络营销方法，利用的是口碑传播的原理，在互联网上，这种"口碑传播"更为方便，可以像病毒一样迅速蔓延，因此，病毒式营销成为一种高效的信息传播方式，而且，由于这种传播是用户之间自发进行的，因此几乎不需要任何费用。病毒式营销的特点：①有吸引力的"病原体"——经过加工的、具有很大吸引力的产品和品牌信息，突破了消费者戒备心理的防火墙，促使其完成从纯粹受众到积极传播者的变化；②呈几何倍数的传播速度，病毒式营销是自发、扩张性的信息推广，通过类似于人际传播和群体传播的渠道，产品和品牌信息被消费者传递给那些与他们有着某些联系的人体，具有目标受众的确定性；③高效率的接收，病毒式营销的接收渠道比较私人化，使其尽可能地克服了信息传播中的噪音影响，增强了传播的效果；④传播过程通常呈 S 形曲线。即在开始时很慢，当其扩大至受众的一半时速度加快，而接近最大饱和点时又会慢下来。针对病毒式营销传播力的衰减，一定要在受众对信息产生免疫力之前，将传播力转化为购买力，方可达到最佳的销售效果。

事件营销是指企业通过策划、组织和利用具有名人效应、新闻价值以及社会影响的人物或事件，通过网站发布，吸引媒体、社会团体和消费者的兴趣和关注，以求提高企业或产品的知名度、美誉度，树立良好的品牌形象，并最终促成产品或服务的销售目的的手段和方式。此时，新闻价值的要素同时也成为了事件营销成功的要素，包括重要性(事件对社会产生影响的程度)、接近性(心理上、利益上和地理上与受众接近)、显著性(新闻中人物、地点和事件的知名程度)和趣味性(满足人类天生的好奇心或新闻欲本能)。

5.2 网络广告

5.2.1 网络广告的内涵

1. 网络广告的概念

广告是确定的广告主以付费方式运用大众传媒劝说公众的一种信息传播活动。因此，网络广告就是确定的广告主以付费方式运用网络(因特网)媒体劝说公众的一种信息传播活动。两个定义之间的区别在于所用媒体的不同。

上述网络广告的定义中，蕴含了网络广告的五大要素，具体包括以下方面。

(1) 广告主。指通过网络发布自己的广告内容的企业、单位或个人，如可口可乐、诺基亚等。

(2) 广告费用。指上网发布广告所需的资金投入。和所有广告一样，网络广告也需要投入资金。

(3) 广告媒体。就网络广告而言，广告媒体就是网络，即指因特网。网络广告多是在WWW上发布。一个又一个的Web页面，就是网络广告的载体。

(4) 广告受众。就是网络广告指向的广告对象，或称网络广告的接收者，所有在网上活动的人，就是网络广告的潜在受众。在世界范围内，网民人数已有十几亿人，我国国内也已猛增至5亿人，并仍然以约每月一千万人的互联网新增用户的速度递增。从这个意义上讲，网络完全称得上是大众媒体，甚至有人将电视、报纸、广播和网络称为四大媒体。

(5) 广告信息。指网络广告的具体内容，即网络广告所传达的具体的商品或劳务信息。它可能是很多文字，也可能只是一句话或一个网幅(banner)、一个图标(button)。由于日趋成熟的多媒体技术的介入，网络广告在声像的保真度及感染力等方面，丝毫不逊于电视。在信息容量上又远远超越了报纸和杂志。超大信息容量是网络媒体具有无限利用价值的理由之一。一般而言，一个网站上，会有数十个乃至数百个网页。网页信息采取非线性文本形式，通过链接方式将不同的网页互相连接起来，组成一个有机的整体，这就使得超大信息容量成为可能。更为关键的是，网络广告所负载的信息，可以由广告主自主选择，一天24小时，一年365天，它都在网上，而且能够实时更新。

2. 网络广告的优势

一些国际性大公司对网络媒介给予高度重视，是因为网上广告与传统媒介相比具有独特的优势。这些优势表现在以下几个方面。

1) 网民数量的高扩张性

网上广告通过因特网把信息传到世界各地的网络用户。如今，互联网已经连通了160多个国家和地区，全球网民已经超过10亿人，中国网民也已超过了5亿人。并且这些用户群还在不断加速发展壮大。这意味着网上广告的受众规模也以同样的速度扩大。网络有望在未来成为一种近乎于广播、电视的高普及型媒体。

2) 跨越时间、空间限制

传统的大众媒介，包括广播、报纸和电视等，往往局限于在某一特定区域内传播。要想把国内刊播的广告在国外发布，则涉及经过政府批准、在当地寻找合适的广告代理人、洽谈并购买当地媒体等一系列复杂的工作。同时，广告刊播时间受购买时段或刊物的版面空间限制，目标受众容易错过，并且广告信息难保留，广告主不得不频繁地刊播广告，以保证本公司的广告不被消费者遗忘。而网络则是以自由的方式扩张的网状媒体，24小时连通全球，只要目标受众的计算机连接到因特网上，公司的广告信息就可以到达，从而避免了当地政府、广告代理商和当地媒介登录等壁垒问题。同时，网上广告信息存储在广告主的服务器中，消费者可在一年内的任何时间里随时查询，广告主无须再为广告排期问题大伤脑筋。与电话、传真之类的个体媒介相比,其优点也是显而易见的。因为沟通双方无须同时在通道两端出现,在时间上更加自由。同时,因为个人的通信地址不是与每台计算机相连,而是一个与密码相连的网络使用权,可在任意一台连入因特网的计算机上使用,相当于一个随身携带的邮箱,不受地点的限制。

3) 内容详尽

网络浏览者的基本目的就是为了搜集详尽的信息。可是传统媒体由于受到时段和版面等因素的限制,难以展开详尽的内容,而且由于传统广告是"硬性广告",即强制性传播方式,要求能够在有限的时间和空间范围内吸引住受众的注意力,因而内容务必精炼。与传统媒介相比,网络上能提供的信息内容更加全面,更加具体。一个站点的信息承载量一般在几十兆至几百兆之间,大大超过传统宣传品的容量。广告主可以把企业概况、各类产品信息、新产品信息,以及企业各项促销及公关活动等详细信息制作成网页,放在自己的网站上。这样浏览者可以在任何时候,在相应的网页上查到所需产品的详尽信息。

4) 动态及时性

在传统媒体上制作的广告发布后很难更改,即使可改动也需付出较高的经济代价。而网络编程语言的日趋成熟使得网上广告的制作更加迅速。这样企业可以根据整体营销计划及时推出网上广告,以配合整个营销活动的进程。同时,企业还可以方便地对网上广告进行动态更新。当企业营销策略发生变化,或发现有的广告方案存在问题或者要增加新的信息内容,必须对目前的网上广告进行调整时,只需对既有的程序作出修改即可。例如,对于某一产品价格变动的信息,在网络广告上修改信息只需几分钟,从而实现广告与其他营销组合之间的及时协调。

5) 网络广告费用低、效率高

传统媒体的资金投入是十分巨大的,而网络广告的平均费用仅为传统媒体的 3%。在 www.compuserve.com 上的广告费用为 15 美元/h,原本无力购买广告媒体的小企业也有了属于自己的广告媒体,并可以进行全球性传播。在网上广告出现以前,小企业是无法做到这一点的。更重要的是,网络广告的投入效率比传统媒体高。商界流传一句著名的天问:"我知道,我的电视广告投入中有一半是被浪费了,但我不知道是哪一半。"这是因为传统媒体的收费标准是按照刊播的版面、时段和频次等要素进行的,而这些要素与目标受众的实际暴露程度和对广告的接受程度之间存在着较大的差别:目标受众游离在广告主监控之外,广告主无法确切地知道究竟哪些人观看了广告而哪些人没有,广告效果较难测试和评估。广告主必须为所有这些人支付广告费。相比之下,网络广告由于具有较高的可测性与可监控性,广告主便可以根据广告目标受众的兴趣、特点有针对性地投放广告,做到有的放矢,提高广告投入的效率。

6) 网络广告反馈的可测性高

利用传统媒体做广告很难准确地知道有多少人接收到了广告信息,而在 Internet 上,企业可以通过受众发回的 E-mail 直接了解到受众的反应,还可以通过软件方式对企业信息的浏览情况进行监测,据此获得本企业网址访问人数、访问过程和浏览的主要信息等方面的情况,并可随时监测广告的有效性,更好地跟踪广告受众的反应,及时了解用户和潜在用户的信息。

7) 与消费者的互动性强

这也是网上广告最为显著的优势。这一特点对传统广告带来了革命性的变化。

网络广告的针对性强。网络广告的内容显示完全控制在浏览者手中，他们可以根据自己的兴趣和目标按动屏幕上的按钮、超级链接来获得所需的信息。

网络广告可以实现多种交流功能。消费者除了可以自由地查询信息外，还可以通过E-mail向该公司进一步咨询、订货、签订合同和网上支付，从而在单一媒体上实现了整个购买过程，这一点是传统媒体难以做到的。

网络广告可以实现个体化沟通方式。网络综合了电话、直接邮寄等工具的直接反应特性与多媒体技术，使之成为更理想的个体化沟通工具，促进了企业由大众沟通模式向个人沟通模式的转化。

提高对目标顾客的选择能力。与传统媒体不同，网络广告的启动需要目标受众的主动搜索和联系，因此属于"软性"广告。而主动搜寻公司广告的消费者往往带有更高的目的性，因而成为本公司现实顾客的可能性大大增强。例如，卓越亚马逊在消费者搜索了一些书目后，会以"购买此商品的顾客同样购买了以下商品"的提示方式推荐类似内容或风格的书籍。

5.2.2 网络广告的类型

网络广告一般有以下4种形式。

1. 万维网广告

万维网是目前绝大多数因特网用户通用的信息数据平台。对某些人来说，Web正取代人们对其他媒体如广播、电视及印刷品等的依赖。万维网和其他媒体有一个根本的区别：消费者寻找广告主的主页，而不是广告主寻找消费者。

企业在自己建立的主页上做广告的形式具有以下特点。

(1) 属于公司独占的网络空间。在其他广告形式下，本企业的信息和标志往往和其他企业混杂在一起，就使得读者的注意力被分散，本企业的信息容易被忽视。而在公司主页形式下，读者完全被本企业的各类信息所包围，因而能更有效地接受广告信息。

(2) 主页空间较大，企业可以增加大量信息，涵盖企业各个方面，可以自由安排网页结构，提供全面的信息服务、咨询与反馈功能。

(3) 企业可以充分利用网页展示企业的风格，可在网页上设置鲜明的企业标志，采用具有企业个性的色彩与版面布置方案，并可以设计本企业网页所独有的操作功能和与顾客交流的功能。

从以上这些特点来看，建立自己的主页对于大公司来说应是一种必然的选择，因为它不但可以起到产品宣传的作用，更是树立企业形象的最佳工具。实际上，网上广告的最根本手段是建立公司主页，而其他各种形式的网上广告仅仅是为了提供链接到公司主页的多种途径，以增加公司网页的访问模式，扩大访问量。随着公司网页形式的发展，公司的主页地址便会像公司的地址、名称、标志、电话和传真一样，成为公司独有的标志。更重要的是，由于网址的独占性，而不同网址的传播能力存在差异，使得公司网址成为公司的无形资产。

2. Web 广告

1) 旗帜广告

旗帜广告(banner)是我们在网页上见到最多的广告形式(如图 5.6 所示)，广告效果最佳而收费最贵，因其多在页面上方首要位置，又称为页眉广告或"头号标题"，其尺寸多为 600×468 像素，使用静态或动画(.gif、flash 等格式)。凭借这种方式，广告主可以精心构筑融合感性与理性的宣传区域，有效加强旗帜广告的宣传效果。这是传统传媒无法比拟的优点。在设计上，旗帜广告往往只是提示型广告，它可能就是一个标题，或是一个招牌，浏览者只要点击它，就能进一步看到有关该产品的详尽信息。在网络广告发展的初期，旗帜广告的样式多是一个公司的标志，再加"Click me(here)"或"点击此处进入"的字样就完成了。随着网络广告的发展，旗帜广告开始讲究创意，花样迭出，目的无非是吸引读者主动点击，以进一步阅读广告内容。这是目前旗帜广告发展的重点。

图 5.6　旗帜广告

2) 图标广告

图标广告(button)在自身属性及制作和付费方式等方面，都同旗帜广告没有区别，其大小一般为 80×30 像素，像一个纽扣，又称为按钮广告。图标广告属于纯提示型广告，一般只是由一个图标性图案构成，常常是商标或厂标等，没有广告标语，更没有广告正文，所以它的信息容量十分有限，吸引力也要差一些，但其具有一定的提示作用，点击它会链接到广告主的站点上。这种广告对于老客户、熟人会很方便、很有效、很经济，但对于新客户，在效果上就要差许多。一些大企业，如 IBM、英特尔、可口可乐、索尼等让人耳熟能详的广告主及广告产品，可以这样做。小厂家，特别是新产品则需慎重，还是多花点资金，制作一个旗帜广告比较好。

3) 特别赞助广告

由商家对网站的某些与自己业务相关的栏目提供赞助，网站为其做广告(如图 5.7 所示)。对于赞助商来说,特别赞助广告不但可以得到广告的显示数量,还能够用各种"谈得来"的方式和网站的访问进行交流;可以展示品牌,可以直接促销,可以进行市场调查,甚至可以发展消费者俱乐部。特别赞助广告与旗帜广告的区别是放置时间较长,而且无需与其他广告轮流滚动,对于想做品牌广告的客户更适合。

图 5.7　特别赞助广告

4) 在线分类广告

在线分类广告也是报纸广告的主要形式,在线分类广告给传统的报纸媒体带来了巨大的冲击,因为在线形式的分类广告有其与生俱来的独特优势,包括可搜索性、数据库的其他功能、更快捷的更新和更灵活的表现形式等。

5) 插入广告

在调出一个网页的同时,会自动跳出另一个幅面略小的网页,以有人的画面或字眼呼唤你的点击,就是插入广告。其收费比页面广告高出 50%。目前在国内的中文网站上,这样的插入广告大多数出自网易之手,现在很多网站如搜狐也采用它。

6) 关键字广告

更有趣的是一种称为"关键字广告"的广告形式正在美国风行。在检索的同时出现广告,英文称为 Keyword-triggered Banner Advertising(伴随关键词检索显示的网幅广告),可简称为关键字广告。你可以买下搜索引擎的流行关键字,凡是输入这个关键字的用户都可以被吸引到一个公司的网站上去。

3. E-mail 广告

E-mail 是互联网的一项基本功能,是通过互联网将广告发到用户电子邮箱的网络广告形式。用于广告活动时,非常像直邮广告。它允许用户以较普通邮件更为方便迅捷的方式交流信息、联络感情。E-mail 广告主要有 3 种形式:直接电子邮件、电子邮件列表和电子刊物。

应该指出 E-mail 广告不过是一种寻找消费者的广告形式。

4. BBS 广告

BBS 是一种以文本为主的网上讨论组织。在这里，你可以通过网络以文字的形式与别人聊天、发表文章、阅读信息、讨论某个问题或在网站内通信等。这种站点往往有许多讨论区，如体育、艺术和社会信息等，包含了丰富的内容。也会有一些关于商业、就业和旧货交易等内容的选项。由于国内网站站点多是大学或科研机构开设的，所以其商业信息所占的比例不是很大。在这些商业信息中，更多的是以消息、新闻为主，具有快速、自由的特点，并且由于参与者之间有一种自觉性，这里的内容具有比较高的准确性。目前电子商务网站比较成功的是"中国黄页"的供求热线。虽然国内的 BBS 并非为商业目的而设，但其潜在的商业应用价值不容忽视。

5. Usenet 广告

Usenet 是由众多在线讨论组成的独立的信息系统。其中的组称为新闻组或讨论组(news group)，分别冠以不同的有着明确界限的主题。例如，biz.*是有关商业信息这一主题的讨论组。Usenet 广告被认为是 Internet 除了 WWW 和 BBS 以外的最具潜力的信息资源开发场所。

5.3 电子市场

5.3.1 电子市场简介

电子商务的发展，促成了依赖于互联网的电子市场的形成。电子市场与物理市场有差别，但是更多的是一致。

1. 电子市场的含义

电子市场是指在 Internet 通信技术和其他电子化通信技术的基础上，通过一组动态的 Web 应用程序和其他应用程序把交易的买卖双方集成在一起的虚拟交易环境。EM 中的众多交易主体则可以通过 EM 中提供的电子化交易信息和交易工具或自己的电话、电子邮件和管理信息系统等程度不同的电子化工具建立起点到点和一对多的交易通道。

电子市场经营的商品与传统商场没有什么区别，有生活必需品，如食品、服装，也有学习用具、计算机硬软件、电器设备及图书和工艺品等。电子市场同传统商场的主要区别是电子市场中没有实际货物，是一个虚拟商店，有关商品的各种信息均存储在服务器上，消费者通过网络浏览这些服务器就可了解各种商品信息，若对某种商品有购买要求，通过电子订购单发出购物请求，然后输入信用卡号码或采用其他支付方式，厂商托运货物或送货上门。

网上购物的优点在于大大缩短了销售周期、提高了销售人员的工作效率，而且可降低展销、销售、结算和发货等环节的费用，比传统的零售店、专卖店、连锁店、超市和仓储商场有更强的竞争力。值得指出的是，厂商建立的电子市场或电子商店只需一个就行了，没有传统连锁商业横向扩张的分店投资和风险，但业务却不局限于一个城市、一个省或一个国家，而可以面向全球。与沃尔玛、麦当劳一类的连锁店靠星罗棋布的店面来实现销售增长相比，显然电子市场有其优越性。

2. 电子市场的形式

电子市场主要有两种形式：一种是有自己独立的网络服务器(Web 服务器)构成的商业站点；另一种是集中在某一"购物中心"或"商业街"中的商家网站，这是规模较小的商家租用别人的 Web 服务器，在上面开设主页，类似于传统商业街上开设的一个店面。

3. 电子市场的特征

随着 Internet 及万维网的发展，利用无国界、无区域界限的 Internet 来销售商品或提供服务，成为买卖通路的新选择，Internet 上的电子市场成为 21 世纪最有发展潜力的新兴市场。从市场运作的机制看，电子市场具有以下 6 个基本特征。

(1) 无店铺的经营方式。运作于电子市场上的是虚拟商店，它不需要店面、装饰、摆放的货品和服务人员等，它使用的媒体为 Internet。

(2) 无存货的经营形式。Internet 上的商店可以在接到顾客订单后，再向制造的厂家订货，而无须将商品陈列出来供顾客选择，只需在网页上打开货物菜单供顾客选择。

(3) 成本低廉的竞争策略。电子市场上的虚拟商店，其成本主要涉及自设网站成本、软硬件费用、网络使用费，以及以后的维持费用。它通常比普通商店经常性的成本要低得多，这是因为普通商店需要昂贵的店面租金、装饰费用、水电费、营业税及人事管理费用等。

(4) 无时间限制的全天候经营。虚拟商店 7×24 小时营业，这对于平时工作繁忙、无暇购物的人来说有很大的吸引力。

(5) 无国界、无区域界限的经营范围。Internet 创造了一个即时全球社区，它消除了同其他国家客户做生意的时间和地域障碍。面对提供无限商机的 Internet，国内的企业可以加入网络行业，开展全球性营销活动。

(6) 精简化的营销环节。顾客不必等待企业的帮助，可以自行查询所需产品的信息。客户所需信息可及时更新，企业和买家可快速交换信息。顾客需求不断增加，对欲购商品资料的了解、对产品本身的要求有更多的发言权。于是精明的营销人员能够借助 Internet 所固有的互动功能，鼓励顾客参与产品更新换代，让他们选择颜色、装运方式和自行下订单。在订制、销售产品的过程中，顾客参与越多，售出产品的机会就越大。

总之，电子市场具有传统的实体化市场所不具有的特点，而这些特点正是电子市场的优势。

5.3.2 电子市场的细分和电子目标市场的选择

1. 电子市场的细分

1) 电子市场细分的概念

电子市场的细分是指企业在调查研究的基础上，依据网络消费者的需求、购买动机与习惯爱好的差异性,把电子市场划分成不同类型的消费群体,每个消费群体就构成了企业的一个细分市场。这样,电子市场可以分成若干个细分市场,每个细分市场都是由需求和愿望大体相同的消费者组成。在同一细分市场内部,消费者需求大致相同;不同细分市场之间,则存在着明显的差异性。企业可以根据自身的条件,选择适当的细分市场为目标市场,并依此拟定本企业的最佳网络营销方案和策略。

2) 电子市场细分的作用

电子市场细分可以使企业认识电子市场、研究电子市场,从而为选定电子目标市场提供依据。具体说,电子市场细分有以下几方面的作用。

(1) 有利于分析电子市场,开拓新市场。在电子市场细分的基础上,企业可以深入了解电子市场顾客的不同需求,并根据电子市场的潜在购买数量、竞争状况及本企业实力的综合分析,发掘新的市场机会,开拓新市场。

(2) 有利于集中使用企业资源,取得最佳营销效果。企业通过电子市场细分,发掘电子市场机会,并根据主客观条件的分析选定目标电子市场。因此,可以将企业资源集中用于最有利的电子市场,争取较理想的市场份额,以使有限资源得到较充分的利用,取得最佳营销效果。

(3) 有利于制定和调整营销方案,增强企业应变能力。在电子市场细分的基础上,比较容易认识和掌握细分市场消费者需求的变化,以及对营销措施的反应,从而相应地调整营销策略,制定最佳的营销战略。

3) 电子市场细分的原则

实现电子市场细分化,并不是简单地把消费者视为需求相同或不同就行了。因为它在企业的市场营销活动中处于战略地位,直接影响到企业各种营销策略的组合。所以电子市场细分必然要遵循一定的原则,或者具备一定的条件,这些原则主要包括以下方面。

(1) 可衡量性。细分出来的市场不仅范围比较明晰,而且能大致判定该市场的容量。

(2) 实效性。电子市场划分范围必须合理,细分市场的销售量,应考虑是否值得进行细分。

(3) 可接近性。企业对所选中的电子目标市场,能更有效地集中营销能力,开展营销活动。

(4) 反应率。如果电子市场细分后由于市场对各种营销方案的反应都差不多,则细分市场就失去了意义。

(5) 稳定性。网络细分市场必须在一定时期内保持相对稳定,以便企业制定较长期的营销策略,有效地开拓并占领该目标市场,获取预期收益。

2. 电子目标市场的选择

1) 电子目标市场的概念

电子目标市场,也叫网络目标消费群体。事实上,就是企业商品和服务的销售对象。一个企业只有选择好了自己的服务对象,才能将自己的优势充分发挥出来;只有确定了自己的服务对象,才能有的放矢地制定经营服务策略。

企业选择电子目标市场,即选择适当的服务对象,是在电子市场细分的基础上进行的。只有按照电子市场细分的原则与方法正确地进行电子市场细分,企业才能从中选择适合本企业为之服务的电子目标市场。

一个好的电子目标市场,必须具备以下条件:①该电子市场有一定的购买力,能取得一定的营业额和利润;②该电子市场有尚未满足的需求,有一定的发展潜力;③企业有能力满足该电子市场的需求;④企业有开拓该电子市场的能力,有一定的竞争优势。

2) 电子目标市场的选择方法

电子市场的潜在消费者首先是网络使用者,所以通过电子市场销售商品和服务,首先要分析网络使用者、整体现状及发展趋势。例如,2012 年 7 月 19 日,由中国互联网络信息中心(China Internet Network Information Center,CNNIC)发布的《中国互联网络发展状况统计报告》第 30 次报告显示,截至 2012 年 6 月底,中国网民规模达到 5.38 亿人,互联网普及率达到 39.9%。

通过网络使用者的结构特征来进行目标市场定位,可以通过以下方面来展开。

(1) 网络使用者的年龄段分布。从上网用户的年龄段来看,如图 5.8 所示。其中年龄在 20~39 岁的年轻人占 55.5%,占了上网用户的大多数,这说明青年用户是商家争取的主要对象。但根据全球著名咨询公司波士顿咨询公司发布的《中国数字化新时代 3.0》报告显示,50 岁以上网民所占的比例正在大幅增加,同时由于消费单价高,该部分群体正在成为电子市场新的利润增长点。这些新趋势值得引起商家的关注。

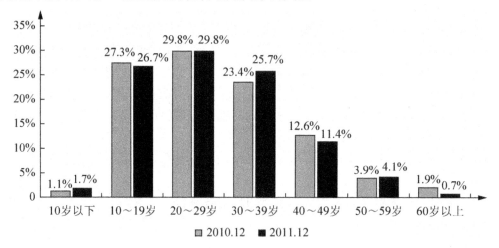

图 5.8　网络使用者的年龄分布

(2) 网络使用者的空间分布,见表 5-1。各省、自治区、直辖市上网用户所占的比例,从一个侧面反映了我国 Internet 的发展与经济、文化的发展有着密切的关系。2011 年北京、上海、广东、福建、浙江、天津六地的互联网普及率均高于 50%,远高于全国平均水平 38.3%。

(3) 从网络使用者的文化程度来看,如图 5.9 所示。高中(中专)以上文化程度的上网用户占 53.3%,说明上网用户的文化程度较高。

表 5-1 网络使用者的空间分布

省市自治区	网民数/万人	普及率/%	省市自治区	网民数/万人	普及率/%
北京	1 379	70.3%	河北	2 597	36.1%
上海	1 525	66.2%	吉林	966	35.2%
广东	6 300	60.4%	内蒙古	854	34.6%
福建	2 102	57.0%	宁夏	207	32.8%
浙江	3 052	56.1%	黑龙江	1 206	31.5%
天津	719	55.6%	西藏	90	29.9%
辽宁	2 092	47.8%	湖南	1 936	29.5%
江苏	3 685	46.8%	广西	1 353	29.4%
新疆	882	40.4%	四川	2 229	27.7%
山西	1 405	39.3%	河南	2 582	27.5%
海南	338	38.9%	甘肃	700	27.4%
陕西	1 429	38.3%	安徽	1 585	26.6%
山东	3 625	37.8%	云南	1 140	24.8%
湖北	2 129	37.2%	江西	1 088	24.4%
重庆	1 068	37.0%	贵州	840	24.2%
青海	208	36.9%	全国	51 310	38.3%

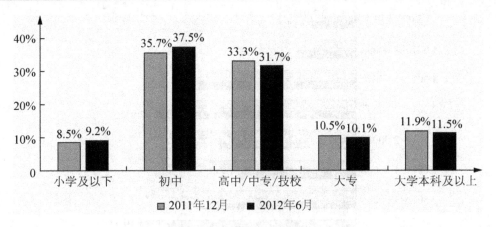

图 5.9 网络使用者文化程度分布

(4) 从网络使用者从事的职业划分，如图 5.10 所示。

(5) 从网络使用者月收入来看，如图 5.11 所示，2011 年，中国网民中收入在 2 000 元以上的网民群体占比明显上升，从 2010 年的 33.3%上升至 40.2%，这部分用户应作为网上营销的主要目标群体。

此外，也可以从网络使用者的上网时间、上网地点等其他各个方面展开市场分析，并进行定位。只有经过网络使用者的属性分析，才可以准确定位目标市场，才能更精确地进行广告投放、产品定位等，以减少不必要的营销活动，达到降低成本、提升效率的效果。

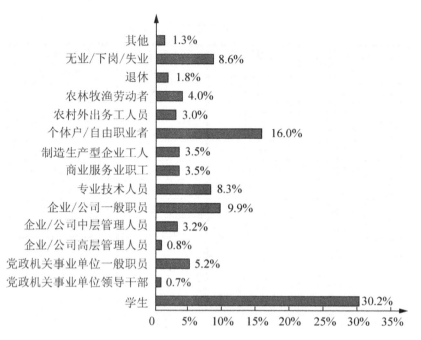

图 5.10　网络使用者从事职业分布

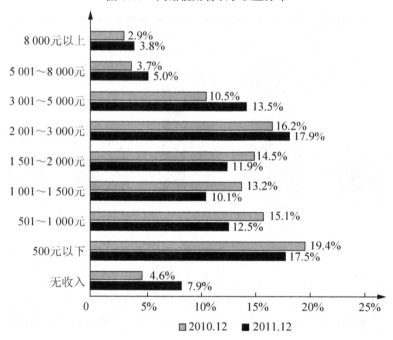

图 5.11　网络使用者月收入分布

3) 电子目标市场战略

通过市场潜在消费者属性分析，找到了产品的目标消费者群体，那么该怎么样才能将产品的供给和目标市场之间更有效地匹配起来，进一步降低成本，提高竞争力，摆脱竞争者呢？

此时需要确定如何推出产品和服务,即确定电子目标市场战略,一般有 5 种。

(1) 产品与市场集中战略。企业集中力量只生产或经营某一种产品,供应某一类顾客群。这种战略比较适宜于中、小企业,可以实现专业化生产和经营,在取得成功后再发展,向更大范围扩展。

(2) 产品专业化战略。企业生产或经营供顾客使用的某一种产品。

(3) 市场专业化战略。企业生产或经营为某一顾客群(细分市场)产品。

(4) 选择性的专业化战略。企业选择多个细分市场作为电子目标市场,每一个细分市场都有着良好的营销机会潜力,各细分市场之间相关性较小。这种战略有利于分散企业经营风险。即使某个细分市场失去吸引力,企业仍可在其他市场经营盈利。

(5) 全面覆盖战略。大型公司为取得市场的领导地位常采用这种战略。公司为所有顾客群(各细分市场)供应其需要的各种产品。

4) 电子目标市场营销策略

公司在确定了电子目标市场战略之后,一般采取 3 种可供公司选择的电子目标市场营销策略,即无差异营销策略、差异营销策略和集中营销策略。

(1) 无差异营销策略。无差异营销策略,是指公司将整个电子市场当作一个需求类似的电子目标市场,只推出一种产品,并只使用一套营销组合方案。这种策略重视消费者需求的相同点,而忽视需求的差异性,将所有消费者需求看作是一样的,不进行电子市场细分。

这种营销策略的优点是经营品种少、批量大,可以节省细分费用,降低成本,提高利润率。但是,采用这种策略也有其缺点,一方面是在激烈的竞争中,使公司可获利机会减少,另一方面公司容易忽视小的细分市场的潜在需求。

(2) 差异营销策略。差异营销策略,是指公司在电子市场细分的基础上,选择两个或两个以上的细分市场作为电子目标市场,针对不同细分市场上消费者的需求,设计不同产品和实行不同的营销组合方案,以满足消费者的需求。

这种策略,对于小批量、多品种生产企业适用,日用消费品中绝大部分商品均可采用这种策略选择电子目标市场。在消费需求变化迅速、竞争激烈的当代,大多数公司都积极推行这种策略,其优点主要表现在有利于满足不同消费者的需求;有利于公司开拓电子市场,扩大销售,提高市场占有率和经济效益;有利于提高市场应变能力。差异性营销在获得较高销售额的同时,也增大了营销成本,使产品价格升高,失去竞争优势。因此,公司在采用此策略时,要权衡利弊,即权衡销售额扩大带来的利益大,还是增加的营销成本大,进行科学决策。

(3) 集中营销策略,又称为密集营销策略,是指企业集中力量于某一细分市场上,实行专业化生产和经营,以获取较高的市场占有率的一种策略。

实施这种策略的公司要考虑的是,与其在整个市场拥有较低的市场占有率,不如在部分细分市场上拥有很高的市场占有率。这种策略主要适用于资源有限的小公司。因为小公司无力顾及整体市场,无力承担细分市场的费用,而在大公司的小市场上易于取得营销成功。

这种策略的优点:公司可深入了解特定细分市场的需求,利于提高企业的地位和信誉;实行专业化经营,有利于降低成本。只要电子目标市场选择恰当,集中营销策略常为公司建立坚强的立足点，获得更多的经济效益。但是，集中营销策略也存在不足之处，其缺点主要是公司将所有力量集中于某一细分市场，当市场消费者需求发生变化或者面临较强竞争对手时，公司的应变能力差，经营风险很大，使公司可能陷入经营困境，甚至倒闭。因此，使用这种策略时，选择电子目标市场要特别注意，以防"全军覆没"。

5.3.3 电子市场的产品策略

1. 电子市场的商品细分类

适合于电子市场的商品，按其商品形态的不同，分为三大类：实体商品、数字商品和在线服务。它们的营销方式和销售品种有很大差别，这三类商品及其基本特征见表5-2。

表 5-2 电子市场商品分类

商品形态	营销方式	销售品种举例
实体商品	在线浏览 购物选择 送货上门	民用品 工业品 农产品
数字商品	资讯提供 软件销售	资料库检索 电子新闻 电子图书、电子报刊 研究报告、论文 电子游戏 套装软件
在线服务	情报服务	股市行情分析 银行、金融咨询服务
	互动式服务	网络交友 电脑游戏 远程医疗 法律援助
	网络预约服务	航空、火车订票 电影、音乐会、球赛入场券 预约饭店、餐馆 旅游预约服务 医院挂号

2. 实体商品的选择

在网络上销售实体商品的过程与传统的购物方式有所不同。在这里，已经没有面对面的买卖方式，网络上的相互对话成为买卖双方交流的主要形式。消费者或客户通过卖方的主页考察其商品，通过填写表格完成自己对品种、价格和数量的选择；而卖方则将面对面的交货改为邮寄商品或送货上门，这一点与邮购商品颇为相似。

一般而言，企业进行网络营销时，可首先选择下列商品。

(1) 具有高技术性能或与电脑相关的产品。

(2) 市场需求覆盖较大地理范围的商品。
(3) 不太适合店面销售的特殊产品。
(4) 网络营销费用远低于其他销售渠道费用的商品。
(5) 消费者可以从网上取得信息,作出购买决策的商品。
(6) 网络群体目标市场容量较大的商品。
(7) 便于配送的商品。
(8) 名牌产品。

3. 数字商品的选择

数字商品指的是数字化资讯和软件。虽然这部分商品是无形的,但它们在网上销售占有极为重要的地位。

数字化的资讯与媒体商品,是非常适合通过 Internet 营销的,因为 Internet 本身即具有传输多媒体资讯的能力。

软件出版商是电子商务的真正赢家。毕竟,每一个使用 Internet 的人都在使用计算机,都在使用计算机软件,这是一个具有上亿个用户的客户群。

当用户购买软件时,往往对软件的性能不清楚,因而影响了他们的购买欲望。在线网络软件销售商常常提供一段时间的试用期,允许用户使用并提出意见。好的软件能够很快吸引顾客。在线软件销售商利用这种市场方法实现他们的网络营销目标。

4. 在线服务的选择

可以通过 Internet 提供的在线服务种类很多,大致可分为 3 类:第一类是情报服务,如股市行情分析、银行金融信息、医药咨询和法律法规咨询等,第二类是互动式服务,如网络交友、电脑游戏、远程医疗和法律救助等;第三类是网络预约服务,如预订机票、代购球票、音乐会入场券、提供旅游预约服务、医院预约挂号和房屋中介服务等。

5.3.4 电子市场的价格策略

1. 营销价格及其在网络营销中的影响因素

企业营销价格受到多种因素的影响和制约。一般来说价格的影响因素主要有以下方面。

1) 成本因素

成本是营销价格的最低界线,对企业营销价格有很大的影响。产品成本是由产品在生产过程和流通过程中耗费的物质资料和支付的薪酬所形成的,一般由固定成本和变动成本两部分组成。

2) 供求关系

供求关系是影响企业产品价格的一个基本因素。一般而言,当商品供小于求时,企业产品的营销价格可能会高一些,反之,则可能低一些;在供求基本一致时,企业市场营销中商品的售价,多数都为买卖双方能够接受的"均衡价格"。此外,在供求关系中,企业产品营销价格还受到供求弹性的影响。一般来说,需求价格弹性较大的商品,其营销价格相对较低;而需求价格弹性较小的商品,其营销价格相对较高。

3) 竞争因素

竞争因素对价格的影响，主要考虑商品的供求关系及变化趋势等。竞争是影响企业产品定价的重要因素之一，在实际营销过程中，以竞争对手为主的定价方法主要有3种：一是低于竞争对手的价格，二是与竞争对手同价，三是高于竞争对手的价格。

此外，在企业市场营销实践中，除上述3个主要因素外，市场营销的其他组合因素，如产品、分销渠道、促销手段、消费者心理因素、企业本身的规模、财务状况和国家政策等，都会对企业的营销价格产生不同程度的影响。

2. 电子市场定价策略

网络定价的策略很多，有心理定价策略，也有折扣定价策略、地理定价策略和信用定价策略。本小节主要根据网络营销的特点，着重阐述个性化定价策略、声誉定价策略、折扣定价策略及自动定价、议价策略。

1) 个性化定价策略

个性化定价策略就是利用网络互动性的特征，根据消费者对产品外观、颜色等方面的具体需要，来确定商品价格的一种策略。网络的互动性使个性化营销成为可能，也将使个性化定价策略有可能成为网络营销的一个重要策略。

2) 声誉定价策略

在网络营销的发展初期，消费者对网上购物和订货还存有许多疑虑。例如，在网上所订购的商品，质量能否得到保证，货物能否及时送到等。对于形象、声誉较好的企业，在进行网络营销时，价格相应可高一些；反之，价格则低一些。

3) 折扣定价策略

在实际营销过程中，网上折扣价格策略可采取以下几种形式。

(1) 数量折扣策略。为了鼓励消费者多购买本企业商品，企业在确定商品价格时，可根据消费者购买商品所达到的数量标准，给予不同的折扣，购买量越多，折扣可越多。在实际应用中，其折扣可采取累积和非累积数量折扣策略。

(2) 现金折扣策略。对于付款及时、迅速或提前付款的消费者，给予不同的价格折扣，以鼓励消费者按期或提前付款，加快企业资金周转，减少呆账、坏账的发生。

此外，为了鼓励中间商淡季进货，或激励消费者淡季购买，也可采取季节折扣策略。

4) 自动调价、议价策略

根据季节变动、市场供求状况、竞争状况及其他因素，在计算收益的基础上，设立自动调价系统，自动进行价格调整。同时，建立与消费者直接在网上协商价格议价系统，使价格具有灵活性和多样性。

5.3.5 电子市场的渠道策略

1. 分销渠道的效用

简单地说，分销渠道就是商品和服务从生产者向消费者转移的路径。分销渠道在商品流通过程中创造了以下效用。

(1) 时间效用。即分销渠道能够解决商品产需在时间上不一致的矛盾。
(2) 地点效用。即分销渠道能够解决商品产需在空间上不一致的矛盾。
(3) 所有权效用。即分销渠道能够实现商品所有权的转移。

电子市场使分销渠道的 3 种作用得到了进一步的加强。在时间和地点上,它使产需不一致的矛盾得到了较为有效的解决,消费者能在家中从最近的地点,以较短的时间获得所需的商品。商家也能在较短的时间内,根据消费者的个性化需要进行生产、进货,并从最近的地点将货物送到消费者手中。

2. 网络营销渠道的种类

从总体上看,网络分销渠道可分以下两种。

(1) 直接分销渠道。指商品直接从生产者转移给消费者或使用者的分销渠道。直接销售渠道一般适合于大宗商品及生产资料的交易。

(2) 间接分销渠道。指把商品由中间商销售给消费者或使用者的分销渠道。间接销售渠道一般适合于小批量商品及生活资料的交易。

直接分销渠道和间接分销渠道构成了网络分销渠道的两种基本类型。从商品流通的构成来看,其中信息流、资金流可直接通过网上来完成,但物流即商品的实体运动必须通过储存和运输来完成。一个企业不可能也没必要在自己的营销区域内建立完善的物流配送体系,还需要通过不同区域、不同环节的物流商来完成商品的实体配送。

3. 网络直销

网络直销是指生产厂家通过网络直接分销渠道直接销售产品,方法有两种。

一是企业在 Internet 上建立自己独立的站点,申请域名,制作主页和销售网页,由网络管理员专门处理有关产品的销售事务;二是企业委托信息服务商在其网点上发布信息,企业利用有关信息与客户联系,直接销售产品,虽然在这一过程中有信息服务商参加,但主要的销售活动仍然是在买卖双方之间完成的。

网络直销的优点是多方面的。第一,网络直销促成产需双方直接见面。企业可以直接从市场上搜集到真实的第一手资料,合理安排生产。第二,网络直销对买卖双方都有直接的经济利益。由于网络营销大大降低了企业的营销成本,企业能够以较低的价格销售自己的产品,消费者也能够买到大大低于现货市场价格的产品。第三,营销人员可以利用网络工具,如电子邮件、公告牌等,随时根据用户的愿望和需要,开展各种形式的促销活动,迅速扩大产品的市场占有率。第四,企业能够通过网络及时了解到用户对产品的意见和建议,并针对这些意见和建议提供技术服务,解决疑难问题,提高产品质量,改善经营管理。

网络直销也有其自身的不足。由于越来越多的企业在 Internet 上建立网站,面对数以万计的企业站点,网上用户往往处于一种无所适从的境地。访问者不可能逐个去访问所有企业的主页。特别是对于一些不知名的中小企业,大部分网上漫游者不愿意在此浪费时间,或只是在路过时看一眼。据了解,我国目前建立的数千个企业网站中,除个别行业和部分特殊企业外,大部分网站的访问者寥寥无几,营销收效不大。

为了克服网络直销的缺点,网络商品交易中介机构应运而生。这类机构成为连接买卖双方的枢纽,使得网络间接销售成为可能,中国商品交易中心(http://www.ccec.com)、中国商务王牌网(http://www.acec.com.cn)和中国国际电子商务中心(http://www.ec.com.cn)等都属于这类中介机构。

4. 双道法

在西方国家众多企业的网络营销活动中，双道法是最常用的方法。双道法，是指企业同时使用网络直接分销渠道和网络间接分销渠道，以达到销售量最大的目的。在买方市场的现实情况下，通过两条渠道推销产品比通过单一渠道更容易实现"市场渗透"。

在现代化大生产和市场经济的条件下，企业在网络营销活动中，在建立网站的同时，大部分企业都积极利用网络间接渠道销售自己的产品，通过中介商的信息服务、广告服务的整合服务，扩大企业的影响，开拓企业产品的销售领域，降低销售成本。因此，对于从事网络营销活动的企业来说，必须熟悉和研究国内外电子商务交易中介商的类型、业务性质、功能、特点及其他有关情况，以便能够正确地选择中介商，顺利地完成商品从生产到消费的整个转移过程。

搜索引擎优化

搜索引擎优化(search engine optimization，SEO)是一种利用搜索引擎的搜索规则来提高目的网站在有关搜索引擎内的排名的方式。它针对各种搜索引擎的检索特点，让网站建设和网页设计的基本要素适合搜索引擎的检索原则，从而获得搜索引擎收录并在检索结果中排名靠前。

由于网民寻找新网站的途径85%是通过搜索引擎，同时随着搜索引擎关键字广告价格的不断攀升，搜索引擎优化开始成为网络推广的关注点。SEO又分为站外SEO和站内SEO。站内SEO优化包括网站结构的设计、网站代码优化和内部链接优化、网站内容的优化和网站用户体验优化等这些内容。站外SEO优化包括网站外部链接优化、网站的链接建设和网站的外部数据分析等。

本 章 小 结

本章通过网络营销、网络广告和电子市场3个方面来介绍电子化市场战略。从本章的学习中可以发现，电子化市场战略是一种有别于传统市场战略的新形式，它利用现代信息网络来实现公司的市场战略。公司通过网络进行营销活动可以极大地降低交易成本、简化交易流程、增加交易机会和提高交易效率。

复习思考题

一、选择题

1. 网络营销是(　　)的一种市场营销方式。

　　A．在网络上交易

　　B．在网络上进行订货、购物

C．借助网络、通信技术和数字交互式媒体来实现营销目标

D．借助网络、通信技术来实现营销目标

2．网络营销的主要职能包括（　　）。

 A．网络品牌　　　B．网址推广　　　C．销售促进　　　D．信息发布

 E．销售渠道　　　F．顾客服务　　　G．顾客关系　　　H．网上调研

3．铺天盖地的广告和各种各样的促销活动是（　　）的最突出表现。

 A．直复式营销　　B．整合营销　　　C．强势营销　　　D．软营销

4．病毒式营销的特点主要体现在（　　）。

 A．病毒　　　　　B．传播速度　　　C．接受效率　　　D．传播过程

二、简答题

1．简述网络营销的主要内容。

2．简述网络营销的特点。

3．简述常用的网络营销方法。

三、实践题

1．分析网络小说《藏地密码》或《甄嬛传》成为畅销书的原因。

2．为一款国产数码产品制作一个网络营销方案。

案例分析

在2008年5月18日中央电视台为四川地震举行的赈灾晚会上，加多宝捐出了高达1亿元的善款，使这家原本默默无闻的公司"一举成名天下知"。

就在加多宝出人意料地以巨款捐助感动公众的社会心理下，次日晚，国内一知名网络论坛上出现了一个叫嚣要"封杀王老吉"的帖子，帖子标题为《让王老吉从中国的货架上消失！封杀它！》。这个引人注目且不合时宜的标题吸引了足够多的眼球，并激起了被加多宝义举所感动的公众的愤怒。

但打开帖子看，发帖者是在故意耸人听闻，他所指的"封杀"，其实是要表达"买光超市的王老吉，上一罐买一罐"的意思。正话反说产生的强烈反差刺激了无数公众跟帖留言，"今年夏天不喝水，要喝就喝王老吉"、"加多宝捐了1亿元，我们要买光它的产品，让它赚10亿元"，类似这样的跟帖出现在众多网站的论坛上。

网络上数量惊人的讨论、转载和点击量，使这一事件引起众多传统媒体的关注和跟进报道。

许多人相信，"封杀王老吉"的帖子及其产生的巨大影响，只不过是一名受加多宝捐款所感染的网友的无心插柳的举动。然而，逐渐有人怀疑这一给王老吉及加多宝带来美誉的"封杀"事件，并非是网民的无心之举，实际上是"人为操作的"。

一位网络营销界人士说，她的一位朋友参与了这一事件的运作。她说："加多宝找了公关公司和专业发帖团体策划运作了此事，由这些公司和团队将帖子扩散到各大论坛上，并通过大量跟帖掌握着网络的舆论导向和延续影响。"企业在自然灾难中通过巨额捐款提升自

己的品牌价值,其动机其实并无不妥。该业内人士从网络营销的角度表达了其对"封杀"王老吉一事的认可。她在博客上说:"这是一次完美运用了互联网传播力量的网络营销事件。"她认为这不仅帮助加多宝树立了良好的形象,还提升了消费者对王老吉品牌的忠诚度。究竟是"无心插柳"还是"精心栽花",没有人去调查。因为,毕竟1亿元捐款已经显示了加多宝高度的社会责任感。在这样的良好社会认可氛围中,没有人会去做破坏企业形象的事情,何况即使真是"精心栽花",也没损害什么人的利益。

无论怎样,网络传播使王老吉和加多宝赢得了公众的更多认可。如果说王老吉凉茶之前还只是一个饮料品牌,那么现在这一品牌已经获得了无数企业梦寐以求的社会美誉。

(资料来源:http://money.163.com/09/0205/16/51DDETOD002524SC.html)

思考题:
1. 加多宝运用了哪种网络营销方式?
2. 这种营销方式把握了消费者的何种心理?
3. 在运用该种营销方式时需注意哪些问题?

第6章 有效的客户关系管理战略

学习目标

1. 了解客户关系管理的含义。
2. 掌握客户关系管理的内容。
3. 了解呼叫中心的含义。
4. 掌握 CRM 系统的主要组成部分。
5. 掌握实施 CRM 的关键环节。

知识结构

知识模块	知识单元	相关知识点
有效的客户关系管理战略	客户关系管理的基础	(1) 客户关系管理的产生; (2) 客户关系管理的含义; (3) 客户关系管理的目标; (4) 客户关系管理的内容
	呼叫中心在客户关系管理中的应用	(1) 呼叫中心的定义; (2) 呼叫中心的类型; (3) 三代呼叫中心的异同; (4) 呼叫中心的作用; (5) 呼叫中心的应用
	客户关系管理系统的功能与结构设计	(1) CRM 的组成; (2) CRM 的主要功能; (3) CRM 成功实施的关键环节

引例

易趣网(eBay)于 1999 年 8 月 18 日开通,被誉为"中国电子商务的旗舰网站"。在电子商务风起云涌的今天,易趣凭借什么可以在这个领域内独树一帜,成为国内最著名的品牌?易趣认为:真诚服务是易趣经营和发

展网站的最高准则。他们自信有最好的客服工作。

2006年1月，易趣与高清晰的网络语音沟通工具SKYPE实现全面对接，为买家和卖家提供了更畅通、更直接的沟通渠道，促成双方交易成功。易趣强大的客服队伍每天24个小时地监控网站上新登物品，解答用户问题，并跟踪成交情况以保证交易顺利进行；iTEL(网络+电话)的全程电话导购服务为用户提供了专业、周到的一对一顾问咨询；定期组织召开的网友见面会和丰富多彩的网友活动，培养了网站与网友的感情，加强了双方的沟通。虽然在国内还有许多电子商务网站，如八佰拜、衣服网等，但是只有易趣才是真正意义上的C2C网站，其他的这些网站更多地是将精力投入在B2C的建设上。这是因为C2C网站是客户之间的交易，它必须以优质的客户服务工作和良好的信誉作为保障基础，而B2C的风险相对就会小很多。易趣这么多年来凭借贴心和周到的客服已经得到了大多数网友的认可，因此，易趣才敢于在这个网络泡沫化的时代大举C2C的大旗，并取得了巨大的成功。

电子商务是一种商务活动模式，是企业、个人和社会在信息化、知识化时代的基本活动之一。对于企业来说，选择电子商务作为基本商务模式时，必须具备相应的条件。这个条件不仅包括基本的信息技术和信息条件，还应当包括企业对商务活动的控制能力。而企业商务活动的控制能力的主要来源就是企业的客户关系管理(customer relationship management，CRM)。因此，本章将介绍CRM的相关知识。

6.1 客户关系管理的基础

在市场竞争中，越来越多的企业认识到，拥有稳定、忠诚的客户资源是企业竞争的制胜法宝。如何快速地响应客户的要求，提高他们的满意度？如何留住老客户，与其建立长久的、紧密的相互关系？如何吸引新客户、潜在客户，使他们转变为老客户？如何使市场营销、销售、售后服务等部门共享客户信息？如何使客户信息为企业各项经营决策提供支持？这些都是企业生存、发展中不可回避的问题，也正是客户关系管理要解决的问题。

CRM代表了企业为发展与客户之间的长期合作关系、提高企业以客户为中心的运营性能而采用的一系列理论、方法、技术、能力和软件的总和；一个真正意义的、成熟的CRM解决方案能够真正帮助企业提升在进行客户决策时作为一个整体抓住问题本质并对它们作出正确反应的能力。

案例 6-1

香港机场——实至名归的"全球最佳"

据中国新闻网2012年5月报道，香港赤腊角国际机场被"飞行网络"网站评选为全球最佳国际机场，获13%受访者投票支持；香港机场已多次被评为"全球最佳"，在第二届航空公司竞争力排行榜上，香港机场登上2011年全球十佳机场排行榜榜首，该排行榜由世界航空小姐协会评出，十佳机场的特征除了运营环境、业务规模、设施技术及管理制度、安全水准、风险控制能力、国际化程度和网络通信等，很重要的是能为顾客提供便捷舒适的综合服务。

香港机场核心价值观要求"以客为本",诠释为"细察并满足顾客的需要",秉承"提供世界级的顾客服务、树立行业内的服务典范"的理念,以下的服务细节也的确体现了香港机场"全球最佳"并非徒有虚名。

(1) 香港机场在候机楼设置有3处中转区域处理转机旅客,旅客如赶不上原先衔接航班,在中转区可以直接改签,并且可以将行李牌交给服务员,由服务员负责更改其行李信息,保证与该乘客同机抵达目的地。这样中转旅客哪怕因为前段航班延误赶不上中转航班需改签,也不需要去提取行李后重新办理托运,为旅客提供了方便。

(2) 在VIP的座席上有触摸显示屏,所有服务内容均在显示屏上显示,客人可以通过显示屏画面点击所需服务。通过此种图文并茂的形式,给贵宾一个非常直观的选择。一方面避免询问对宾客的打扰,一方面充分考虑宾客的喜好。

(3) 在对大面积航班延误的处置方面,为保证值机区域的顺序,香港机场会将值机岛进行隔离,采用蛇形隔离墩,每个值机岛只有一个进口,并由安保人员进行值守,只允许办开值机手续的航班的旅客进入值机区域,保证值机区域秩序的正常。设有旅客关怀组,一旦发生紧急事故,严重阻碍机场的正常运作,相关部门立即启动旅客关怀组的程序。该组一进入工作状态后就按通信、物资分配和运作点进行分工,对所有滞留机场的旅客提供航班资讯及食物、饮水和毛毯等物资。所有人员都必须身着指定服装,方便旅客识别。

(4) 香港机场通过数据分析,发现有22%的人次是由珠江三角洲地区(以下简称珠三角)往来香港机场,为加深对珠三角的渗透,香港机场采取多重联运方式,使旅客可以往来香港机场和珠三角之间的城镇达115个之多,车次超过500次,还提供商务车服务,此外通过其海天码头到达香港机场的旅客更可以在上船前就办理值机手续、托运行李,旅客下船后就可以通过捷运系统到达候机区域。

6.1.1 客户关系管理的产生

早在20世纪50年代,随着营销观念的引入和消费者心理学的研究,"一切为了客户,让客户满意"就已成为欧美大型企业经营的基本理念之一。在这一时期,对客户关系的重视只是企业经营的一种指导思想、经营理念。企业仍然将管理的重心放在对利润的追求上,企业的生产经营从根本上是围绕产品的制造、销售、质量和成本而展开;这是一种以产品为中心的"内视型"的管理模式。

从20世纪80年代到90年代初,随着科学技术的飞速发展和市场竞争的日益激烈,欧美发达商场上产品之间的差异越来越小,依靠产品差异已不足以获得足够的竞争优势,如何获取新的竞争优势?这成为每个管理者都在思考的问题。与此同时,社会物质财富的极大丰富也使得消费者的选择由过去的重视产品价格、产品质量的理性消费转变为在购买与消费体验过程中追求心灵满足感的感性消费。在产品的质量、价格和成本无潜力可挖时,企业想到了客户,认识到客户是企业的宝贵资源,如何赢得客户开始成为他们关注的焦点。管理学者也在研究中发现了客户关系的重要性,提出了客户关系管理,并将其用于指导企业的经营管理。在此期间,客户关系管理理论得到了不断的丰富和发展。

在残酷的市场竞争中,一些企业深刻地认识到客户对企业生存、发展的重要性。开始将关注的焦点从内部——产品转移到外部——客户上,逐渐形成了以客户为中心的"外视型"的管理模式。

对比两种管理模式,可以看到,以产品为中心的管理模式强调 4P 要素:产品(product)、促销(promotion)、分销渠道(place)、价格(price);而以客户为中心的管理模式强调 4C 要素:重视消费者的需求和欲望(customer's need and wants),与消费者沟通(communication with customer),方便消费者购买(convenience to buy),价格和价值能满足消费者的需求和欲望(cost and value to satisfy customer's needs and wants)。在业务流程方面,以产品为中心的管理模式是以生产推动销售的过程,即根据企业的生产工艺条件生产产品,再将其销售给客户。而以客户为中心的管理模式则是由客户的消费偏好拉动生产的过程,即根据客户的消费偏好,设计客户喜欢的产品,再将其投入生产,进行销售。换句话说,以客户为中心的管理模式提供了这样一种远景:企业的产品设计、生产、销售和服务都围绕客户的需求进行,企业的各种经营活动都是为了提高客户满意度、忠诚度。

以客户为中心的管理模式在 20 世纪 90 年代初得到企业的广泛认可。人们在认识到它的重要性的同时,在实践中,也逐渐发现了一些难以解决的问题阻碍着该管理模式的进一步发展。例如,营销、销售人员无法跟踪众多复杂的客户,对客户资料的分析力不从心;销售人员、营销人员和服务人员拥有的关于客户的资料经常不一致,这常常导致销售错误,引起客户的不满;企业会因为业务人员的离职而失去重要的客户信息;企业缺乏与客户进行及时双向沟通的渠道;对客户的个性化要求反应太慢;销售经理有时不知道销售人员都给客户承诺过什么,也不知各项销售的进展状况如何;出差在外的销售人员、现场维修服务人员面对客户的各种问题,因缺乏各种信息资料和公司的技术支持使客户不满或错失机会;某个客户的购买喜好只为单个销售人员所知,到了其他推广或售后服务人员那里就可能无法作出最适宜的选择;一些基本客户信息在不同部门的处理中需要不断重复,甚至发生数据丢失等。这些问题一直困扰着那些坚持以客户为中心的管理者,他们希望能寻找到问题的突破口。而 20 世纪 90 年代的计算机、网络和通信技术的发展为上述问题提供了解决的最好途径——基本信息技术的客户关系管理。

从 20 世纪 90 年代中期至今,随着计算机、网络技术的发展,企业核心竞争力对于企业信息化程度和管理水平的依赖越来越高。企业纷纷参与到信息化改造的进程中,从物料需求计划(material requirement plannig,MRP)到制造资源计划(manufacturing resources planning,MRPⅡ),到企业资源计划(enterprise resource planning,ERP)再到供应链管理(supply chain management,SCM),企业的信息化管理正由内向外扩展。信息技术的使用理顺了企业内部的信息流、资金流、物流,实现了信息的共享,降低了成本,实现了内部经营管理的自动化,缩短了生产周期,这使企业获得巨大的经济效益。现在,欠缺的就是对外部市场和客户的信息化管理。20 世纪 90 年代中期,企业开始对市场、销售和客户服务等部门加强信息化管理。1996 年前后,一些公司开始尝试使用集自动化销售与服务于一体,并包含呼叫中心的 CRM 体系。1997 年高德纳咨询公司(Gartnet Group)正式提出客户关系管理概念,此后客户关系管理开始飞速发展。

6.1.2 客户关系管理的含义

每一个现代企业都已经意识到了客户的重要性,与客户建立友好的关系可以说关系到企业的生存成败。但是在传统的企业结构中,要真正和客户建立起持续、友好的个性化联系并不容易。原因很简单——技术上无法达到，观念上无法想象。例如，售后维修有时间和地点的限制，很难提供 24 小时的即时服务；某个客户的购买喜好只为单个销售人员所知，到了其他推广或售后服务人员那里就可能无法作出最适宜的选择；一些基本客户信息在不同部门的处理中需要不断重复，甚至发生数据丢失。更重要的是，销售人员往往仅从完成销售定额的角度出发，在销售过程中缺乏和后台支持人员的沟通，让客户在购买之后才发现服务和产品性能并不像当初销售人员描述的那样，因而有上当受骗之感。这些常见的"企业病"不是由于企业的运作流程没有按照"以客户为中心"的宗旨去设计实施，而是各部门从自身的利益出发、多头出击的结果，在短期内即使可以赢得订单，却损害了与客户的长期合作关系，最后仍然要由企业花费大量的时间和金钱来修补。

客户关系管理是适应企业"以产品为中心"到"以客户为中心"的经营模式的战略转移而迅猛发展起来的新的管理理念，是一种旨在改善企业与顾客之间关系的新型管理机制，它实施于企业的市场营销、销售、服务和技术支持等与顾客有关的领域。它并不是单纯的一套管理软件和技术，而是融入了企业经营理念和营销策略等内容的一整套的解决方案，它以客户为中心，致力于提高客户满意度、回头率和客户忠诚度，体现出对客户的关怀，最终实现企业利润的最大化。客户关系管理其本意强调的是对客户"关系"进行有效管理，从而达到维持较高的客户占有率(customer share)的目的。关系是指两个事物之间，其中的一方对另一方的行为方式以及感受状态。所以一种关系同时会具有行为和感受两种特性。并且，作为具有感受能力的人(客户)来讲，往往是感受决定、指导着行为。因此，CRM 不但包括对客户行为的管理，而且更重要的应该放在如何及时捕获客户"感受"，从而指导企业有效地管理客户行为。

对 CRM 的理解往往有两种意见：一种认为它是一种概念、一种管理策略；一种认为它是一种技术。其实真正的 CRM 应该是策略、组织和技术的集成，也就是说，CRM 不是单纯意义上的管理工具，它融合了包括企业策略、管理思想以及 IT、通信技术等很多方面。尤其是现在，经过了几年的应用和发展，CRM 在与 ERP、SCM 和知识管理等工具相互融合渗透的过程中，不断接受着市场、技术和用户的洗礼。

不同机构对 CRM 有着不同的理解和表述。

迪克·李(Dick Lee)(CRM 专家)的定义："CRM 是以客户为中心的商业战略的增强，这种商业战略带来了活动的再设计，带来了工作流程再造。该商业战略受 CRM 支持，而不是被动驱使的。"

拉里·塔克(Larry Tuck)(CRM 专家)的定义："CRM 延深了销售人员所做活动的范围，从单一的活动到企业每一个人的连续活动。它是一种科学/艺术，使用客户的信息，建立客户忠诚，增加客户的价值。客户关系是企业的最终驱动力。"

Ryan Craucour(CRM 专家)的定义："CRM 是一个长期的挖掘企业客户的知识(而不是数据)的过程，然后利用这些知识客户化企业的商业和战略，满足客户的需求。"

Gartner Group(高德纳咨询公司，全球最具权威的 IT 研究与顾问咨询公司，其研究范围覆盖全部 IT 产业)认为，客户关系管理就是为企业提供全方位的管理视角，赋予企业更完善的客户交流能力，使客户的收益率最大化。

Hurwitz Group(美国著名的研究分析机构)认为，CRM 的焦点是改善与销售、市场营销、客户服务和支持等领域的客户关系有关的商业流程并实现自动化。

最典型的是 IBM 对 CRM 的定义，包括两个层面的内容：①企业实施 CRM 的目的，是通过一系列的技术手段了解客户目前的需求和潜在的客户需求；②整合各方面的信息，使得企业对某一个客户的信息了解，达到完整性和一致性。它把客户关系管理分为 3 类：关系管理、流程管理和接入管理，涉及企业识别、挑选、获取、保持和发展客户的整个商业过程。

何谓客户关系管理？客户关系管理指的是从公司的战略和竞争力角度出发，通过对企业业务流程中客户关系的交互式管理，提升客户的满意度和可感知价值，建立长期的客户关系，拓展企业附着于客户关系网络的无形资产基础，为相关的业务流程提供有效的决策信息，提高业务流程的效率和整合程度，从而为公司获取有利的市场定位和持续的竞争优势提供保证。CRM 的内涵是企业利用 IT 技术和互联网技术实现对客户的整合营销，是以客户为核心的企业营销的技术实现和管理实现。其核心是客户的资源价值管理，即通过满足客户的个性需求、提高客户的忠诚度和保有率，从而全面提升企业的盈利能力和竞争力；根据对客户特征、购买行为和价值取向的深入分析，为企业的决策提供科学、量化的指导，使企业在市场上保持稳定持续的发展能力。

6.1.3 客户关系管理的目标

为什么在层出不穷的管理新概念、新术语中 CRM 会迅速脱颖而出，赢得多方的关注和支持呢？因为 CRM 直接关系到一个企业的销售业绩，它可以重新整合企业的用户信息资源，使原本"各自为战"的销售人员、市场推广人员、电话服务人员和售后维修人员等开始真正地协调合作，成为围绕着"满足客户需求"这一个中心要旨的强大团队。CRM 的实施成果经得起销售额、用户满意度、用户忠诚度和市场份额等"硬指标"的检测，它为企业新增的价值是看得见、摸得着的。

CRM 总的目标："提高客户满意度、降低客户流失率。"通过对企业营销业务流程的全面整合管理，降低企业成本，提高效率，在拓展企业市场和渠道的同时，能够更加有效地处理顾客关系，吸引和保持更多的顾客。

了解顾客的需求并对其进行系统化的分析和跟踪研究，在营销的基础上进行"一对一"的个性化服务，获得并保持客户，提高顾客的满意度和忠诚度，最终获取客户的终身价值。通过 CRM 系统，企业可以集成柜台、电话、E-mail 和短信等多种渠道，企业可以把客户在接触、采购、送递及服务方面的信息在各个部门之间共享；并以此为基础，对客户进行分析，把客户的需求进行归纳，对客户的群体进行分类，从而采取个性化的服务，以从长期的发展中获得价值。因此，CRM 给企业增加的价值主要体现在以下方面：①通过对用户信息资源的整合，在企业内部达到资源共享，从而为客户提供更快速周到的优质服务，吸引和保有更多的客户；②通过对业务流程的重新设计，更有效地管理客户关系，降低企业成本。其作用：提高市场营销效果；为生产研发提供决策支持、技术支持的重要手段；为财务金融策略提供决策支持；为适时调整内部管理提供依据；优化企业业务流程。

6.1.4 客户关系管理的内容

为赢得顾客的高度满意，建立与客户的长期良好关系，在客户管理中应开展多方面的工作。客户关系管理主要包括以下内容。

(1) 客户概况分析(profiling)。该项工作主要分析谁是企业的顾客，顾客的基本类型，客户的层次、风险、爱好和习惯，个人购买者、中间商和制造商客户的不同需求特征和购买行为，并在此基础上分析顾客差异对企业利润的影响等问题。

(2) 客户忠诚度分析(persistency)。指客户对某个产品或商业机构的忠实程度、持久性和变动情况等。

(3) 客户利润分析(profitability)。指不同客户所消费的产品的边际利润、总利润额和净利润等。

(4) 客户性能分析(performance)。指不同客户所消费的产品按种类、渠道和销售地点等指标划分的销售额。

(5) 客户未来分析(prospecting)。包括客户数量、类别等情况的未来发展趋势、争取客户的手段等。

(6) 客户产品分析(product)。包括产品设计、关联性和供应链等。

(7) 客户促销分析(promotion)。包括广告宣传等促销活动的管理。

(8) 企业对顾客的承诺(promises)。承诺的目的在于明确企业提供什么样的产品和服务，企业对顾客承诺的宗旨是使顾客满意。

(9) 客户信息交流(intercourse)。它是一种双向的信息交流，其主要功能是实现双方的互相联系、互相影响。从实质上说，客户管理过程就是与客户交流信息的过程，实现有效的信息交流是建立和保持企业与客户良好关系的途径。

(10) 客户反馈管理(feedback)。客户反馈对于衡量企业承诺目标实现的程度、及时发现为顾客服务过程中的问题等方面具有重要作用。投诉是客户反馈的主要途径，如何正确处理客户的意见和投诉，对于消除顾客不满、维护客户利益和赢得顾客信任都是十分重要的。

案例 6-2

联邦快递对客户资料的分析

联邦快递的全球总部设在美国田纳西州的孟菲斯，令人惊讶的是，从正式成立到今天，已经鼎立世界财富 500 强和美国企业 500 强的联邦快递仅仅用了不到 30 年的时间。

独创的服务精神，特有的工作效率，公司通过 FedEx Ship Manager at fedex.com、FedEx PowerShip、FedEx Shipping Assistant 等电子信息网络站与全球 100 多万重点客户和合同客户保持密切的电子通讯联系，能在 24~48 小时，向全球 214 个国家及地区提供快速、可靠、及时的快递运输服务。

联邦快递利用 RFM(recency 最近一次消费，frequency 消费频率，monetary 消费金额)客户分析以及数据挖掘中的 cluster 分析，将所有客户分为 7 大族群。

(1) 贡献额最高的 10%稳定客群。

(2) 过去 6 个月流失的中贡献额客群。

(3) 低贡献额的季节性客群。

(4) 高贡献额的成长性客群。

(5) 中贡献额的稳定客群。

(6) 低贡献额且在过去 6 个月内的流失客群。

(7) 低贡献额但刚回复交易的客群。

联邦快递观察客户如何在 7 个族群中移动，一旦有任何的行为模式被分析出来，联邦快递便针对每个族群发展一套客户策略。

例如，贡献额最高的 10%，是最佳且最有价值的客户，联邦快递的策略是提供最好的服务，想尽办法留住他们，以避免这群客户的流失；高贡献额的成长客群是指消费金额成长超过 15 倍的客户，联邦快递则投入行销预算，找出成长原因，以协助其他客户提高贡献额。找出低贡献的季节性客群非常有用，因为这些客户只在一年的某些季节交易，花费行销费用去刺激他们在其他时期交易将是十足的浪费。

(资料来源：陈宁华. 打对电话赚大钱[M]. 陕西：陕西师范大学出版社，2011)

6.2 呼叫中心在客户关系管理中的应用

呼叫中心(call center)实际上并非一个很新的概念。例如，大家都知道的 114 查号台，12121 天气预报台，117 报时台。这些电话号码的背后就是一个 call center，当我们利用电话拨打到这些 call center 的时候，就能够获得自己所需要的号码信息、天气信息和时间信息。而随后出现的 160、168 声讯信息台等都是一个完整的 call center，人们拨打这些电话后可以娱乐、学习和与他人交换信息。但是这些 call center 用现在的眼光看来，都还不足够好，原因就在于这些 call center 千人一面，每个人拨打这些号码遇到的都是一样的界面，每次拨打 call center 都是一样的流程，在强调信息服务个性化的今天，这显然不能满足人们的要求。于是，更关注于个性化服务的 call center 随之出现：在国内如中国移动通信公司从开始试点建立的客户服务中心的应用就基本上属于这样一个新的 call center。新的 call center 更强调为客户提供个人化的服务，以及客户获取这些服务的手段更趋于多样性，如客户可以通过电话、传真和 Internet 来获取 call center 提供的服务，而同时也更注重节约 call center 的运营成本和更多地发挥 call center 里各个工作岗位的潜能。

6.2.1 呼叫中心的定义

呼叫中心又称客户服务中心，是指以电话接入为主的呼叫响应中心。它为用户提供各种电话响应服务。随着 20 世纪 90 年代电信技术和计算机的迅猛发展，以 CTI(computer telephony integration，计算机电话集成)技术为核心的，将计算机网络和通信网络紧密结合起来的呼叫中心解决方案，成为了第二代呼叫中心。以 CTI 技术为核心的呼叫中心是一个集语音技术、呼叫处理、计算机网络和数据库技术于一体的系统。

在欧美地区，电话业务量较大的企业基本都建立了呼叫中心，以对电话业务进行科学的管理。一些生产企业和服务性行业则利用呼叫中心来管理和沟通客户和商业伙伴的通信联系，以捕捉商业信息，提供更完善的服务，树立良好的企业形象。

呼叫中心可以按照不同的参照标准分成多种类型。

(1) 按采用的不同接入技术，可以分成基于交换机的 ACD(Automatic Call Distributor)呼叫中心和基于计算机的板卡式呼叫中心。

(2) 按呼叫类型，可以分为呼入型呼叫中心、呼出型呼叫中心和呼入/呼出混合型呼叫中心。

(3) 按功能，可以分为传统的电话呼叫中心、Web 呼叫中心、IP 呼叫、多媒体呼叫中心、视频呼叫中心和统一消息处理中心等。

(4) 按使用性质，可分成自用呼叫中心、外包呼叫中心和应用服务提供商(Application Service Provider，ASP)型呼叫中心，其中 ASP 型是指租用其他人的设备和技术，而话务代接是自己公司的类型。

(5) 按分布地点，可分成单址呼叫中心和多址呼叫中心。

(6) 按人员的职业特点，可以分为 formal(正式)呼叫中心和 informal(非正式)呼叫中心两种。正式的呼叫中心就是我们通常所说的由专门的话务代表处理客户的呼叫，为客户提供服务的呼叫中心；而非正式的呼叫中心是指那些不是由专门的话务代表来处理客户的呼叫。例如，在证券业有大量的证券经纪人，他们利用证券公司的呼叫中心为客户提供交易服务，但他们自己并不是专门的话务员，那这个证券公司的呼叫中心就属于非正式的呼叫中心。

(7) 按呼叫中心技术的发展史，有两种分法：一种是从大体上把呼叫中心分成传统呼叫中心和现代呼叫中心；另一种是一些设备厂商的分法，就是经常可以见到的第一代、第二代……的称谓，现在已经到了第四代。这主要是厂商通过这种分类来强调在新一代的产品中加入了更多的先进技术。

(8) 按应用，可以分为电信呼叫中心、银行呼叫中心、邮政呼叫中心、民航呼叫中心、企业呼叫中心和政府呼叫中心等。

实际上，更多的是根据应用的不同情况和场合，将这些分类有机地结合在一起。例如，我们可以将一个呼叫中心描述为基于交换机的、具有 Web 功能的、呼出型多址外包呼叫中心。尽管显得罗嗦，但却是对一个呼叫中心最精确的描述。

6.2.2 呼叫中心的发展历程

呼叫中心源于 30 年前的民航业，其最初目的是为了能更方便地向乘客提供咨询服务和有效地处理乘客投诉。

1. 第一代呼叫中心系统

第一代呼叫中心系统即早期的呼叫中心，实际上就是今天我们常说的热线电话，企业通常指派若干经过培训的业务代表专门负责处理各种各样的咨询和投诉，顾客只需拨通指定的电话就可以与业务代表直接交谈，其网络服务图如图 6.1 所示。这种服务方式可以充分利用业务代表的专长，因而在提高工作效率的同时大大提高了顾客服务质量，其应用范围也逐渐扩大到民航以外的许多领域。第一代的呼叫中心系统的缺点是由于没有采用 CTI 技术，因此只能提供人工服务，用户的来电无法转接，网络及操作系统落后。

2. 第二代呼叫中心系统

随着业务量的不断扩大，原有的呼叫中心越来越难以满足企业的要求。企业迫切需要一种能与技术发展保持同步的呼叫中心。他们希望将传统的呼叫中心进一步发展成为可以提供一流的服务以吸引客户并增强现有客户的忠诚度,最终为企业带来丰厚利润的"客户联络中心"或"万能联络中心",能提供每周 7 天、每天 24 小时的不间断服务,允许顾客在与业务代表联络时选择语音、E-mail、传真、文字交谈和视频等任何通信方式;并希望能事先了解有关顾客的各种信息,针对具体情况安排具有特殊技能的业务代表来满足顾客的特殊需求。随着 CTI 技术的发展,采用了 CTI 技术的第二代呼叫中心系统就诞生了。其系统图如图 6.2 所示。

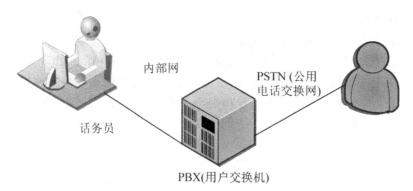

图 6.1　第一代呼叫中心系统网络服务图

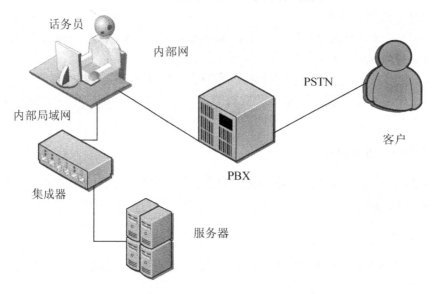

图 6.2　第二代呼叫中心系统网络服务图

第二代呼叫中心系统的最大优点是由于采用了 CTI 技术,所以可以同时提供人工服务与自动服务。第二代呼叫中心系统的缺点是用户只能得到声讯服务。

3. 第三代呼叫中心系统

随着 Internet 的飞速发展、企业纷纷在 Internet 网络上建立站点进行宣传。而部分企业又建有呼叫中心处理用户服务。如果可以在系统中增加 Internet 网络网关、用户就可以在访问站点的同时,通过浏览器软件直接呼叫企业的呼叫中心。这样呼叫中心的接入方式就不再仅限于电话呼叫接入,而且可以充分利用数据库的信息资源,为将来利用 Internet 进行电子商务活动奠定基础。因此,基于 Internet 的第三代呼叫中心系统就诞生了。其系统图如图 6.3 所示。其优点是提供自动与人工服务。对座席进行技能分组,采用先进的操作系统及大型数据库,支持多种信息源的接入。

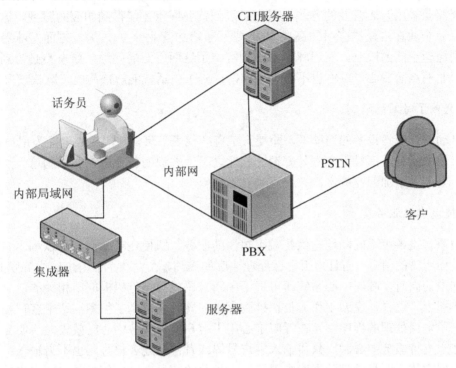

图 6.3　第二代呼叫中心系统网络服务图

由于 CTI 技术与 Internet 技术的紧密集成,使得呼叫中心由单一的以声讯访问为主转变为多种媒体手段的组合。例如,可以提供声音、传真、E-mail 和视频连接等多媒体手段的组合。基于 Internet 呼叫中心可以为用户提供先进的搜索引擎,自助式的 Web 页面访问;同时可以为用户提供 VOIP(Voice Over Internet Protocol)、TEXT_CHAT、可视化协作、Web 导航等实时服务;呼叫中心可以针对用户的 E-mail、Web 信箱留言进行及时回复;可以按照用户的请求进行回叫服务,声音可以在用户进行 Web 浏览时同步传输。

6.2.3　呼叫中心的作用

企业之间的竞争大致经历了 3 个阶段,一是产品本身的竞争,这是由于早期一些先进的技术过多地掌握在少数企业手里,可以依靠比别人高出一截的质量,赢得市场;但随着科技的飞速发展,新技术的普遍采用和越来越频繁的人才流动,企业间产品的含金量已相差无几,客户买谁的都一样。这就进入了价格的竞争,靠低价打败对手。现在已经进入了第三阶段,就是服务的竞争。靠优质的售前、售中和售后服务吸引和保持老客户,最终取得优势。而呼叫中心正是企业提升服务的有力武器。它可以提高企业的服务质量,让客户满意,使得用户数和营业收入不断增加,并形成良性循环;同时降低成本,通过呼叫中心可增加企业直销,降低中间周转,降低库存;还可有效地改善内部管理体制,减少层次,优化平面式服务结构,提高工作效率;除此以外通过呼叫中心能够宣传并改善企业形象,扩大企业影响。具体来说,呼叫中心与传统的商业模式相比,具有以下几个显著的优点。

1. 突破了地域的限制

传统商业采用开店营业的方式,用户必须到营业网点才能得到相应的服务。这一方面意味着商业企业在规模扩张时的高成本(需要不断增加营业网点),另一方面意味着顾客购物时受到地理空间的限制。采用呼叫中心则解决了这两方面的问题:商家不必为到偏远地区开设营业网点而费心,顾客也不必走出家门。一个电话就能解决问题,既快速又方便。

2. 突破了时间的限制

在自动语音应答设备的帮助下,即使人工座席代表下班,呼叫中心也能为用户提供24小时全天候的服务,而且无需额外开销。相比之下,普通的营业网点要做到这一点就很困难,至少会大大增加营业成本。

3. 提高客户服务质量

自动语音设备可不间断地提供礼貌而热情的服务,即使在晚上,也可以利用自动语音设备提取你所需的信息。而且由于电话处理速度的提高,大大减少了用户在线等候的时间。在呼叫到来的同时,呼叫中心系统即可根据主叫号码或被叫号码提取出相关的信息传送到座席的终端上。这样,座席工作人员在接到电话的同时就得到了很多与这个客户相关的信息,简化了电话处理的程序。这在呼叫中心用于客户支持服务中心时效果尤为明显。在用户进入客户支持服务中心时,只需输入客户号码或者甚至连客户号码也不需输入,呼叫中心就可根据它的主叫号码到数据库中提取与之相关的信息。这些信息既包括用户的基本信息,诸如公司名称、电话和地址等,也可以包括以往的电话记录,以及已经解决的问题和尚未解决的问题。这样双方很快就可进入问题的核心。呼叫中心还可以根据这些信息智能地处理呼叫,把它转移到相关专业人员的座席上。这样客户就可以马上得到专业人员的帮助,从而使问题尽快得到解决。例如,当电话银行的座席代表了解到一位来电客户针对个人住房贷款表示过兴趣,而最近银行又推出了更优惠的贷款政策时,就可以不失时机地向用户进行主动宣传。这种宣传不仅不会造成用户的反感,反而会使用户对商家更为信任。

4. 节约开支

呼叫中心统一完成了语音与数据的传输,用户通过语音提示即可轻易地获取数据库中的数据,有效地减少每一个电话的长度,每一位座席工作人员在有限的时间内可以处理更多个电话,大大提高电话处理的效率及电话系统的利用率。

5. 留住客户

一般地,客户的发展阶梯是潜在客户—新客户—满意的客户—留住的客户—老客户。往往失去一个老客户,所受到的损失需要有8~9个新客户来弥补,而20%的重要客户可能为您带来80%的收益,所以留住客户比替换他们更为经济有效。要学会判断最有价值客户,并奖励老客户,找出客户的需要并满足他们的需要,从而提高客户服务水平,达到留住客户的目的。

6. 带来新的商业机遇

理解每个呼叫的真正价值,提高效率、收益,提高客户价值,利用技术上的投资,更好地了解客户,使产品和服务更有价值。尤其是从每一次呼叫中也许可以捕捉到新的商业机遇。

6.2.4 呼叫中心的应用

在商业应用中,企业通常将呼叫中心与交互式语音应答系统结合起来使用。当用户拨通企业的电话时,首先听到由交互式语音应答系统播送的问候语,欢迎用户查阅有关部门的商品和业务信息,同时进行号码识别。呼叫中心的服务器会根据识别出的号码调出数据库内有关的信息,并送到值班话务员的终端屏幕上,同时呼叫也被转到该话务员,并由话务员根据屏幕提示解答客户的问题。对于重要客户,可以优先得到服务。如果数据库中没有该客户的资料,则进行记录。如果没有空闲话务员,则可以把呼叫送去排队,或利用交互式语音应答系统回答一些简单的问题;也可以请客户暂时挂断电话,随时再回叫该客户。

呼叫中心从功能上也分为 3 种类型,即电话销售(TeleSales)、电话市场宣传(TeleMarketing)和电话服务(TeleService)。这三大类功能再与不同的行业相结合,就形成了呼叫中心的各种典型应用。

1. 呼叫中心与 800 号业务相结合

在欧美被叫集中付费业务的应用很广泛,绝大多数企业提供 800 号(包括 880 号码)业务。呼叫中心与 800 号业务相结合用以提高企业的服务质量、收集反馈信息和宣传产品,成为企业和客户联系的纽带。

由于是被叫付费,所以想方设法提高 800 号业务的利用率,最大限度地收集信息,创造良好的经济效益便成为企业急于解决的问题,而呼叫中心以其对来话和去话的管理和控制功能受到了企业的欢迎。

800 号业务可为企业吸引更多的用户,使企业产品为更多的用户知晓,但也可能由于主叫无需付费,造成许多客户频频拨打该电话询问一些简单的问题,而造成线路繁忙,话务员难以应付。许多客户也因屡叫不通而产生怨言,同时话务员也因工作繁忙容易出差错,造成效率低下,还浪费了大量的通信费用。此外,由于有的大企业部门众多,业务跨地区或国家,技术分工细,客户所询问的问题包罗万象,话务员不可能满足所有问题,往往要转几个部门,找到专门人员才能得到答复。这便影响了 800 号业务的应有功能,削弱了服务质量。

应用 800 号业务的企业由于有了呼叫中心的帮助,轻易地解决了以上问题,能有效地控制和处理来话,提供满意的服务,这种计算机与电话相融合的技术使这两种业务相互促进,并开拓出新的市场。

2. 呼叫中心与 Internet 的结合

与 Internet 的结合是呼叫中心另一前景广阔的应用。如今,几乎所有的企业都会建立自己的主页，尤其是潜在用户访问企业站点，获取最新的企业和产品信息。电子商务在 Internet 的飞速发展下也发展迅速，但不尽如人意的地方却依然存在，如用户有意购买或希望进一步了解某一个产品时，就会发现网址上所提供的信息并不能满足自己的要求。由于商品市场竞争如此激烈，用户选购产品总要货比三家，如果不能及时准确地了解到所需信息，便不会作出购买决定。这时企业如果将呼叫中心技术与 Internet 结合，就能提高电子商务的效率。对于已经建成呼叫中心的企业，将 Internet 接入呼叫中心可以充分利用呼叫中心提供的功能，使这种业务实现增值，同时又能充分利用 Internet 网络资源。用户在企业的主页可以看到"请与我联系"的图标，用户点开图标并填上相应的表格便可直接自动从 Web 服务器传到企业的呼叫中心并记载在企业的用户数据库中，呼叫中心便可根据用户情况和线路占用情况决定是否立即接通用户和相关人员或是稍后回呼用户。有的企业在与呼叫中心接通以后，即由话务员或交互式语音应答系统处理用户呼叫。

　　呼叫中心与 800 号业务以及 Internet 的结合是将计算机技术和通信技术相融合的一种发展趋势，适应了市场的发展趋势。卓越亚马逊的呼叫中心与 Internet 相结合，使用户可从卓越亚马逊的网站直接接入呼叫中心，如图 6.4 所示。

图 6.4　卓越亚马逊的网站可直接接入呼叫中心

6.3 客户关系管理系统的功能与结构设计

6.3.1 客户关系管理系统的主要组成和功能

一套完整的 CRM 系统应能实现营销、销售和服务等业务的自动化,实现客户数据共享,达到提高客户满意度、降低成本、增加收入、开拓市场和帮助企业高层进行生产、营销等决策的目的。因此,CRM 系统的主要组成部分应包括客户互动渠道管理、营销自动化管理、销售自动化管理、服务自动化管理、Web 商务和商务智能。CRM 的主要组成和功能如图 6.5 所示。

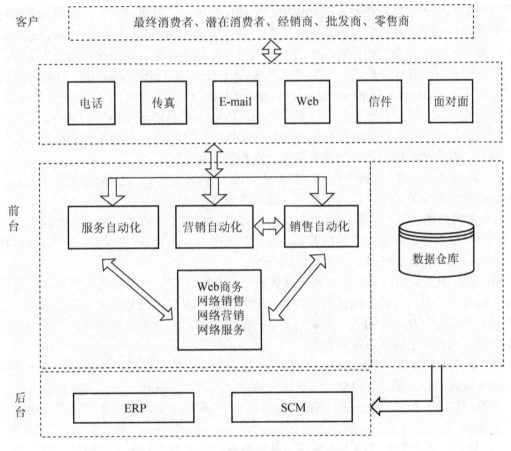

图 6.5 CRM 的主要组成和功能

1. 客户互动渠道管理

客户互动渠道提供客户与企业交流的窗口,是市场与企业接触的界面。现在,CRM 通常提供多种形式的互动渠道,从传统的面对面互动、电话拜访,到现在盛行的 E-mail、Web 或者呼叫中心等。

客户互动渠道管理的关键在于对多渠道信息的集成,集成的含义有两层:一层指将营销电话中心、销售电话中心和客户服务电话中心的功能进行集合。第二层含义指无论客户以电话、Web、E-mail 或者面对面的方式接触，系统都能将分散在多渠道的信息进行实时的集成。渠道的集成将使企业与客户交流的前台变为一个综合全面的客户关怀中心，使营销、销售和服务等部门实现最新的客户信息数据的共享，并以统一的面孔为客户提供关怀和个性化服务，从而提高服务的效率和质量。过去客户直接面对不同的部门，不知应该是哪个部门来处理自己的问题，或者遇到部门之间相互推诿的现象，或者在不同的部门面对不同的接待员，连续多次打电话时同样的内容需要不断重复多次。这些问题都使客户失去对公司的信心。而企业面对的唯一结果就是客户的流失。多渠道信息的集成可以避免这些问题的产生。

目前，客户互动渠道管理的实施热点是建立新型的客户呼叫中心。过去传统的呼叫中心只与电话网络相连接，而新型的呼叫中心集通信技术、计算机技术、声讯技术、因特网技术和视频技术于一体，是一个能够处理呼入/呼出电话、E-mail 和 Web 等多种信息的综合性客户交流枢纽。一个完整的呼叫中心，大致可以分为系统前端和系统后端两大部分。前端部分一般由自动呼叫分配器、交互式语音应答(Interactive Voice Response，IVR)、计算机通信综合应用(Computer Telecommunication Integration，CTI)等组成。CTI 系统是核心部分，它全面控制电话、呼叫、分组、引导和中继线。IVR 提供自动语音服务，是企业为客户提供自助服务的主要设备。后端部分由各类数据库系统、呼入/呼出管理系统和座席代表等组成。目前，客户呼叫中心产生的效益主要体现在以下几方面。

(1) 增加客户沟通。除提供电话、传真和邮件等传统沟通方式之外，还提供 E-mail、网页互动和推送网页等功能，提高了客户沟通的有效性。

(2) 市场营销。现在的客户呼叫中心已具有呼出的功能。通过"呼出"方式企业主动地为客户提供服务，向客户宣传推荐新产品、新服务，并进行各种市场调研。通过这种主动的呼出，最终将为企业带来无可估量的利润。

(3) 数据同步显示。客户来电时，计算机会同步将客户数据显示在屏幕上，使值班人员在了解客户信息的基础上能提供个性化周到的服务。客户也避免了每次打进电话，都重复介绍一些基础信息，如购买产品的时间、产品配置和过去发生的故障等。这不但缩短了服务时间，也提高了服务质量和效率。

(4) 规范业务操作、节省培训时间和提高培训效率。提供针对不同情况而设计的多种标准应答模式，存入系统，供业务人员随时调阅、参考。这既让业务人员执行业务时，做到一致性的答复，营造出企业的专业形象，同时，也降低了培训的成本，并提高业务人员的工作效率。

(5) 降低工作负荷、节约人力资源。并非所有的问题都需业务人员回答，如果客户仅是查询账单，或查询产品的使用方法，这时由系统提供预先录制的语音信息会比人工回答的效果更好，同时，也节省了宝贵的人力资源。交互式语音应答模块具有这部分功能。

(6) 平衡工作负荷、合理配置人力资源和提高服务质量。先进的客户呼叫中心可以自动平衡工作负荷，将来电分配给"最空闲的业务代表"。也可以根据不同的客户类别、产品、促销方案或使用语言等，设计不同的语音引导回路，将不同的来电直接引至对应的业务人员机台。例如，可以让 VIP 客户比较容易进线，并排除其等候的时间，或指定某些业务人员专门服务这些 VIP 客户，或者查询促销方案的客户来电可以直接连接至该促销方案推广人员的机台，或使客户与同一座席进行多次沟通，确保交流的同一性和连续性。

2. 销售自动化管理

在过去的手工销售方式下，销售人员通常独自跟踪销售路线，从确立目标客户到确定产品规格、数量和价格，再到购买合同的签订，产品的提交，货款的结算。这其中需要经过多次的相互交流、协商和反复的确认，相关信息散落在传真、记事本、E-mail、电话和口头交流中。人们常常可以看见，销售人员整天忙于翻找客户过去提供的信息和相关协议，忙于信息的整理和信息的回忆，这耗费销售人员大量的时间和精力，也使销售周期过长。在实际工作中，销售人员通常跟踪多条销售线路，这更造成销售工作的混乱，销售人员常常因过于忙碌，频频出现工作错误，使客户抱怨不断。销售人员整天忙于各种琐碎的行政工作，也就谈不上在销售过程中去收集各种关于产品的品种、质量和市场需求等方面的信息，也没有足够的时间了解客户的各种需求，也就不能为客户提供更多的个性化服务。

CRM 的销售自动化管理能将销售人员从这种繁杂且琐碎、枯燥的工作中解救出来。销售自动化(sales force automation，SFA)，又称为销售力量自动化，是指在各种销售渠道(现场/移动销售、内部销售/电话销售、销售伙伴和在线销售)中，运用相应的技术，对销售全过程进行控制和管理，以此来实现业务流程的优化和自动化，达到提升企业销售效率的目的。SFA 的出发点是使销售专业人员，包括现场人员和内部人员的基本活动自动化，以提高销售人员的销售效率。

销售自动化管理的功能一般包括销售机会管理、销售活动管理、销售预测和分析工具、分销渠道管理、销售支持、渠道管理、销售绩效管理和订单管理等，下面将对几个主要功能作简单介绍。

销售机会管理包括销售机会的挖掘、销售机会的确认、销售机会的谈判、机会报价、结束销售机会和机会分析等。销售机会的识别、把握是整个销售过程的起点，直接影响着企业的销售业绩，是销售管理的关键部分。

销售活动管理是指对销售过程中产生的销售人员与客户或联络人之间的各种交互活动进行管理。各种交互活动可能包括会议、介绍、演示、客户跟踪、活动准备、客户约见、客户调研、电话/电邮呼出、电话/电邮呼入、传真和信件往来等。销售活动管理是销售自动化管理的核心模块。通过对活动内容、活动时间、活动方式等方面的管理，帮助企业实现业务流程的锁定，实现各种规范的商业行为。销售管理还可以根据一定的时间或能力要求将某项活动或任务分配给符合具体要求的人员，实现工作的合理配置和工作负荷的动态平衡。销售活动管理中包含的具体功能主要包括以下方面：销售任务人物管理，销售计划管理，地域管理，现场管理，客户、合同、定额、价格的管理，提供方案，记录客户资料和销售过程，佣金、销售经费控制等。销售活动管理支持整个销售过程的自动化。

销售预测和分析工具提供对客户、机会、产品和活动等数据的相关分析。例如，根据收集的销售资料和市场信息，进行市场需求预测。对销售效益进行动态分析，及时总结销售经验，激励并推动销售工作向前发展。

销售支持为销售人员提供各种最新的销售信息、市场动态、产品信息以及各种销售的方法、策略。销售人员能在任何时间、任何地点查阅他们所需的各种信息，并通过销售支持提供的资料学习各种新的销售方法。

渠道管理是对分销商、代理商的考核、信贷、折扣、培训和支持等关系进行的管理。实现对分销商、代理商的高效管理，倾听他们的意见和建议，对提高销售业绩和降低销售成本有直接效果。

销售绩效考核是对销售人员、销售业绩和销售费用的管理。过去的绩效考核只有在月底才能统计出来，而现在则可以随时提供销售情况，每个销售人员可以直观地看到自己的销售业绩、销售费用及销售名次。这样可以有效地激励销售人员增加销售量、降低销售成本。

订单管理负责对订单完成的整个过程进行跟踪管理，包括核查各种产品的总需求量与库存量，未来产品生产的可能性，考虑生产、仓储和物流等方面的局限性作出实时、准确的承诺，核查产品与客户订单的一致性，处理订单的撤销、终止等。

值得注意的是，要想对订单履行进行全面、高效的管理，必须将订单履行模块与企业后台的 ERP、SCM 进行集成。只有与 ERP、SCM 集成，才能准确了解当前的库存和生产能力，对客户作出准确承诺。在获取成批订单后，及时安排新的生产计划，并与供应商联系物资的采购。通过销售分析，还可以对更远期的物资采购、生产计划、资金使用、仓储和物流等作出规划。这种"按订单制造"的业务流程，避免了过去常常出现的交货延期，产品功能、质量、数量有差错，或者缺少商家承诺的其他附加服务等问题，提高了服务质量和客户满意度。这种前台与后台的集成，也提高了企业对市场变化的反应速度，使生产与销售得以协调运作。

3. 营销自动化管理

营销自动化主要是对所有和市场营销相关的活动进行管理，为营销人员提供技术支持，使营销过程实现自动化，提高营销效率，如图 6.6 所示。

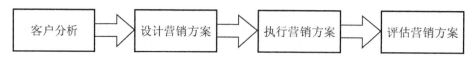

图 6.6 营销过程

营销自动化的功能主要包括营销行动的策划、执行、监控和分析，同时对活动的有效性进行实时跟踪，客户需求生成和管理，预算管理，宣传品生成和营销材料管理，提供"营销百科全书"(通常是产品、定价和竞争对手信息的汇总)，对有需求客户的跟踪、分配和管理，回应管理等。

营销自动化的作用主要体现在：增强市场营销部门管理通过多种渠道进行的多个市场营销活动的能力，优化营销流程，对市场营销活动的有效性进行实时跟踪，并对活动效果做出分析和评估，帮助市场销售部门管理、调度其市场营销资源，降低营销成本，实现对有需求客户的跟踪、分配、服务和管理。

CRM 领域中最新一代的应用就是营销自动化解决方案。营销自动化提供的服务与销售自动化不同，这些服务的目标也不尽相同。营销自动化应用软件的着眼点不是使销售专业人员的活动自动化,它的目标是通过提供设计、执行和评估营销行动和其他与营销有关的活动的全面框架,赋予营销专业人员以更强大的能力。在许多情况下,营销自动化和销售自动化是互为补充的。

4. 客户服务自动化

客户服务一直是客户购买产品时关注的重点。在产品质量、性能和价格差异逐渐缩小的背景下,良好的客户服务是赢得客户的利器。由于客户只要打个电话就可能转身投靠竞争对手,所以客户服务对许多企业就变得十分关键。如何提供优质、高效的客户服务,提高客户满意度、忠诚度,是企业不断思考的问题。在企业信息化改造过程中,企业认识到计算机网络、通信技术可以为客户服务带来新的变革。这就是基于信息技术的客户服务自动化功能。

典型的客户服务自动化包括投诉与纠纷处理、保修与维护、现场服务管理、服务请求管理、服务协议与合同管理、服务活动记录、远程服务、产品质量跟踪、客户反馈管理、退货和索赔处理、客户使用情况跟踪、客户关怀、维修人员管理和数据收集与存储等。

与传统的客户服务相比,客户服务自动化具有以下特点。

(1) 过去的客户服务是在销售完成后才开始介入的,而 CRM 客户服务从企业与客户的第一次接触就开始了。从潜在客户的询问到购买,再到产品的使用、维修和升级,企业提供全过程的客户服务,随时接收客户的疑问、质疑或投诉,这种客户服务的全程介入需要客户服务与市场营销、销售的协调运作。只有将客户服务与市场营销、销售等功能进行整合,才能真正为客户提供"一站式"服务。

(2) 过去的客户服务中,企业是被动的,常常是顾客有疑问时才提供帮助。CRM 客户服务是主动出击,主动开展客户服务,解决客户的问题和产品的缺陷,尽力化解客户可能产生的不满和失望,通过不断的相互交流,增进与客户的关系,创造客户对企业的忠诚和对新产品的期望。主动型的客户服务还可以在提供服务的同时为企业创造新的销售机会,使过去的成本中心变为盈利中心。

(3) 过去客户服务质量常常因服务人员的素质不同而不同。CRM 客户服务通过对服务进行分析和优化,设计出规范的服务程序和方法,并且通过信息技术为现场服务人员提供技术支持和帮助,以保证客户服务质量的一致性。

总之,客户服务自动化是以新的思维方式、新的管理方式和新的技术工具对客户服务施行变革,帮助企业以更快的速度和更高的效率来满足客户的个性化需求,以提高客户忠诚度。它可以向服务人员提供完备的工具和信息,支持多种与客户的交流方式,可以帮助客户服务人员更有效率、更快捷和更准确地解决用户的服务咨询,同时能根据客户的背景资料和可能的需求向用户提供合适的产品和服务建议。

5. Web 商务

一个功能强大的 CRM 应在客户关系管理方面提供一整套电子化解决方案。从现存市场上提供的 CRM 软件来看,Web 商务主要包括自助式网络销售、网络营销和网络客户服务等。网络销售支持 B2B 和 B2C 交易,使客户可以通过 Web 选择并购买产品和服务。网络营销使企业能够创建个性化的促销和产品建议,并通过 Web 向客户发出,也可以方便地通过 Web 收集市场、客户信息和营销效果反馈信息。网络客户服务提供自助式的客户支持系统,可以让用户在线提交服务请求,查阅常见问题的答案,了解各种公司信息,学习必要知识,查看和支付账单等。

如果说销售自动化管理、营销自动化管理和服务自动化管理主要是实现企业销售、营销和客户服务人员的各种业务活动的自动化,那么基于 Web 的在线销售、在线营销和在线服务则是面向客户的,实现与客户交流(销售、营销和交流)的自动化。但是这些业务功能之间是相互交融、紧密联系,且不易区分的。任何的在线销售、在线营销和在线服务都是需要销售、营销和客户服务人员的随时监控、管理。显然,这些监控、管理的活动是销售、营销和服务业务活动的一部分。可以认为,基于 Web 的在线销售、在线营销和在线服务既是销售自动化、营销自动化和服务自动化功能在 Web 上的延伸,同时也是电子商务在客户关系管理方面的应用。

6. 商务智能

商务智能是指利用数据仓库、数据挖掘技术对客户数据进行系统的储存与管理,并通过各种数据统计分析工具对客户数据进行分析,提供各种分析报告,如客户价值评价、客户满意度评价、服务质量评价、营销效果评价和未来市场需求等。为企业的各种经营活动提供决策信息。商务智能流程主要包括收集客户数据—存储数据—分析数据—根据分析形成相应战略—根据战略采取相应行动(营销、销售、服务、生产和采购等活动),同时商务智能与企业后台的 ERP、SCM 进行集成,准确了解当前库存和生产能力,及时安排生产和物资采购,提高了服务质量和客户满意度。这种前台与后台的集成也提高了企业对市场变化的反应速度,使生产与销售得以协调运作,如图 6.7 所示。

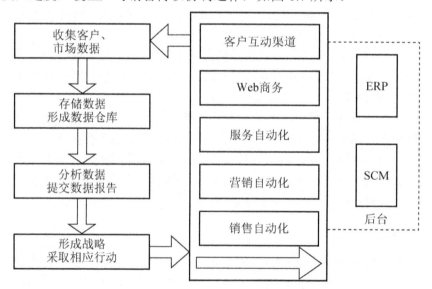

图 6.7 客户关系管理中的商务智能

由图 6.7 可以看出，商务智能是客户关系管理的重要组成部分，是销售自动化、营销自动化、服务自动化、Web 商务和客户互动渠道有效运转的基础。

6.3.2 CRM 成功实施的关键环节

对于客户关系管理系统的实施，CRM 软件供应商常常描述这样一种美好的前景：客户可通过电话、传真和网络等方式在任何时间、任何地点进行查询，要求服务；出差外地的员工可以用移动设备获取任何他想查询的公司信息和技术支持，并能为客户提供最新的产品系列和最准确的产品报价；任何与客户打交道的员工都可以同步获得最新、最全面的客户信息，但实际情况并不尽如人意。从国内外正在使用或正在实施的 CRM 系统情况看，许多 CRM 实施的效果欠佳。具体原因有很多种，但从中仍可以找到存在的共同问题，这些问题应引起企业的关注。总的说来，有 3 个方面：技术因素、人的因素和实施过程的管理。

1. CRM 实施中的关键技术要求

(1) 客户及其他信息的全面性、及时性和共享性。安装 CRM，首先要解决的是全面、及时地收集分散在各部门、分公司的资料，建立集中的信息数据仓库，实现数据的共享。片面、滞后的客户数据会使企业无法提供有针对性的个性化服务，从而失去与客户建立良好关系的基础。因此，良好的 CRM 系统必须注重客户信息全面、及时的收集、传递和充分的共享，使每一次与客户的接触和互动都能从对客户的全面了解开始，并且当客户改变与企业互动的途径和渠道时，不会因为信息上的缺陷而失败。

(2) 业务流程的优化调整和整合。要实现业务流程的自动化，CRM 需要通过对企业特定的业务流程(市场营销、销售和服务)进行分析，研究企业现有的营销、销售和服务等业务流程，发现问题并找出改进的方法，重新设计出一套规范的有助于提高工作质量、效率的工作程序。在规范的工作流程基础上 CRM 才能对营销、销售和服务活动进行自动化的过程管理。不同的企业由于其行业、产品、市场、客户和管理基础等方面的不同，其业务流程也就不同，这需要企业和 CRM 供应商、咨询公司仔细分析业务流程，设计出合理的、具有可行性的符合企业实际情况的业务流程和与之匹配的软件系统。

客户购买商品时常常不断与呼叫中心、市场营销、销售和客户服务部门打交道，这就需要将这些部门的业务流程进行整合，使客户与企业之间实现连续、统一、高效的互动。这对提高客户满意度有极大帮助。

(3) 真正基于 Internet 平台。人们交往方式的网络化是不可阻挡的发展趋势。客户会越来越依赖网络进行快速的查询、购买、交流和学习。网络销售、网络服务和网络营销很快会成为客户对企业的基本要求。另一方面，企业雇员也可方便地利用网络查询资料，获得技术支持和业务培训。

(4) 与 ERP、SCM 功能的集成。这是 CRM 系统实施过程中的难点，也是关键点。ERP 是对企业内部资金流、信息流与物流进行的一体化管理，而 SCM 主要是控制和协调物流在企业内部和上下游企业之间的业务流程的活动。在以客户为中心的管理模式下，要求以客户的需求、偏好拉动企业的生产和原材料的供应。只有将 CRM 与 ERP 集成，才能利用企业的 CRM 获取的客户信息和各种分析数据用于指导产品的设计、生产，才能使企业及时把握商机，生产出符合市场需求的产品。CRM 与 ERP、SCM 的集成还提高了生产制造系统、物料供应系统对市场变化的响应速度和质量，减小了企业经营风险。CRM 的集成也解决了订单承诺(货物规格、数量和交付时间等)和履行的可靠性问题。CRM 定义的客户包括供应链的下游企业，因此，客户关系管理也是供应链成员关系管理的重点。CRM 与 ERP、SCM 的集成才真正解决了企业供应链中上下游供应链的管理，将客户、经销商、供应商、企业生产部门和销售部门全部整合到一起，实现企业对客户个性化需求的快速支持。分析家预测，能够把前台和后台业务的软件完全整合在一起的公司会是未来几年最成功的赢家。

2. CRM 实施中对员工的要求

许多公司的 CRM 系统效果欠佳，其中一个重要原因是忽视了人的因素，认为只要实施 CRM 就能实现软件供应商承诺的美好前景。事实上，任何技术的应用中最关键的因素是人，技术只是对人的行为的促进和帮助。如果实际使用技术的人对技术不关心、不重视，那么技术再好也只能被闲置。在 CRM 实施中，人的因素同样至关重要，主要集中在以下几点。

(1) 以客户为中心的管理理念。CRM 系统不仅是一种软件技术，更是以客户为中心的管理理念和管理方法。在实施 CRM 系统之前就应向员工反复灌输以客户为中心的管理理念，努力建立为客户服务的企业文化，使从公司管理层到普通员工都了解到客户是"企业最具有商业价值的资产"，与客户之间的接触都是了解客户的过程，也是客户体验企业的机会，任何一次接触既可能产生机会，也可能失去客户。客户为中心的管理理念的培养，除了通过培训、宣传，还需要相应的奖惩机制来引导、促进"为客户服务"的员工行为。

(2) 与业务流程变革相配套的激励机制。CRM 系统是对过程而非结果的自动化管理。它涉及业务流程的优化、调整和整合。CRM 与 ERP、SCM 的集成，更涉及大范围的业务流程变革。任何业务流程的变革和组织机构的调整，必然带来利益的冲突、工作量的增加、空闲时间的减少和权利的削弱等，这都需要新的激励机制或者新的薪酬机制，来保证新业务流程的贯彻执行。新的激励机制或者新的薪酬机制应起到减少抵触、鼓舞士气、增加员工坚持新的业务流程的信心，使他们顺利度过 CRM 实施之初的适应期。

(3) 业务骨干的全程参与和企业最高管理层的全力支持。CRM 的实施不但需要 CRM 供应商的技术人员，还需要市场营销、销售、服务、技术、生产、采购、运输和财务等部门的业务骨干的参与。因为他们最熟悉企业的实际状况，可以准确指出现有业务流程中存在哪些不足，知道哪些设想的改进措施不符合企业的实际情况而不能采用。同时，他们还能对各业务最需要改进的部分排列先后顺序，供企业配置 CRM 时，根据财力，有针对性地进行配置；通过相关部门成员的参与，企业在正式实施 CRM 之前就能获得必要的资源支持，并推动相关部门的合作，帮助他们接受 CRM。CRM 实施过程中间及时将每一阶段的信息传递给有关部门，强调 CRM 带来的好处，这样能最大限度地减少各方面的阻力，增加项目成功的机会。高层管理者对 CRM 项目实施的支持、理解与承诺是项目成功的关键因素之一。缺乏管理者的支持与承诺会对项目实施带来很大的负面影响，甚至可以使项目在启动时就已经举步维艰。要得到管理者的支持与承诺，首先要求管理者必须对项目有相当的参与程度，进而能够对项目实施有一定的理解。CRM 系统实施所影响到的部门的高层领导应成为项目的发起人或发起的参与者。CRM 系统的实现目标、业务范围等信息应当经由他们传递给相关部门和人员。

(4) 员工培训。培训是 CRM 成功实施的必要条件，除了各种技能、业务培训，还应进行员工为客户服务的价值观的培训，并向员工详细介绍新的企业文化、以客户为中心的公司远景、新的技术、他们在 CRM 系统中充当的角色以及系统对他们的要求。甚至在考虑实施 CRM 之前就这些信息与员工进行一次沟通和交流，征求他们的意见和看法，解除他们抵触、焦虑的情绪。

3. CRM 实施过程的管理

CRM 的实施能力是许多软件供应商所缺乏的，而对实施过程的管理又是许多组织容易忽视的，购买前期通过谨慎地选择、激烈地竞标，但购买后没有认真实施或是认为没有必要花费人力物力实施，使得 CRM 软件没有经过多长时间就束之高阁。因此，科学地管理 CRM 实施过程，是 CRM 成功的关键。

CRM 实施过程和步骤包括以下几个方面。

(1) 根据企业现行业务状况进行需求分析。实施的目标不是越高越好，实施的范围也不是越大越好。应根据企业的实际情况，分析企业目前存在的主要问题，使企业明确自己的实际需求：软件应具有哪些功能，这些功能应解决哪些问题，目前暂时不需要哪些功能。在此基础上，企业才能明确 CRM 实施的目标，才能有针对性地选择适当的软件供应商和软件产品。

(2) 建立 CRM 团队。建立高质量的项目实施团队是项目实施成功的关键因素之一。项目团队应由企业最高层管理者领导，其成员则由 CRM 涉及的各部门经理和业务骨干组成。团队应全程参与 CRM 的实施，加强与软件技术人员的沟通，积极提供各种专业意见，推动项目实施高效有序地完成。

(3) 设计项目总体方案和制订项目实施计划。根据企业实际需求，按照确定的实施目标，设计出详细的项目总体方案，并在此基础上编制详细的实施计划和步骤，对实施过程进行分阶段管理，对各个阶段的实施内容、衡量标准(时间、质量和费用)进行详细规划，以确保项目的成功实施。在这个环节中，项目的投入产出效益分析和风险的预测防范是企业过去实施 CRM 时经常遗漏的步骤，也是这些企业实施 CRM 失败的主要原因之一。加强项目的成本费用管理，对项目的投资回报率进行分析，判断项目经济上的合理性，这些财务角度的分析是项目成功实施的必不可少的环节。这有助于企业根据自己的资金实力选择实施的目标和范围，保证资金用于解决企业最急迫的问题，避免项目费用的无限膨胀，保证企业以有限的预算获取最大的效益。项目实施将面对各种各样的风险。在实施之前，应对风险进行充分的分析预测，并考虑适当的风险防范措施，以降低项目实施的风险。

(4) 实施。在这个阶段，应完成 CRM 系统的配置和客户化，满足各种业务需求。在系统实现之后，还需要对系统进行相关的测试，检测系统设置是否确实无误，改进后的业务处理流程是否合理、流畅，与其他信息系统是否实现了有效整合等。只有在所有测试结果正确无误后,系统才可投入运行;同时,应对企业员工进行培训,企业的员工应能够熟悉系统安装过程和所安装的系统的各个方面。

(5) 系统运行、维护、评估和优化。系统运行的实际环境与测试环境总存在一定的差异,因此,系统在投入运行后,还需经过一段时间的试运行。在试运行阶段,软件供应商应提供相应的系统维护和技术支持工作,及时、有效地解决系统运行中出现的各种问题。在正式运行后,企业应会同软件供应商对系统性能、投资效益等进行评估,总结项目实施过程的经验教训,并分析系统目前仍存在的问题,提出改进、优化的措施,促进系统的不断完善。

如图 6.8 所示,技术因素、人的因素以及对实施过程的管理构成 CRM 成功实施的 3 个要素。这 3 个要素缺一不可,三者的紧密结合将极大地提高 CRM 实施的有效性,改变目前 CRM 实施效果欠佳的现象,促使企业尽快实现预期的项目目标和投资效益。这对于减少企业对 CRM 的疑虑、提高实施 CRM 的热情有极大帮助。

图 6.8 CRM 成功实施的 3 个要素

CRM 的成功实施将为企业的全面电子商务战略打下坚实的基础。

课后阅读

麦包包的成功之道

麦包包(www.mbaobao.com)是时尚箱包在线直销网站,诞生于 2007 年 9 月,由意大利箱包家族集团 VISCONTI DIFFUSIONE SNC 提供天使基金设立而成。2007 年 6 月,麦包包对自己网站的用户进行了抽样调查,了解到客户流失原因有高达 89%是来自于不信任,而在支付这个环节,流失比例竟然占到 75%,面对这一难题,麦包包选择了与支付宝合作,支付宝的用户不需要注册就可以直接消费,可以说成功地突破了这一瓶颈。因为在以"80 后"、"90 后"为主体的网购消费者中,大部分都是支付宝的忠实用户,而支付宝作为一个交易的"担保中介",起到建立买家与卖家信任的重要作用,它不仅极大地降低了消费者在购买时的风险,也避免了卖家的不良竞争,麦包包是利用支付宝强大的用户群体和网购意识,培养出一大批忠实于自己的客户群体。

另外,麦包包还建立了自己的客服中心,使用自主开发的 M-serve 客服管理系统,确保每位在线询问的客户能够得到快速及时的应答。所以以支付宝为主的网上支付、银行汇款、邮政汇款和特别针对国外客户的西联汇款等多种支付方式,麦包包保障了客户最安全便捷的支付,又以热心细致的服务态度、丰富多彩的产品创新,努力为客户打造亲切快乐的购物氛围,通过打造高品味的"麦芽糖"杂志、麦芽糖论坛和

麦包包官方博客等多种互动平台,与消费者产生分享和互动,这进一步巩固了自己的品牌知名度与影响力,也满足了消费者重复购买的所有条件,快速成长也就是自然而然的事情。

(资料来源:http://www.hiseo.cn/ounli/30.html)

本 章 小 结

CRM 既是传统企业经营的重要部门,也是电子商务活动重要组成,本章通过 CRM 的基础、呼叫中心在 CRM 中的应用及 CRM 的主要功能和结构设计 3 个方面来介绍 CRM。通过本章学习,可以了解 CRM 对于电子商务及企业的重要作用,以促进学生对于电子商务活动中 CRM 实现的重视。

复习思考题

一、选择题

1. 以产品为中心的管理模式强调的 4P 包括( )。
   A. 产品(product)　　B. 促销(promotion)　　C. 分销渠道(place)
   D. 展示(presentation)　　E. 价格(price)
2. 以客户为中心的管理模式强调 4C 包括( )。
   A. 消费者的需求　　B. 沟通　　C. 便捷　　D. 价格和价值
   E. 成本
3. 真正的 CRM 应该是( )的集成。
   A. 策略　　B. 技术　　C. 用户　　D. 感受　　E. 组织
4. CRM 成功实施的 3 个要素包括( )。
   A. 技术因素　　B. 人的因素　　C. 企业环境
   D. 实施过程管理　　E. 国家政策
5. 完整的呼叫中心可分为系统前端和系统后端,后端部分由( )组成。
   A. 自动呼叫分配器　　B. 交互式语音应答　　C. 数据库系统
   D. 呼入/呼出管理系统　　E. 座席代表

二、简答题

1. 什么是客户关系管理,它有哪些作用?CRM 有哪些类型?
2. 简述呼叫中心在 CRM 中的地位与作用。
3. 客户关系管理的内容有哪些?

三、实践题

1. 试记录某次网购经历,包括与客服人员售前、售中、售后的沟通,分析该客服人员在哪些方面做得好或哪些方面需要改善。

2. 以 95588 或 10086 为例，分析其呼叫系统的优缺点。

案例分析

作为全球最大、访问人数最多和利润最高的网上书店，亚马逊书店的销售收入至今仍保持着 1 000%的年增长率。面对着越来越多的竞争者，亚马逊书店在处理与客户的关系时充分利用了 CRM 的客户智能，当你在亚马逊购买图书以后，其销售系统会记录下你购买和浏览过的书目，当你再次进入该书店时，系统识别出你的身份后就会根据你的喜好推荐有关书目。你去该书店的次数越多，系统对你的了解也就越多，也就能更好地为你服务。显然，这种有针对性的服务对维持客户的忠诚度有极大的帮助。CRM 在亚马逊书店的成功实施不仅给它带来了 65%的回头客，也极大地提高了该书店的声誉和影响力，使其成为公认的网上交易及电子商务的杰出代表。统计数字表明，企业发展一个新客户往往要比保留一个老客户多花费 8 倍的投入，而 CRM 的客户智能可以给企业带来忠实和稳定的客户群，也必将带来良好的收益。

(资料来源：http://blog.icxo.com/read.jsp?aid=23188)

思考题：

1. 亚马逊网上书店在处理客户关系方面有什么特点？
2. 通过亲自体验，描述在亚马逊网站上购物的感受。
3. 比较卓越亚马逊和当当网的异同点。

第 7 章 物流与供应链管理战略

学习目标

1. 了解物流的含义。
2. 了解电子商务下物流的模式。
3. 掌握供应链的含义、特点及类型。
4. 掌握供应链管理的含义。
5. 熟悉供应链管理要考虑的主要内容。
6. 掌握物流和供应链之间的概念区别和联系。
7. 掌握电子商务对供应链运营的影响。

知识结构

知识模块	知识单元	相关知识点
物流与供应链管理战略	物流的概念	(1) 对物流认识的发展历程； (2) 我国对物流的标准定义
	物流的模式	(1) 企业自营物流模式； (2) 借助传统流通渠道； (3) 物流企业联盟模式； (4) 第三方物流模式
	供应链管理	(1) 供应链的含义； (2) 供应链管理的含义与内容； (3) 电子商务对供应链运行的影响

 引例

以消费者体验为出发点的卓越亚马逊物流

电子商务企业拼得就是供应链，这一点在业内早有共识。根据艾瑞咨询发布的中国电子市场核心数据，2011年第一季度卓越亚马逊在B2C中的市场份额为2.5%，第二季度为4.6%，第三季度为6%，相信其物流模式功不可没。

2004年8月，亚马逊全资收购卓越网，卓越亚马逊的物流在承袭了亚马逊物流成功经验基础上，根据卓越网在中国市场的销售经验和中国市场的实际，创造了一套具有卓越亚马逊自身特点的物流管理模式。其最大的特点就是以客户体验出发为出发点，是一套基于消费者需求又富有竞争力的物流体系。

1. 预测式响应菜单

经过多年的累积，亚马逊形成了强大的数据库，系统根据这个数据库可以大概预测某个产品的某一型号在某一个地区一天能有多少订单。也即在消费者还没有下订单的时候，商品就已经备在库房里了。卓越亚马逊还根据消费者以往的消费记录，定期给消费者发送电子邮件，推荐类似的商品和最新的商品。这种服务方式为消费者提供了极大的便利，同时也在一定程度上起到了促销的作用。

2. 高效的仓库管理

卓越亚马逊所有货物按照节省空间的原则随机摆放，但正是这种杂乱无章的摆放，既能提高分拣工人的效率，也能提高订单配置工人的效率。在需要把图书和物品挑拣出来时，员工只需用手持扫描枪扫描订单，手持设备会自动计算出最快的路径，告诉员工这些货在几号货架几号柜子取。例如，一张订单上有多种产品，系统会计算出最为省时的路线。

3. 自建物流中心和配送队伍

卓越亚马逊在北京、上海(后迁至苏州)、广州建立了仓库，这样的布局不仅满足了业务量较高的当地消费者的需求，更关键的是有利于卓越亚马逊对全国市场的覆盖、布局与协调。目前，卓越亚马逊已完成了对全国一、二、三级30多个城市的覆盖，三地仓库的建立大大缩短了配送时间和配送成本。2002年，卓越亚马逊还自建了配送队伍"世纪卓越快递公司"，保证了对整个配送过程的质量控制。

4. 多样的送货方式

卓越亚马逊提供了丰富多样的送货方式，包括普通快递送货上门、加急快递送货上门、平邮、邮政快递(EMS)、海外标准服务(PHL)和海外航空快递(UPS)。另外，免运费送货也是卓越亚马逊不同于国内其他电子商务公司的一大特色。运费是电子商务发展一瓶颈，卓越亚马逊的免运费送货培养了消费者的网购习惯，为消费者提供了更低廉的商品，有效地提升了竞争力，取得了更大的市场份额。

5. 以消费者满意度为考评指标

卓越亚马逊的配送能力已基本满足了北京、上海、广州、天津4个城市的要求，业务量大时会将部分配送外包。在其他城市，卓越亚马逊则采用与第三方配送公司合作的模式。对于散布在各地配送公司的筛选和考评，也成为其工作的一个关键环节之一。同样，在这方面，卓越亚马逊也是以客户感受为主要出发点和参考标准。到达率、准时率、投诉率和损坏率等，都是卓越考评合作伙伴的重要指标。甚至是对第三方物流公司的管理，包括财务管理、质量管理等，以及实现订单分拆等新业务要求时，也采取了以消费者满意度为考评指标。这样做的意义在于，一方面企业实现了对消费者体验和需求的即时掌控和跟踪服务,另一方面,也有利于最大限度地满足消费者体验的同时有效地控制成本、提高运营管理效率。

7.1 物流的概念

7.1.1 对物流认识的发展历程

第二次世界大战期间,美国根据军事上的需要,在战时军火供应中,采取对军用物资的运输、补给和屯驻等进行全面的后勤管理(logistics management,LM)策略,对战争胜利起到了成功的保障作用。第二次世界大战结束之后,各工商企业逐渐引入这种军事中全面管理的策略,并借用军事中的后勤一词,将企业的物流称为"工业后勤"或"企业后勤"。工商企业开始在自己的领域内应用军事中物流的思想的初期,对于物流的概念是不清楚的,认为物流是营销的一个部分,称为实物分销(physical distribution,PD)。这里的 PD 是我们所要学习研究的物流的前身。1935 年,美国市场营销协会(American Marketing Association)对 Physical Distribution 物流进行了最早的定义:"实物分销是包含于销售之中的物质资料从生产地点到消费点流动过程中所伴着的种种经济活动。"

1968 年,美国实物分销管理协会(National Council of Physical Distribution,NCPDM,美国物流管理协会的前身)对 PD 的定义是:"实物分拨是被工商企业使用的一个术语,用以描述一系列将产成品由生产线到消费者高效移动相关的广泛活动,有时包括原材料从供应点到生产线起点的移动。这些活动包括货物运输、仓储、物料搬运、保护性包装、库存控制、工厂和仓库选址、订单处理、市场预测和客户服务。"

1985 年,美国物流管理协会(Council of Logistics Management,CLM)将物流定义为:"为迎合顾客需求而对原材料、半成品、产成品及相关信息从产地到消费地的高效、低成本流动和储存而进行的规划、实施与控制的过程。"

1992 年美国物流协会将物流定义更新为:"为迎合顾客需要而对商品、服务及相关信息从产地到消费地的高效、低成本流动和储存而进行的规划、实施与控制过程。"

7.1.2 我国对物流的标准定义

根据我国的国家标准 GB/T 18354—2006《物流术语》,物流是物品从供应地向接收地的实体流动过程。根据实际需要,将运输、储存、装卸、搬运、包装、流通加工、配送、信息处理等基本功能实施有机结合。物流活动广泛地存在于社会活动中,如图 7.1 所示。

从两个角度来理解,第一个角度是从物流的表观现象,客观地表述了物流活动的过程;第二个角度是从管理角度表述了物流活动的具体工作内容,以及对这些工作进行系统管理。

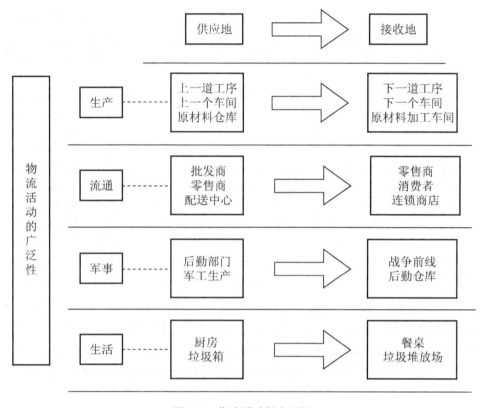

图 7.1 物流活动的广泛性

7.2 物流的模式

对不同企业而言，其产品和原材料相关的物流活动会采取不一样的运营模式。电子商务环境下，物流活动也会采取不同的运营方式。总体而言，物流的运营有以下几种主要的模式。

7.2.1 企业自营物流模式

自营物流指电子商务企业借助于自身物质条件(包括物流设施、设备和管理机构等)自行组织的物流活动。

对于电子商务企业，自营物流启动容易，配送速度快，但配送能力较弱，配送费用不易控制。若电子商务企业有很高的顾客服务需求标准，其物流成本占总成本的比例比较大，自身物流管理能力又比较强，可采用此方式。

具有以下特征的从事电子商务的企业适合依靠自身力量解决配送问题。

(1) 业务集中在企业所在城市，送货方式比较单一。由于业务范围不广，企业独立组织配送所耗费的人力不是很大，所涉及的配送设备也仅仅限于汽车以及人力而已，如果交由其他企业处理，反而浪费时间、增加配送成本。

(2) 拥有覆盖面很广的代理、分销和连锁店，而企业业务又集中在其覆盖范围内的。这样的企业一般是从传统产业转型或者依然拥有传统产业经营业务的企业，如电脑生产商、家电企业等。

(3) 对于一些规模比较大、资金比较雄厚和货物配送量巨大的企业来说，投入资金建立自己的配送系统、掌握物流配送的主动权也是一种战略选择。例如，亚马逊网站已经斥巨资建立遍布美国重要城市的配送中心，准备将主动权牢牢地掌握在自己手中。

7.2.2 借助传统流通渠道

对于已经开展传统商务的企业，可以建立基于网络的电子商务销售系统，同时也可以利用原有的物流渠道承担电子商务的物流业务。传统流通渠道在电子商务环境下依然有其不可替代的优势，首先是传统商业历史悠久，有良好的顾客基础，已经形成的品牌效应在很大程度上是配送信用的保证。其次是那些具有一定规模的连锁、加盟经营店使准确及时地在全国范围内配送成为可能。另外，由于传统渠道本身也存在商品配送的任务，如果网站把商品配送任务交给传统流通渠道解决，可以充分利用一些闲置的仓储、运输资源，相对于使用全新的系统，成本降低了。

7.2.3 物流企业联盟模式

物流企业联盟是指在物流方面通过签署合同形成优势互补、要素双向或多向流动、相互信任、共担风险和共享收益的物流伙伴关系。企业之间不完全采取导致自身利益最大化的行为，也不完全采取导致共同利益最大化的行为。一般来说，组成物流联盟的企业之间具有很强的依赖性，物流联盟的各个组成企业明确自身在整个物流联盟中的优势及担当的角色，内部的对抗和冲突减少，分工明晰，使供应商把注意力集中在提供客户指定的服务上，最终提高了企业的竞争能力和竞争效率，满足企业跨地区、全方位物流服务的要求。

7.2.4 第三方物流模式

"第三方物流"(Third Party Logistics，3PL 或 TPL)是 20 世纪 80 年代中期欧美提出的。在 1988 年美国物流管理协会的面向客户服务调查中，首次提到"第三方服务提供者"一词。第三方物流是指由物流的实际需求方(第一方)和物流的实际供给方(第二方)之外的第三方部分地或全部利用第二方的资源通过合约向第一方提供的物流服务，又称合同物流、契约物流。第三方是指提供部分或全部物流功能服务的一个外部提供者，是物流专业化和社会化的一种形式。

案例 7-1

淘宝促销考验物流运作能力

淘宝商城在 2010 年 11 月 11 日进行了促销——"116111 光棍节全场 5 折"。虽然这一天，淘宝商城总交易额达到 9.36 亿元人民币，超过了中国香港一天的零售总额(约 8.5 亿元)，但是 9 倍于平常的发货量，让第三方物流商们应接不暇，以至于"7 天内到货"的承诺被推迟，甚至要到 12 月中旬才能到货。而这种现实门店稀松平常的促销手段，将会越来越多地被引入到电子商务的营销中。但是，在目前物流服务模式下，物流服务能力以及其弹性很差，难以应付服务需求的急剧增长。所以第三方物流服务商将免不了面临一次又一次的"浪峰"冲击，频繁的"爆仓"。而果不其然，在2011年春节前后很多大大小小的物流公司高挂了"免战牌"，直接宣布"不收货"。"黄金假期"影响了多少电子商务商家的生意，伤了多少网购者的心，其教训是惨痛的。

(资料来源：罗辉林. 物流·电子商务·供应链的革命[M]. 北京：机械工业出版社，2011)

7.3 供应链管理

7.3.1 供应链的含义

7.1节中，讲到了物流内涵的不断扩展，20世纪60年代末，终于形成了较完善的对物流的认识。但是随着对物流认识的深入，发现物流活动并不是独立的，与之相关的资金、信息等活动如影随形，要想物流顺畅，需要对这些活动一起管理，于是物流的认识又进一步被扩展，供应链的思想逐渐产生并发展。2005年美国物流管理协会更名为"供应链管理专业人员协会"(Council of Supply Chain Management Professionals，CSCMP)。

小贴士

美国供应链管理专业协会简介

总部设在美国芝加哥郊区奥克布鲁克市，1963年在美国芝加哥成立，原名为美国实物配送协会，1983年更名为美国物流协会(Council of Logistics Management，CLM)，2005年1月1日更为现名。该协会是美国和世界上物流和供应链管理领域最有影响的专业组织，在15个国家有81个圆桌会议(分会)。

1. 供应链的含义

供应链是围绕核心企业，通过对信息流、物流和资金流的控制，从采购原材料开始，到中间产品及最终产品，最后由分销网络把产品送到消费者手中，将全过程涉及的供应商、制造商、分销商、零售商和最终用户连成的一个整体性功能网链结构模式。

它是一个范围更广的企业结构模式，它包含所有加盟的节点企业，从原材料的供应开始，经过链上不同企业的制造加工、组装和分销等过程直到最终用户。它不仅是一条连接供应商到用户的物料链、信息链和资金链，而且是一条增值链，物料在供应链上因加工、包装和运输等过程而增加其价值，给相关企业都带来收益。供应链结构示意图如图7.2所示。

从图7.2中可以看出，供应链由所有加盟的节点企业组成，其中一般有一个核心企业(可以是产品制造企业，也可以是大型零售企业，如美国的沃尔玛百货有限公司)，节点企业在需求信息的驱动下，通过供应链的职能分工与合作(生产、分销和零售等)，以资金流、物流或(和)服务流为媒介实现整个供应链的不断增值。

第 7 章 物流与供应链管理战略

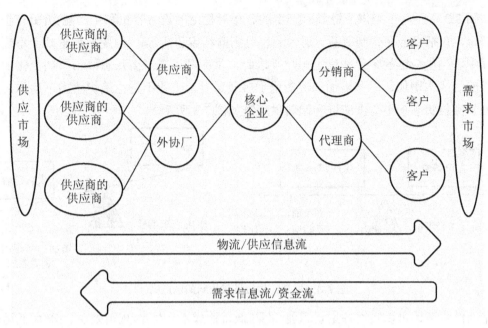

图 7.2 供应链结构示意图

1) 物流

物流是实物形态，单向流动的。物料从供方开始，沿着各个环节向需方移动。物流是供应链上显而易见的物资流动。

2) 信息流

信息流分为需求信息和供应信息，这是两个不同流向的信息流。需求信息同物料流动方向相反，当需求信息(如客户订单、生产计划和采购合同等)从需方向供方流动时，便引发物流；需求信息引发的供给信息(如入库单、完工报告单、库存记录、可供销售量和提货发运单等)与物料流动方向一致，沿着供应链从供方向需方流动。

3) 资金流

资金流是货币形态，单向流动的。物料是有价值的，各种物料在供应链上移动是一个不断增加其附加值的增长过程。物料的流动引发资金的流动。

2. 供应链的类型

根据不同的划分标准，供应链可以分为以下 4 种类型。

1) 稳定的供应链和动态的供应链

根据供应链存在的稳定性划分，可以将供应链分为稳定的供应链和动态的供应链。基于相对稳定、单一的市场需求而组成的供应链稳定性较强，而基于相对变化频繁、复杂的需求而组成的供应链动态性较高。在实际管理运作中，需要根据不断变化的需求，相应地改变供应链的组成。

2) 平衡的供应链和倾斜的供应链

根据供应链容量与用户需求的关系，可以将供应链划分为平衡的供应链和倾斜的供应链，如图 7.3 所示。一个供应链具有一定的、相对稳定的设备容量和生产能力(所有企业能力的综合，包括供应商、制造商、运输商、分销商和零售商等)，但用户需求处于不断变化的过程中。当供应链的容量能满足用户需求时，供应链处于平衡状态；当市场变化加剧，造成供应链成本增加、库存增加和浪费增加等现象时，企业不是在最优状态下运作，供应链则处于倾斜状态。平衡供应链和倾斜供应链如图 7.3 所示。

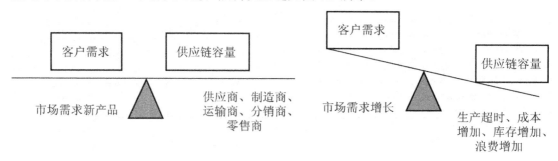

图 7.3 平衡的供应链和倾斜的供应链

平衡的供应链可以实现各主要职能(采购/低采购成本、生产/规模效益、分销/低运输成本、市场/产品多样化和财务/资金运转快)之间的均衡。

3) 有效性供应链和反应性供应链

根据供应链的功能模式(物理功能和市场调节功能)，可以将供应链划分为两种：有效性供应链(efficient supply chain)和反应性供应链(responsive supply chain)。有效性供应链主要体现供应链的物理功能，即以最低的成本将原材料转化成零部件、半成品和产品，以及在供应链中的运输等；反应性供应链主要体现供应链的市场调节功能，即把产品分配到满足用户需求的市场，对未预知的需求作出快速反应等。两种供应链的比较见表 7-1。

表 7-1 有效性供应链与反应性供应链的比较

	有效性供应链	反应性供应链
基本目标	尽可能快地对不可预测的需求作出反应，使缺货、降价、库存最小化	以最低的成本供应可预测的需求
制造的核心	配置多余的缓冲库存	保持较高的平均利用率
库存策略	部署好零部件和成品的缓冲库存	产生高收入而使整个链的库存最小化
提前期	大量投资以缩短提前期	尽可能短的提前期(在不增加成本的前提下)
供应商的标准	以速度、柔性和质量为核心	以成本和质量为核心

4) 推动式供应链和拉动式供应链

"推动"模式是传统的供应链模式，是指根据商品的库存情况，有计划地将商品推销给客户。而当前更多的是"拉动"模式，顾名思义，该供应链模式源于客户需求，客户是供应链中一切业务的源动力。两种供应链模式的流程如图 7.4 所示。

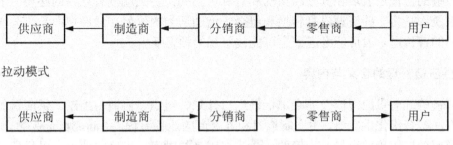

图 7.4 推动模式与拉动模式流程

推动式供应链模式的缺点是分销商和零售商处于被动地位，企业间信息沟通少、协调差、提前期长、库存量大，快速反应市场的能力弱，且会产生牛鞭效应。其优点是能够利用制造和规模效应为供应链上的企业带来规模经济的好处，还能利用库存来平衡供需之间的不平衡现象。

在拉动模式中，零售商通过 POS(销售时点信息)系统采集客户所购商品的确切信息，数据在分销仓库中经汇总分析后又传给制造商。这样，制造商就可以为下一次向分销仓库补货提前做准备，同时调整交货计划和采购计划，更新生产计划。原材料供应商也可以改变他们相应的交货计划。这种模式的缺点是生产批量小，作业更换频繁，设备的利用率不高，管理复杂，难以获得规模经济。其优点是制造部门可以根据客户需求来生产定制化的产品，可以降低库存量，缩短提前期，能更好地满足客户个性化的需求。

3. 供应链的特征

从供应链的结构模型可以看出，供应链是一个网链系统，由供应商、供应商的供应商和用户、用户的用户组成。一个实体是一个节点，节点和节点之间是一种需求与供应关系。供应链主要具有以下特征。

1) 复杂性

因为供应链节点组成的跨度(层次)不同，供应链往往由多个、多类型甚至多国企业构成，所以供应链结构模式比一般单个企业的结构模式更为复杂。

2) 动态性

供应链管理因企业战略和适应市场需求变化的需要，其中的节点企业需要动态地更新，这就使得供应链具有明显的动态性。

3) 面向用户需求

供应链的形成、存在和重构都是基于一定的市场需求而发生的。在供应链的运作过程中，用户的需求拉动是供应链中信息流、产品/服务流和资金流运作的驱动源。

4) 交叉性

对于产品而言，每种产品的供应链都由多个链条组成。对于企业而言，每个企业既可以是这个链条的成员，同时又是另一个链条的成员，众多的链条形成交叉结构，增加了供应链协调管理的难度。

5) 增值性

供应链的特征还表现在其是增值的和有利可图的，否则就没有存在的必要。所有的生产运营系统都是将一些资源进行转换和组合，增加适当的价值，然后把产品"分送"到那些在产品的各传送阶段可能考虑到也可能被忽视的顾客手中。

7.3.2 供应链管理的含义与内容

供应链管理对供应链涉及的全部活动进行计划、组织、协调与控制。供应链管理是采用系统方法整合优化供应商、生产制造商和零售商的业务流程，提高成员企业的合作效率，使商品及服务以正确的数量、正确的质量，在正确的时间、正确的地点，以最佳的成本进行生产与销售。供应链管理实质就是对于供应链整个作业流程的优化，以实现供应链有效性的管理。

供应链的有效性

供应链的有效性主要表现为以下几个方面。
(1) 降低业务成本。
(2) 提高有效库存。
(3) 减少制造费用。
(4) 提高对客户的反应速度。
(5) 满足客户的更多需求。
(6) 在短时间内可向客户提供高质量的产品。
(7) 使企业具有低成本交货的能力。
(8) 使企业具有有效洞察微小成本变化的能力。
(9) 可以链接到最重要的供应商。
(10) 使企业形成以市场为导向，以需求驱动物流的运作方式。
(11) 企业与重要的供应商进行信息共享，减少供应链成本。

1. 供应链管理的含义

计算机网络的发展进一步推动了制造业的全球化、网络化进程，虚拟制造、动态联盟等制造模式的出现，更加迫切需要新的管理模式与之相适应。传统的企业组织中的采购(物资供应)、加工制造(生产)的销售等看似是一个整体，但却缺乏系统性和整体性。因此，"供应链"的概念和传统的销售链是不同的，它已跨越了企业界限，从建立合作制造或战略伙伴关系的新思维出发，从产品生命线的"源"头开始，到产品消费市场的"汇"，从全局和整体的角度考虑产品的竞争力，使供应链从一种运作性的竞争工具上升为一种管理性的方法体系，这就是供应链管理提出的实际背景。

供应链管理是一种集成的管理思想和方法，它执行供应链中从供应商到最终用户的物流的计划和控制等职能。最早人们把供应链管理的重点放在管理库存上，作为平衡有限的生产能力和适应用户需求变化的缓冲手段，它通过各种协调手段，寻求把产品迅速、可靠地送到用户手中所需要的费用与生产、库存管理费用之间的平衡点，从而确定最佳的库存投资额，因此，其主要的工作任务是管理库存和运输。现在的供应链管理则把供应链上的各个企业作为一个不可分割的整体，使供应链上各企业分担的采购、生产、分销和销售的职能成为一个协调发展的有机体。

2. 供应链管理的基本内容

供应链管理是一种集成的管理思想和方法，是对供应链中的物流、信息流、资金流、业务流、增值流及合作伙伴关系进行计划、组织、协调和控制的一体化的管理过程。供应链管理覆盖了从供应商的供应商到客户的全部过程，它关注的焦点主要是优化分销和制造过程、加速库存和信息在整个供应链的流动及与此有关的各种运作管理和战略管理。以前人们认为供应链管理的主要过程只包括生产管理和市场营销两个方面，并把这两个方面拓展为供应、生产计划、物流和需求4个主要领域。事实上，供应链管理是通过企业之间共享库存信息和通过电子数据交换传递信息，将各个企业的市场营销、产品设计、生产物料计划和在各个企业中存在的其他活动集成起来，形成一个密切联系且增值的供应链。因此，供应链管理的内容包含了供应链上各企业的全部活动，包括渠道联盟建立、信息和通信技术支持、业务预测、联合产品设计、定价和促销、需求与供应计划、寻找货源和原料获取、制造及物流管理、战略伙伴关系管理和交通信息管理等。

7.3.3 电子商务对供应链运行的影响

现在，在许多供应链中，Internet扮演了十分重要的角色。许多公司正在用Internet处理大量供应链业务。采用电子商务的公司允许消费者在网上下订单。消费者可以在亚马逊的网站上订书，UPS(联合包裹公司)和FedEx(联邦快递公司)允许消费者在网上跟踪包裹。像Netscape和Shockwave这样的公司，通过让消费者下载电子产品，在网上履行订单。大多数涉及电子商务的公司允许普通消费者使用信用卡在网上付费，允许企业采用电子方式付费。

那么电子商务在哪些方面对供应链管理产生了影响呢？

1. 电子商务对总收入的影响

电子商务会向企业或供应链提供下列提高收入的机会。

(1) 向消费者提供直接销售。制造商在传统渠道中与客户是没有直接联系的，电子商务保证了它们可以绕过中间商直接向消费者销售，以增加总收入。中间商利润的消失可以看作是成本的降低，如戴尔公司在网上直接向消费者销售个人电脑。结果，戴尔公司的利润提高了，因为它不必同销售人员或零售商分享利润。相反，像Compaq这家通过销售人员来销售电脑的PC制造商，就必须把一部分产品利润分给销售人员，从而导致了Compaq较低的利润。而且，当Compaq决定通过Internet直接向用户销售时，还必须处理同销售人员的矛盾。

(2) 无论什么地方均提供 24 小时的服务。不同于绝大多数零售商店，电子商务可以吸引那些无法在正常工作时间购物的消费者，因为在网上随时都可以购物。在零售商店，消费者购物并同时得到商品。然而，在电子商务中，即使订单处理停止了，消费者仍可下订单。

电子商务也为企业提供接触偏远地区消费者的机会。例如，通过建立电子商务，位于芝加哥附近的一家小型特产零售店，可以为全美国甚至全世界的消费者提供服务。但如果没有电子商务，那就只有住在商店附近的人会去购买。只要消费者上网，那他必然会接触到电子商务。一个人改变住所，并不影响 Internet 的可得性。例如，不管消费者在世界任何地方，只要他能上网，他就能使用网上银行进入其银行账户。

(3) 把不同方面的信息汇集起来。电子商务通过提供大量的可供选择的产品信息为企业提高销售。例如，戴尔公司为消费者提供了大量的可供选择的计算机和配件。而在零售商店要提供如此多的选择就需要大型的场所，以及相应的巨大存货。另一个例子是雅虎购物网站，它也提供了大量的产品信息，这些信息来自与之结盟的大量零售商。消费者去雅虎购物网站可以在所有的零售商那里购买商品，这些零售商是网站的一部分。消费者喜欢去这个网站，因为考虑到有这么多零售商，他们很有可能买到自己中意的商品，零售商们通过吸引全世界的消费者来增加销售量。如果没有电子商务，这些零售商只能吸引当地的消费者。

但即使能够提供大量可供选择的商品种类，这也并不一定意味着消费者能够全部了解。一些公司经常是热衷于提供看似繁多的品种，却不向消费者提供工具来浏览网站和快速确定所要购买的商品。只有提供了有效的搜索工具，那么这种提供广泛选择的能力才是有效的。没有好的搜索工具及明智的产品分类方法，只有大量不知该如何选择的商品是没有价值的。

(4) 提供个性化的信息和订制服务。Internet 提供了电子商务，它通过利用消费者的个人信息指导其购买以增加销售量。一些电子商务利用消费者提供的生日和其他信息，向他们派发纪念品并提供购物建议。在 B2B 的环境里，企业能够建立具有消费者特色的网站，以提供消费者购买最频繁的产品信息。有效的技术保证电子商务可以利用消费者购买记录，按照每个消费者的偏好，正确地排列可供选择的商品。Internet 有潜力为每个消费者创造个性化的购物体验。这相对于实体商店而言，能够显著提高购买的几率。

致力于大量订制服务的企业可以利用 Internet 帮助消费者选择满足自己需要的物品。例如，戴尔公司允许消费者在戴尔公司的网站上，利用提供的选择订制自己的电脑，Land's End 允许顾客在购买之前，使用身体测试系统来穿衣服。

(5) 缩短产品投入市场的时间。采用电子商务的企业比采用传统渠道的企业能更快地推广新品，提高利润。通过传统渠道卖电脑的企业必须有足够多的电脑才能在每个零售点的货架上铺货，同时要安排把这些电脑送到零售点，这需要大量的时间和精力。这种在传统渠道上完成分配的滞后性不是现在才有的。而电子商务要介绍一种新产品，只要把它放到网站上就可以了。只要第一个电脑生产出来，消费者就可以马上获得新产品。在电脑行业里，其好处是显而易见的。戴尔公司经常比其他采用传统渠道的竞争者更早介绍新产品。对于像固安捷(Grainger，全球领先的设备维护、修理和运作(maintenance repair operation，

MRO)工业品分销商)这样的企业,优势也是明显的。如果是利用传统渠道,Grainger 必须打印新的价目表,并送到消费者手中,告诉他们新的产品信息。采用电子商务,只要把产品信息放到 Grainger 的网站上,消费者就能马上获得。

(6) 实行灵活的价格政策。电子商务可以通过改变与网站相连的数据库中的一项数据而方便地随时调整价格。这项功能保证了电子商务可以基于目前的库存和需求来设定价格,使收入最大化。航空公司为这项功能提供了最好的例子,它们把线路中未售出舱位的最新打折价格放到网上,还可以在暑假期间为学生提供折扣机票,甚至根据舱位剩余情况不断更新票价,以催促消费者尽快下单。戴尔公司也通常根据需要和供货能力针对不同的机型改变价格。企业通过使用电子商务改变价格比通过大多数传统渠道容易得多。如果戴尔公司采用价目表来告知产品打折信息,它们就必须把新的价目表寄到潜在消费者手中。然而,通过电子商务,它们只需要在网上更新价格即可。

(7) 提供差异化的价格和服务。电子商务有可能使价格差异化,根据个别消费者的购买力改变价格以提高收入。相对于为所有消费者提供一种价格而言,这种针对不同消费者群体给予不同服务价格的能力保证了企业能够增加收益。航空公司根据候机的时间预订机票,在同一航班中向不同的消费者收取不同的运费,以提高收入。像 eBay 这样的拍卖网站和像 Commence One 及 Ariba 这类公司建立的交易网站,允许人们对商品和服务讨价还价,其实这也是针对不同的人群收取不同的费用。其他的电子商务也向消费者提供了一系列不同价格的服务,保证了他们在相应的价格下选择最理想的服务。例如,亚马逊网站向消费者提供了多样化的书籍,每本书都附有送到时间。一些书购买后第二天就可得到,但还有一些书要等上 5 天。亚马逊网站向消费者提供了购书的灵活性,既可以 5 天收到(价格较低),也可以分两次送货(价格较高),第一次送目前现有的书籍。

(8) 便于有效资金的转移。电子商务可以通过加速筹资来提高利润。最好的例子来自美国参议员约翰·麦凯恩(John McCain)在 2008 年的美国总统竞选。当约翰·麦凯恩在新汉普郡初步获胜后的 48 小时内,他就在其网站上为竞选筹集了 100 万美元。相反,如果是接受 100 万美元的支票,将耗费这个竞选活动大量的时间和精力来应付这个集资过程。

值得注意的是,相对于传统渠道,电子商务有一个潜在劣势,就是消费者实际拿到货物的时间可能比零售店要长。试想,一家卖牛仔裤的零售店可以立即为消费者提供满意的商品,而没有终端零售店的电子商务,因为要送货,时间就会长一些。因此,有急用的用户不会到 Internet 上购物。

然而,对于可以从网上下载的商品则没有时间延误。在许多情况下,上网能提供时间优势。例如,为信托基金所制作的计划书,甚至是音乐都可以从网上下载,而这些物品的邮寄,即使是去音乐制品店一趟,都会花费较长的时间。

2. 电子商务对成本的影响

电子商务为企业或供应链提供了下列降低成本的契机。

(1) 运用更短的供应链,降低产品的处理成本。制造商利用电子商务向消费者直接销售能够降低处理成本,因为以这种方式卖产品给消费者时,会减少与产品有关的供应链环节。

(2) 推迟产品的差异化直到订单出现。如果电子商务能够推迟产品的差异化直到订单出现，那么它就能显著地降低库存。在消费者下订单和收到产品之间有一段时间，即滞后期，这为电子商务推迟产品差异化提供了机会。例如，戴尔公司仓库中放的都是零配件，直到消费者的订单出现才被装配成电脑。如果戴尔公司仓库里放的是装配好的电脑，那就比这种零配件成本要高很多。电子商务保证了戴尔公司可以降低库存成本，以及由此减少库存产品贬值的可能性。

(3) 利用可下载的产品，减少运输成本和时间。如果一个公司的产品是可下载的，那么 Internet 将节约其运输成本和时间。例如，网上 MP3 格式的音乐有可能省去运输 CD 的所有成本。同样，软件下载省去了与生产 CD、包装 CD 及把它们送到零售店的相关成本和时间。

(4) 减少设备和处理成本。电子商务通过集中所有库存和减少所需设备数量来降低设备成本。例如，亚马逊网站可以通过几个仓库来满足需要，但像 Borders(美国著名连锁书店，2011 年 2 月申请破产)和 Barnes and Noble(美国上市书店)则必须为它们所经营的零售网点承担设备成本。书店的每平方米店面成本也比仓库高。

在许多情况下，消费者是参与产品选择和订单处理的，这使得电子商务可以降低企业的资源成本。例如，当一名消费者去一个网站购物的时候，他会先尽力查询产品的可得性，然后下订单。如果同样是这名消费者打电话订货的话，因为工作人员要检查产品的可得性，这就为公司带来了额外成本。

电子商务可以降低订单处理成本，因为它不必一接到订单就处理。零售店或超市必须配备人员，当有更多的消费者购物时以便有更高的销售额。结果，商店需要在周末或人们不上班的时候配备更多的人员。在电子商务中，接收订单虽然也有波动，但如果保持对未处理订单的合理缓冲(电子商务环境下这是可以做到的)，处理订单仍可保持平稳。这样就减少了订单处理的最大量，因此，也就减少了资本需求和成本。

(5) 通过集中化降低存货成本。电子商务可以集中库存，因为它不必把库存搬到消费者旁边。由于地理上的集中，电子商务所需的库存更少。正因为消费者愿意等候送货，所以亚马逊网站把它所有的书籍和音乐制品集中到几个仓库。相反，Border 和 Barnes and Noble 则需要更多的库存，因为它们需要把相当多的库存放到零售店。对变化波动小的高需求产品来说，集中的相对利润小，但对于变化波动大的低需求产品而言，集中的相对利润高。

(6) 通过信息共享加强供应链的需求信息，以降低牛鞭效应，加强合作。Internet 也可以被用来共享供应链内的计划和预测信息，这有助于降低整个供应链成本，使供需更趋一致。如果电子商务成功地整合供应链中的各个系统，那么它的信息处理成本也会降低。

3. 电子商务潜在的成本劣势

在下列情况下电子商务的成本可能会更高。

(1) 集中库存增加了运输成本。对于任何企业，运输成本的两个方面都要考虑进货成本和出货成本。企业从供应商那里补充库存要承担进货运输成本，企业把产品送到消费者手中要承担出货运输成本。通常，补货订单会比消费者的订单大得多。因此，进货运输单位成本会比出货运输单位成本低。集中库存在增加消费者订单的运输距离的同时，降低了补货订单的运输距离。所以相对于拥有实际零售网点的企业，采用集中库存的电子商务会使整个供应链的单位运输成本比较高。

(2) 如果消费者的参与性降低，会增加处理成本。对于某些产品，如食品，电子商务相比零售店要承担更高的处理成本和运送成本。与消费者自己在食品零售店挑选所需商品不同，采用电子商务的公司因为必须按消费者的订单从仓库货架中挑选商品并送到消费者手中，所以它要承担更高的处理成本。

(3) 建立信息基础系统，需要大量的前期投入。建立电子商务需要在支持它的信息技术方面进行大量的前期投入。企业要建立电子商务，必须在网站服务器和程序技术两方面投入。如今，建立电子商务的软件发展很快，同时还有不少应用服务提供商帮助建立电子商务基础系统。电子商务对供应链成本方面的影响，见表7-2。

表7-2 电子商务对供应链成本的影响

供应链	电子商务对成本的影响
库存	降低
运输	增加(除可下载的产品)
设备	降低
信息	通过信息共享以加强合作，降低成本，处理成本低而前期投入大

案例 7-2

DELL 电脑的网上直销

戴尔公司是商用桌面 PC 市场的第二大供应商，其销售额每年以 40%的增长率递增，是该行业平均增长率的两倍。年营业收入达 100 亿美元的业绩，使它位于康柏、IBM、苹果和 NEC 之后居第 5 位。戴尔公司每天通过网络售出的电脑系统价值逾 1 200 万美元，面对骄人的业绩，总裁迈克尔·戴尔(Michael Dell)言简意赅地说，这归因于物流电子商务化的巧妙运用。

戴尔公司的日销额超过 1 200 万美元，但其销售全是通过国际互联网和企业内部网进行的。在日常的经营中戴尔公司仅保持两个星期的库存(行业的标准是超过 60 天)，存货一年周转 30 次以上。基于这些数字，戴尔公司的毛利率和资本回报率分别是 21%和 106%。戴尔公司实施电子商务化物流后取得的物流效果如下：①1998 年成品库存为零；②零部件仅有 2.5 亿美元的库存量(其盈利为 168 亿美元)；③年库存周转次数为 50 次；④库存期平均为 7 天；⑤增长速度 4 倍于市场成长速度；⑥增长速度两倍于竞争对手。

1. 戴尔公司电子商务化物流的 8 个步骤

1) 订单处理

戴尔要接收消费者的订单，消费者可以拨打 800 免费电话接通戴尔的网上商店进行网上订货，也可以通过浏览戴尔的网上商店进行初步检查，首先检查项目是否填写齐全，然后检查订单的付款条件，并按付款条件将订单进行分类。采用信用卡支付方式的订单将被优先满足，其他付款方式则需要更长时间得到付款确认，只有确认支付完款项的订单才会立即自动发出零部件的订货并转入生产数据库中，订单也才会立即转到生产部门进行下一步作业。用户订货后，可以对产品的生产过程、发货日期甚至运输公司的发货状况等进行跟踪，根据用户发出订单的数量，用户需要填写单一订单或多重订单状况查询表格，表格中各有两项数据需要填写，一项是戴尔的订单号，二是校验数据，提交后，戴尔将通过因特网将查询结果传送给用户。

2) 预生产

从接收订单到正式开始生产之前，有一段等待零部件到货的时间，这段时间称为预生产。预生产的时间因消费者所订的系统不同而不同，主要取决于供应商的仓库中是否有现成的零部件。一般地，戴尔要确定一个订货的前置时间，即需要等待零部件并且将订货送到消费者手中的时间，该前置时间在戴尔向消费者确认订货有效时会告诉消费者。订货确认一般有两种方式，即电话或电子邮件。

3) 配件准备

当订单转到生产部门时，所需的零部件清单也就自动产生，相关人员将零部件备齐传送到装配线上。

4) 配置

组装人员将装配线上传来的零部件组装成计算机，然后进入测试过程。

5) 测试

检测部门对组装好的计算机用特制的测试软件进行测试，通过测试的机器被送到包装间。

6) 装箱

测试完后的计算机被放到包装箱中，同时要将鼠标、键盘、电源线、说明书及其他文档一同装入相应的卡车运送给顾客。

7) 配送准备

一般在生产过程结束的次日完成送货准备，但大订单及需要特殊装运作业的订单可能花费的时间要长些。

8) 发运

将顾客所订货物发出，并按订单上的日期送到指定的地点。戴尔设计了几种不同的送货方式，由顾客订货时选择。一般情况下，订货将在 2～5 个工作日送到订单上的指定地点，即送货上门，同时提供免费安装和测试服务。

戴尔的物流从确认订货开始。确认订货是以收到货款为标志的，在收到用户的货款之前，物流过程并没有开始，收到货款之后需要两天的时间进行生产准备、生产、测试、包装和发运准备等。戴尔在我国的福建厦门设厂，其产品的销售物流委托国内的一家货运公司承担。由于用户分布面广，戴尔向货运公司发出的发货通知可能十分分散，但戴尔承诺在收到货款后 2～5 天送货上门，同时，在中国对某些偏远地区的用户每台计算机还加收 200～300 元的运费。

2. 电子商务化物流对戴尔公司的好处及隐患

电子商务化物流使戴尔公司既可以先拿到用户的预付款，待货运到后货运公司再结算运费(运费还要用户自己支付)，戴尔既占压着用户的流动资金，又占压着物流公司的流动资金，按单生产又没有库存风险。戴尔的竞争对手一般保持着几个月的库存，而戴尔的库存只有几天，这些因素使戴尔的年均利润率超过 50%。当然，无论什么销售方式，首先必须对用户有好处。戴尔的电子商务型直销方式对用户的价值包括以下方面：①用户的需求不管多么个性化都可以满足；②戴尔精简的生产、销售、物流过程可以省去一些中间成本，因此，戴尔的价格较低；③用户可以享受到完善的售后服务，包括物流、配送服务，以及其他售后服务。

决定戴尔直销系统成功与否的一个关键是要建立一个覆盖面较大、反应迅速、低成本的物流网络和系统。如果戴尔按照承诺将所有的订货都直接从工厂送货上门，就会带来两个问题。

1) 物流成本过高

如果用户分布的区域很广，订货量又少，则这种系统因库存降低减少的库存费用是无法弥补因送货不经济导致的运输及其他相关成本上升而增加的费用的，可能在某些重要的销售市场设立区域配送中心是必要的，这样可能会使库存成本上升，但交货期缩短。

2) 交货期过长

传统的销售渠道是消费者面对现货，在戴尔的销售方式下，用户面对的是期货。此时，消费者看重的是名牌企业，因而有可能等待，但这并不是消费者期望的事情，所以像戴尔这样依赖准确的需求预测，电话订货或网上订货，然后再组织生产和配送的模式，实际上蕴藏着较大的市场生产及物流风险，不是很容易办到的。

3. 电子商务化物流服务

如果将电子商务的物流需求仅仅理解为门到门运输、免费送货或保证所订的货物都送到的话，那就错了。因为电子商务需要的不是普通的运输和仓储服务，它需要的是物流服务。而物流与仓储运输存在比较大的差别，正是因为传统的储运服务无法全方位地为电子商务服务，才使得电子商务经营者感到物流服务不到位、太落后等。那么电子商务经营者需要的是什么服务呢？答案是，除了传统的物流服务外，电子商务还需要增值性的物流服务。

增值性的物流服务包括以下内容。

(1) 增加便利性的服务，即使人变懒的服务。一切能够简化手续、简化操作的服务都是增值性服务。简化是相对于消费者而言的，并不是说服务的内容简化了，而是指为了获取某种服务，以前需要消费者自己做的一些事情，现在由商品或服务提供商以各种方式代替消费者做了，从而使消费者获得这种服务变得简单。消费者获得服务或商品就像用傻瓜照相机一样简单，不仅简单而且更加好用，这当然增加了商品或服务的价值。在提供电子商务的物流服务时，推行一条龙门到门服务、提供完备的操作或作业提示、省力化设计或安装、代办业务、一张面孔接待客户、24小时营业、自动订货、传递信息和转账(利用EOS、EDI和EFT)、物流全过程追踪等都是对电子商务销售有用的增值性服务。

(2) 加快反应速度的服务，即使流通过程变快的服务。快速反应已经成为物流发展的动力之一。传统的观点和做法将加快反应速度变成单纯对快速运输的一种要求，而现代物流的观点认为，可以通过两条途径使过程变快，一是提高运输基础设施和设备的效率，如修建高速公路、铁路提速、制定新的交通管理办法和将汽车本身的行驶速度提高等。这是一种速度的保障，但在需求方对速度的要求越来越高的情况下它也变成了一种约束，因此，必须想其他的办法来提高速度。所以第二种办法，也是具有重大推广价值的增值性物流服务方案，应该是优化电子商务的流通渠道，以此来养活物流环节、简化物流过程、提高物流系统的快速反应性能。

(3) 降低成本的服务，即发掘第三利润源泉的服务。电子商务发展的前期，物流成本居高不下，有些企业可能会因为根本承受不了这种高成本而退出电子商务领域，或者是选择性地将电子商务的物流服务外包出去，这是很自然的事情。发展电子商务，一开始就应该寻找能够降低物流成本的物流方案。企业可以考虑的方案包括以下方面：①采用第三方物流；②电子商务经营者之间或电子商务经营者与普通商务经营者联合，采取物流共同化计划；③同时，对于具有一定的销售量的电子商务企业，可以通过采用比较适用但投资比较少的物流技术和设施设备，或推行物流管理技术，如运筹学中的管理技术、单品管理技术、条形码技术和信息技术等，提高物流的效率和效益，降低物流成本。

(4) 延伸服务，即将供应链集成在一起的服务。向上可以延伸到市场调查与预测、采购及订单处理；向下可以延伸到配送、物流咨询、物流方案的选择与规划、库存控制决策建议、货款回收与结算、教育与培训、物流系统设计与规范方案的制作等。

戴尔公司为我们提供了电子商务化物流的先河，如何实现电子商务化物流是目前企业所面临的问题，而能否提供电子商务化物流增值服务现在已成为衡量一个企业物流是否真正具有竞争力的标准。

课后阅读

电商井喷　物流业期待改革

21%和46%的两个增速，是快递业与电商业的发展现实，前者很快，后者的速度更是成倍增长。国内超过40%的电商增长规模，使得年增长超过20%的物流业相形见绌，频频"爆仓"，成为电子商务的瓶颈。中华人民共和国国家邮政局公布的数据显示，2010年中国快递业务量已进入世界第3位。

物流成本占 GDP 的比例，是国际公认的衡量一国物流业发展水平与运作效率的标准，中国物流与采购联合会数据显示，2011年上半年中国社会物流总费用占 GDP 的18%，远远高于人力成本高昂的西方发达国家的 8%~10%。中国物流成本比发达国家高出一倍左右，国内商品90%以上的时间都花费在仓储、运输、包装和配送等环节，导致物流效率低下，商品价格高企，分析认为，若该指标降低1%，相当于节约近4 000亿元。

专家认为，中国物流发展严重滞后的原因在于物流平台资源短缺，交通运输是物流体系的重要组成部分，而中国的交通运输业处于分割状态，如物流配送由商业部门管理，"快递"由邮政部门管理，铁路运输由铁道部门管理，航空货运由民航部门管理……因而将行业所有资源进行整合是取得重大突破的关键。

本 章 小 结

电子商务的迅猛发展与传统的物流实现方式的矛盾已变得越来越尖锐，物流已成为制约电子商务发展的瓶颈。通过本章的学习，学生可以了解现代物流、电子商务下物流的特点及模式、电子商务物流的解决方案、现代物流技术和电子商务条件下供应链管理等基础知识。

复习思考题

一、选择题

1. 根据供应链存在的(　　　)划分，可以将供应链分为稳定的供应链和动态的供应链。

A．稳定性
B．供应链的功能模式(物理功能和市场调节功能)
C．供应链容量与用户需求
D．供应链的动力来源
2．(   )是指导和促进电子商务发展的关键因素。
　A．企业　　　　B．社会　　　　C．政府　　　　D．消费者
3．物流的基本功能包括(   )。
　A．运输　　　　B．储存　　　　C．装卸　　　　D．搬运
　E．包装　　　　F．加工　　　　G．配送　　　　H．信息处理
4．供应链的特征包括(   )。
　A．复杂性　　　B．动态性　　　C．面向用户需求
　D．交叉性　　　E．增值性　　　F．系统性
5．节点企业以(   )为媒介实现整个供应链的不断增值。
　A．物流　　　　B．资金流　　　C．信息流　　　D．客流

二、简答题

1．物流的基本功能有哪些？
2．供应链的运作有什么特点？
3．电子商务下物流的运营模式有哪些？

三、实践题

1．以第三方物流企业为例简要介绍目前的技术应用，如 GPS、GIS、EDI、BARCODE 和 RFID 等。
2．查阅相关资料，阐述绿色物流的相关理论。

案例分析

遍布全球的便利店 7-11(seven-Eleven)，名字的来源是这家便利店在建立初期的营业时间是从早上 7 点到晚上 11 点，这家 70 多年前发源于美国的商店是全球最大的便利连锁店，在全球 20 多个国家拥有 2.1 万家左右的连锁店。

一家成功的便利店背后一定有一个高效的物流配送系统，7-11 店从一开始采用的就是在特定区域高密度集中开店的策略，在物流管理上也采用集中的物流配送方案，这一方案每年大概能为 7-11 店节约相当于商品原价 10%的费用。

7-11 店的物流管理模式先后经历了 3 个阶段 3 种方式的变革。起初，7-11 店并没有自己的配送中心，它的货物配送依靠批发商来完成。对于 7-11 店而言，批发商就相当于自己的配送中心，它所要做的就是把供应商生产的产品迅速有效地运送到 7-11 店手中。渐渐地，这种分散化的由各个批发商分别送货的方式无法再满足规模日渐扩大的 7-11 店便利店的需要，7-11 店开始和批发商及合作生产商构建统一的集约化的配送和进货系统。在这种系统

之下，7-11店改变了以往由多家批发商分别向各个便利点送货的方式，改由一家在一定区域内的特定批发商统一管理该区域内的同类供应商，然后向7-11店统一配货，这种方式称为集约化配送。集约化配送有效地降低了批发商的数量，减少了配送环节，为7-11店节省了物流费用。

配送中心的好处提醒了7-11店，何不自己建一个配送中心？与其让别人掌控自己的经脉，不如自己把自己的脉。于是共同配送中心代替了特定批发商，分别在不同的区域统一集货、统一配送。配送中心有一个电脑网络配送系统，分别与供应商及7-11店铺相连。为了保证不断货，配送中心一般会根据以往的经验保留4天左右的库存，同时，中心的电脑系统每天都会定期收到各个店铺发来的库存报告和要货报告，配送中心把这些报告集中分析，最后形成一张张向不同供应商发出的订单，由电脑网络传给供应商，而供应商则会在预定时间之内向中心派送货物。7-11店配送中心在收到所有货物后，对各个店铺所需要的货物分别打包，等待发送。

配送中心的优点还在于7-11店从批发商手上夺回了配送的主动权，7-11店能随时掌握在途商品、库存货物等数据，对财务信息和供应商的其他信息也能握于股掌之中，对于一个零售企业来说，这些数据都是至关重要的。

(资料来源：http://jp.sxpi.com.cn/jpkc/pszy/AnLi/1.html)

思考题：

1. 配送中心给7-11店带来哪些好处？
2. 对于有特殊要求(如时效、温度)的产品配送中心应如何处理？
3. 分析配送中心选址的影响因素。

第8章 商务网站规划

学习目标

1. 了解电子商务网站建设的准备工作。
2. 熟悉电子商务网站的构成。
3. 掌握电子商务网站的设计原则与步骤。
4. 掌握建设电子商务网站的一般流程。

知识结构

知识模块	知识单元	相关知识点
商务网站规划	电子商务网站建设的准备	(1) 营利组织； (2) 非营利组织
	电子商务网站的构成	(1) 前台客户服务系统； (2) 后台支持系统
	电子商务网站的设计原则与步骤	(1) 电子商务网站的设计原则； (2) 电子商务网站的设计步骤
	建设电子商务网站的一般流程	(1) 网站规划； (2) 服务器部署； (3) 域名注册； (4) 域名备案； (5) 网站推广和维护

引例

网站与品牌形象

不同的公司(组织)，即使是在同一产业(领域)内，也有不同的网站建设目标。例如，可口可乐和百事可乐两家公司，他们都是可乐行业的强势品牌，但是却有着截然不同的网站风格。可口可乐与百事可乐网站风格的比较如图8.1所示。

图 8.1　可口可乐与百事可乐网站风格的比较

两个公司都频繁地更新网站，但是可口可乐公司始终会在网站首页展示自己经典的 COKE 瓶子来传达值得信任的品牌形象，而百事可乐的首页会链接大量公司近期的市场活动。

公司往往通过网站传达想要打造的品牌形象，正如可口可乐和百事可乐，前者的网站展现了老式、经典和可信的品牌形象，后者则呈现了新起之秀的年轻与活力。

在现实社会中，企业或组织总是以各种各样的实体方式展现在世人面前，如我们看到的商场、办公大楼、工厂和仓库。随着互联网的发展，网站成为众多企业(组织)展现自己的一种新的选择。越来越多的客户和股东通过网站来了解公司(组织)，有的甚至通过网站达成交易。因此，创建一个有效的商务网站对于企业(组织)，包括那些小企业和新公司都至关重要。

8.1　电子商务网站建设的准备

当一个企业(组织)选择一种实体方式进行经营活动时，往往先要设立很多具体的目标。例如，一个新的商场必须要考虑选址是否足够方便客户，楼层数是否充裕。一个新公司必须平衡仓储和办公室空间的需求与花销。可见，企业(组织)往往通过确定很多目标而不是单一目标来完成实体设计方案。

在互联网世界里，通过网站建设，企业(组织)更加容易、更加全面地打造自身良好的形象。例如，一个企业网站可以包括产品目录、产品展示空间、人员招聘广告和客户服务等。而传统的实体方式往往不能全面实现这些需求和目标。

第 8 章　商务网站规划

一个有效的商务网站往往需要实现以下目标。①吸引网民浏览；②有足够的吸引力留住浏览者；③有潜在顾客需要的信息；④准确表达企业(组织)想要传达给外界的形象；⑤与浏览者建立信任感；⑥加强浏览者已经有好感的方面；⑦触发浏览者的第二次浏览。

下面我们通过营利组织和非营利组织的网站建设来解释以上目标。

8.1.1　营利组织

图 8.2 是梅赛德斯-奔驰的网站，网站建设十分完备。从图 8.2 中我们可以看出，网站提供了车型对比、经销商查询以及金融服务等的链接。网站的外观风格与梅赛德斯-奔驰高端品牌的形象十分相符，如图 8.2 所示。

图 8.2　奔驰的网站风格

对比来看，"Quaker Oats"(桂格麦片公司)早期的网站做得很朴实，主页中包含了大量的公司信息，共有 24 个链接。Quaker Oats 的网站主页提供了一些基本的公司信息链接，如公司的简介、招聘信息和公司的近期动向。尽管 Quaker Oats 也和梅赛德斯-奔驰一样在网站中提供了关于公司的基本信息，但是用户体验却完全不一样。

1999 年，Quaker 改变了网站的外观，在主页中加了很多产品的图片，新的网站看起来更加生动、有趣。2001 年，百事公司兼并 Quaker Oats 以后，Quaker Oats 重新设计了自己的网站，跟最早的网站比起来，现在的网站看起来界面更友好，虽然两者提供的信息几乎一样，但是风格完全不一样，目前的网站用较少的链接来提供原有的信息。改变后的"Quaker Oats"在每个页面都有"Quaker man"的标志，有效地传达了品牌价值，如图 8.3 所示。

图 8.3　桂格麦片公司网站

8.1.2 非营利组织

梅赛德斯-奔驰和 Quaker Oats 的网站是两个营利组织的典型例子，下面我们来看非营利组织的例子。非营利组织的网站建设的主要目标是让政务变得简单、便捷。浙江省工商行政管理局(以下简称工商局)的网站如图 8.4 所示。

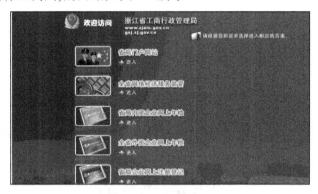

图 8.4　浙江省工商局网站

网站提供了企业年检、注册登记等服务，这给企业提供了极大的便利，足不出户就可以办理登记、年检等事项。

8.2　电子商务网站的构成

电子商务网站由前台客户服务系统和后台支持系统两大功能块组成，如图 8.5 所示。

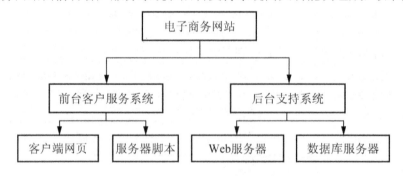

图 8.5　电子商务网站的构成

(1) 前台客户服务系统由客户端网页和服务器脚本构成，主要为客户提供信息浏览的平台。

(2) 后台支持系统由 Web 服务器和数据库服务器组成，主要为前台提供支持，即管理、维护网站并及时处理信息。

目前常用的电子商务网站从物理上的分层是基于 B/S 的 3 层体系结构，在这种体系结构下，用户只要在内部 Intranet 上建立自己的 Web 服务器，并通过 Web 服务器与数据服务器连接，大大降低软件维护开销。采用 Web 技术，只需开发和维护服务器端应用程序，而服务器上所有的应用程序都可通过 Web 服务器在客户机上执行,从而统一了用户界面。几乎各种操作系统上都有 Web 浏览器,所以 Web 的应用可以方便地实现跨平台操作。

8.3 电子商务网站的设计原则与步骤

8.3.1 电子商务网站的设计原则

电子商务网站要求简单实用、页面下载速度快、易于导航和使用、提供搜索引擎或网站地图、联系信息方便多样、设计易于更新的工具、兼容多种浏览器、无错误链接和强大的并发处理能力,要有良好的容错性能、极强的可扩展性强和安全性,有强大的后台支撑。

电子商务的设计原则有以下几个方面。

1. 明确目标和需求

必须明确设计网站的目的和用户需求,从实际出发制订设计计划。要根据用户的需求、市场的形势和企业自身运营的情况等进行综合分析,牢记以商务需求为中心进行规划设计。

2. 网站主题鲜明

在明确目标以后,要进行网站的构思创意即作出总体设计方案。对网站的整体风格和特色做出定位,规划网站的组织结构。Web 站点应针对所服务对象(机构或人)的不同而具有不同的形式。

3. 注重整体服务功能

在商品丰富的市场经济条件下,网上商店提供低价商品是一个相当重要的条件,但不是唯一取胜之道,应该注重整体的服务效果,包括充分介绍产品信息、及时送货上门、隐私政策和顾客支持等。要在每个项目的服务水平上力求达到最佳,因为在今后的网上商务竞争中,服务水平的高低至关重要。

4. 注重网页设计制作

网页设计作为一种视觉语言,要讲究编排和布局,要根据色彩对人们心理的影响,合理地加以运用。在设计中要考虑主要读者群的背景和构成;要将丰富的意义和多样的形式组织成统一的页面结构,体现内容的丰富含义;要运用对比与调和、对称与平衡、节奏与韵律以及留白等手段,通过空间、文字和图形之间的相互关系建立整体的均衡状态,产生和谐的美感。

5. 注意应用新技术

随着新技术的不断发展,将会推出更多的服务项目,给顾客带来更多的便利。电子商务网站的生存在很大程度上将依赖对新技术的应用。

> **案例 8-1**
>
> # 阿里巴巴的网站布局
>
> 就网页设计布局来说，不论从整体结构、页面的相互关系、页面分割、页面对比和页面和谐哪一个角度去分析，阿里巴巴的网页设计都是专业的，也是合理的。
>
> 以下对阿里巴巴的网页设计布局进行一个分析。
>
> 1. 从整体结构看
>
> 设计作品的整体效果是至关重要的，点击打开阿里巴巴的网站，访问者可以很快地查找到自己所要寻找的信息和内容，理由是它的每个页面都有独立的标题，并且网页标题中含有有效的关键词，每个网页还有专门设计的 META 标签，而且图形和文本层叠有序，框架结构明显。从整体上看网站上的图片不是很多，因为它知道搜索引擎读不出来图片的信息和内容。
>
> 2. 从页面的相互关系看
>
> 阿里巴巴的各组成部分在内容上的内在联系和表现形式上的相互呼应很明确，并注意到了整个页面设计风格的一致性，并且在搜索引擎搜索信息的情况下，阿里巴巴将它的主要业务放在了整个框架的最左边也就是搜索引擎最关注的地方。它抓住了搜索引擎在搜索信息的特点，实现视觉上和心理上的连贯，使整个页面设计的各个部分极为融洽。
>
> 3. 从页面分割的角度看
>
> 分割，是指将页面分成若干小块，小块之间有视觉上的不同，这样可以使观者一目了然。阿里巴巴在这方面就做得很出色。它在信息量很多时，将关键词列出来，将画面进行了有效地分割，使关注者更清楚地知道关键词的背后就是他所要的信息。所以网页设计中有效的分割可以被视为对于页面内容的一种分类归纳。
>
> 4. 从页面对比的角度看
>
> 对比就是通过矛盾和冲突，使设计更加富有生气。阿里巴巴在网页设计中无论是颜色、文本信息、文字的大小、格式等都无可非议。因为它给人的感觉很协调很舒服。
>
> 5. 从页面和谐的角度看
>
> 和谐不仅要看结构形式，而且要看作品所形成的视觉效果能否与人的视觉感受形成一种沟通，产生心灵的共鸣。这是设计能否成功的关键。打开阿里巴巴的网页一开始给人有点单一的感觉，因为它的色彩不是很鲜明，但是从整体角度看会发现它的颜色和线条的搭配让人的视觉效果和它的网页达到一种想沟通的效果，尤其是它框架两边的空白部分从美学角度可以说明两点：一是显示阿里巴巴企业的卓越，二是显示网页品味的优越感。
>
> （资料来源：http://www.hxyjw.com/yingxiao/WL/WZJS/1115242）

8.3.2 电子商务网站的设计步骤

电子商务网站建设步骤一般来说，需要经过以下几个步骤。

1. 目标规划

目标规划所要考虑的问题包括以下几个方面。

(1) 服务对象，即描述这个网站面向的对象，包括已知对象和潜在对象。
(2) 设置目的，即建站的目的。
(3) 开发目标，即要建网站的规模、功能、形式等。
(4) 应用领域，即网站所提供信息所属的应用领域范围。
(5) 规格描述，即具体网页的信息内容、信息链路设置、人机界面功能等。
(6) 实现要求，即网站建立所需的开发时间、软硬件环境等。

这些问题要在规划阶段就有一个大体的轮廓，在进一步的分析、设计和实现中逐步完善。

2. 系统分析

系统分析的内容包括以下几个方面。
(1) 对网页主题意义的分析。
(2) 对网页内容的分析。
(3) 对制作者已有资源的分析。
(4) 对网站的软硬件环境的分析。
(5) 对网页可能访问者的分析。
(6) 网站建设的合理性及可行性。

3. 系统设计

一般网页设计类似于软件开发的设计，有自顶向下、自底向上和不断增补等设计方法。主要任务是网页内容的设计，包括网页的信息组织结构、外观、内容分块、导航与链接、目录结构等的设计。系统设计是网站具体实现前的准备，对网页的实现进一步提出更具体的要求，对网页的整体效果、局部细节能有更明确的想法。

4. 实现语言

网站实现主要使用 HTML 语言，另外用到 JavaScript、图像制作和 CGI 编程等具体的技术。Web 服务器的实现用到各种基于不同操作系统的 Web 服务器软件。

5. 网页发布

这个阶段网页制作接近尾声，主要工作是把做好的网页发布到网络上(Internet 或 Intranet)，对网页进行最后的修改、测试，保证网页能在网络上正常地运行。

6. 网页调试

网页发布后将对网页进行各个方面各种情况的测试，包括网页能否在任何不同的浏览器中浏览，对于任何不同的访问者都表现正常，JavaScript、CGI 程序能否正常工作等。这个阶段称为网页的试运行期，此时应把网页的各种缺陷尽量弥补，使网页更为完善。

7. 维护与管理

这个阶段网站进入正常运行期，主要工作是及时更新网页过时的信息，及时对访问者的留言作出反馈，进一步完善网页，不断采用新的技术更新升级网页，使网页的访问更迅速，外观更美观，信息资源更丰富。

8.4 建设电子商务网站的一般流程

建设网站的一般流程是网站规划、服务器部署、域名注册、域名备案、网站推广和维护。

8.4.1 网站规划

电子商务交易的快捷方便或为企业创造无限商机，同时能更好地构建客户、经销商及合作伙伴的关系。但互联网上电子商务网站多如牛毛，如何使网站从众多类似的网站中脱颖而出，在建设电子商务网站之前必须要对整个站点进行策划。

网站规划涉及网页设计、网站性能、网站架构和页面技术等。

网页设计阶段，需要制作电子商务网站建设策划书、进行电子商务网站建设的客服需求调查与分析、选择电子商务网站的模式以及设计网页建设的合同书。

网站性能会影响站点的整体用户体验，据调查，Google 每慢 0.5 秒就会使 20%的用户放弃访问；亚马逊每慢 0.1 秒就会使 1%的用户放弃交易，因此，建立合理的网站性能标准体系能够更好地进行站点运营。网站的 4 个传统参数为延迟、吞吐量、利用率和效率。良好的网站性能的要求是页面快捷、系统伸缩自如和服务稳定可靠。优化网站性能主要是减少延迟，增加吞吐量、利用率和效率。当然，这些参数之间可以互相消长，而且会随着时间、服务内容种类以及许多其他环境而改变。

网站架构，即设定网站整体架构，规划、设计网站栏目及其内容，制订网站开发流程及顺序，以最大限度地进行高效资源分配与管理的设计。其内容有程序架构、呈现架构和信息架构 3 种表现。而步骤主要分为硬架构和软架构两步程序。硬架构主要是机房的选择、带宽的大小和服务器的划分，而软架构主要是框架的选择、逻辑的分层，通常逻辑分层自上而下可以分为表现层、应用层、领域层和持久层。

在制作网页时还必须考虑制作哪种类型的网页，因为其有各自的适用场合。

1. 静态网页

早期的网站一般都是由静态网页制作的。静态网页的内容相对稳定，容易被搜索引擎检索，能够加快页面的显示速度，适用于实时性要求不高的内容。其编辑工具主要是 Frontpage、Micromedia 网页三剑客、记事本和写字板等，以纯文本方式保存，文件扩展名为.htm 或.html。

2. 动态网页

动态网页是针对数据内容比较多，更新较频繁的客户。"动态"并不是指具有动画功能，而是指通过数据库进行架构的网站，即客户可以自己简单、方便、及时地更新网站内容，查询、修改、删除和增加网站的数据。浏览网站的人可以查询、留言等，大大增加了管理员与网站、客户与网站的"互动性"。其特点包括以下方面：①简单性，即采用小程序段的方式实现编程，而且是一种解释性语言，不需要编译就能解释执行。②动态性，可以直接对用户的输入作出响应，无须经过 Web 服务器。它对用户的响应，是以事件驱动的方式进行的。③跨平台性，依赖于浏览器本身，与服务器和客户端的操作环境无关。但不同的浏览器对它的执行在个别方面存在差别，在使用时需要注意。④局限性，程序源代码是可被访问的，不能进行网络通信。动态网页一般以常用网页编辑工具进行编辑，主要语言为 JavaScript、VBScript。

3. 活动页面

活动页面适用于实时性很强的内容，动态页面显示的信息可以实时地从数据库中提取，然后按相应的格式呈现给用户，可以更好地支持用户进行在线交流。其特点是使用常规文本编辑器，如 Windows 记事本，就可以设计活动页面。用户端只要使用常规浏览器，即可浏览活动页面所设计的页面内容。源程序代码不会传到用户的浏览器，传到浏览器的只是包含脚本执行结果的 HTML 代码，因此，可以保证源程序不会外泄。其常用语言为 ASP(active server page)、PHP(hypertext preprocessor)和 JSP(Java server pages)。

8.4.2 服务器部署

要进行电子商务活动，需根据企业的规模、网站预计的访问流量、建站的投资及以后网站运营的费用来选择建站方案。方案中需明确规划网站位置、选择操作系统、www 服务器、开发工具和数据库。

1. 规划网站位置

一个好的商务网站，不但要能够容纳大量的访问者保持正常访问，还要让访问者从 Internet 的无数网站中很容易地找到它。选择不同的商务网站安置位置，还将影响到网站所使用的域名。域名已经成为成功网站的代名词。

2. 安置站点的选择

对于确定网站的服务器，目前有下述几种解决方案。

(1) 创建自己的 Web 服务器。这种方案可以完全控制站点，使更新和维护更加容易，可以根据自己的需要，安装各种服务器软件。但自建服务器的主要缺点是花费太大，该方案适用于对信息量和网站功能要求较高的大中型企业。

(2) 使用托管服务器。随着网络资源服务市场的成熟，还可以选择服务器整机托管的方案来建立电子商务网站，即客户把属于自己的一台服务器放置在某个经营"整机托管"业务网站的数据中心的机房里，客户不用常去机房对自己的服务器进行维护，由网站机房的技术人员负责处理维护工作。这种模式的连接速度和管理灵活性不如创建自己的服务器，但花费少。用户可以随意使用自己的计算机，又能得到快速的网络连接。ISP 不负责计算机的管理，用户需要自己考虑计算机的安全和后备支持等问题。ISP 仅替用户监控计算机的正常运行，并在出现问题时提醒用户。

(3) 使用专用服务器。该模式计算机并不由用户购买，而是由 ISP 提供，并放在 ISP 机房中与他们的网络连接。ISP 为用户提供专用服务器，并承担大部分的维护工作，包括根据用户选择的操作系统，按照用户要求进行服务器的配置；提供日常服务、创建账号、进行备份操作、负责监测以及提供服务器报告等；提供 24 小时全天候的监测与管理。用户可随意使用计算机，而又不需要为安装和管理操心，只需专心进行开发和编程，但费用比托管服务器高。

(4) 使用虚拟主机。建立自己的站点需要较大的投资，所以对信息量和网站功能要求不高的中小企业也可以选择 ISP 所提供的一些比较经济的服务器解决方案。虽然一个服务器对应一个 IP 地址，但一台计算机并不只有一个 IP 地址。同时一个 IP 可以对应多个域名，所以一个服务器能容纳很多域名。附加在一个服务器上的域称为虚拟主机。虚拟主机用户将拥有自己的域名，必须与其他域用户共享一台计算机。

以上 4 种方案各有优缺点，总结起来见表 8-1。

表 8-1　服务器部署方案的优缺点比较

	优　　点	缺　　点
创建 Web 服务器	对整个服务器和站点拥有完全控制	费用高，必须购买计算机和相应软件，维护和检测难度高
托管服务器	控制整个服务器	需要管理和购买计算机，硬件和用户不在一处，难以每天维护
专用服务器	无须购买任何硬件，服务器使用随意灵活	需要管理服务器，硬件和用户不在同一处，难以每天维护
虚拟主机	价格便宜，可以获得自己的域名，无须维护服务器	许多人共享一台计算机，对服务器访问有限

3. 选择 www 服务器、开发工具和数据库、操作系统

主机位置确定后，就可以根据需求购买配置服务器。服务器有不同厂商的不同品牌，主要根据用户的业务需求、数据量和访问人数来确定。大型商业网站可以选用通用产品，如 IBM 的 Net.Commerce V3.1；一般的交互型网站可以选用运行在 Windows Server 和 IIS 上的 ASP。静态网站只要应用 HTML 就能够达到目的。如果打算在网站上使用数据库，那么选择一种合适的数据库是十分重要的。当数据量不大时，可以考虑使用微软的 Access 数据库；当数据量达到一定程度时需要安装专用数据库，如 SQL Server，MySql 等。常用的操作系统则有 UNIX 和 Windows。

8.4.3　域名注册

域名是一个企业或机构在网上的永久性电子商标，它是一种无形资产，因此，要建立电子商务网站，注册域名是一个重要的环节。用户既可以申请国际域名，也可以申请国内域名。企业可以在国际域名网、18 互联和中国万网等国际互联网中心(Internet Information

Center，InterNIC)认证的国际域名注册服务机构、中国互联网络信息中心认证的 CN 域名注册服务机构进行域名注册。域名中常用的几个名词包括以下几个。

(1) 国际域名。这种域名是互联网从诞生发展到现在为止全球用户都在使用的域名，其后缀是以 com、net、org 为主的，它的管理机构是美国。

(2) 国内域名。中国用户用得最多的域名，其后缀是以 cn 为主的，还有很多的延伸域名，如 com.cn、net.cn、org.cn 等，国内域名由中国机构管理。如果域名产生纠纷，就适合中国的法律解决，所以现在国内启用 cn 的用户越来越多，而且域名比较短，推荐用户注册使用。

(3) 通用网址。这是一种纯中文的互联网访问方式。随着浏览器的升级，越来越多地考虑了中国人的访问方式。例如，在 IE 浏览器地址栏中直接输入"京东商城"或"中央电视台"，即可直接进入以上网站。"京东商城"和"中央电视台"便是通用网址。不过通用网址对浏览器有一定的要求。

(4) 中文域名。中文域名分为国际中文域名和国内中文域名。国际中文域名的格式是 www.中文.com，就是在国际域名的后缀前面使用了中文文字注册资料；而国内中文域名就比较多了，其格式是 www.中文.cn、中文.中国、中文.公司和中文.网络等。

(5) 非主流域名。例如手机域名.mobi 等。

域名注册一般有以下步骤：①准备申请资料。com 域名目前无需提供身份证、营业执照等资料，cn 域名目前个人不允许申请注册，所以要申请则需要提供企业营业执照。②寻找域名注册商。由于.com、.cn 域名等不同后缀均属于不同注册管理机构所管理，如要注册不同后缀域名则需要从注册管理机构寻找经过其授权的顶级域名注册服务机构。例如，com 域名的管理机构为 ICANN，cn 域名的管理机构为 CNNIC。若注册商已经通过 ICANN、CNNIC 双重认证，则无需分别到其他注册服务机构申请域名。③查询域名。在注册商网站点击查询域名，选择您要注册的域名，并点击注册。④正式申请。查到想要注册的域名，并且确认域名为可申请的状态后，提交注册，并缴纳年费。⑤申请成功。正式申请成功后，即可开始进入 DNS(domain name system，域名系统)解析管理、设置解析记录等操作，并开通网站。

8.4.4 域名备案

域名备案就是针对有网站的域名，到国家信息产业部(2008 年更名为工业和信息化部)提交网站的相关信息。备案是指向主管机关报告事由存案以备查考。域名备案的目的就是为了防止在网上从事非法的网站经营活动，打击不良互联网信息的传播，如果网站不备案的话，很有可能被查处以后关停。根据中华人民共和国信息产业部第十二次部务会议审议通过的《非经营性互联网信息服务备案管理办法》(2005 年 3 月 20 日起施行)精神，在中华人民共和国境内提供非经营性互联网信息服务，应当办理备案。未经备案，不得在中华人民共和国境内从事非经营性互联网信息服务。ICP/IP 地址/域名信息备案管理系统如图 8.6 所示。

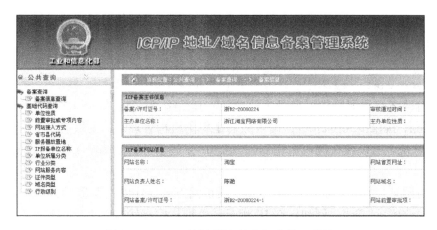

图 8.6 ICP/IP 地址/域名信息备案管理系统

8.4.5 网站推广和维护

案例 8-2

百度搜索引擎网络推广

百度火爆地带是一种针对特定关键词的网络推广方式，按时间段固定付费，出现在百度网页搜索结果第一页的右侧，不同位置价格不同。企业购买了火爆地带关键词后，就会被主动查找这些关键词的用户找到，给企业带来更多的商业机会。

百度火爆地带的表现形式是出现在网页搜索结果第一页的右侧区域内，点击后可直接进入企业所指定的网站，显示结果与搜索关键词绑定，搜索某个关键词，即会出现与之相对应的文字链，如果搜索关键词不是企业所购买的关键词，在搜索结果中也没有相对应的百度火爆地带文字链接。每个关键词的百度火爆地带位置均为10个，百度火爆地带显示的内容包括网页标题、网页描述及客户指向的网页地址。网页标题不超过12字，网页描述不超过30字；如果文字中包含所绑定的关键词，则显示时关键词会用红色突出。

百度火爆地带的付费方式是以年为购买和发布单位，实行先付先得的原则。如果两个企业都订购了同一个关键词的同一位置，先付款的企业可得到该位置。每个位置，一次最长购买时间为1年，百度和代理商均不接受超过1年的购买需求。老客户在已购买位置到期前3个月(含)以内有优先续约权，且最长续费时间为已购位置到期后1年，如果老客户在已购词位到期前1个月(含)以内还没进行续约，则所有客户均可以预订该位置。

(资料来源：http://e.baidu.com/product)

酒香也怕巷子深，再好的网站也需要推广。网站推广是一项系统工程，是指采取一定的策略，尽可能多地让用户了解并访问你的网站，通过网站获得有关产品和服务的信息。简单来说，网站要最大限度发挥其效用，只有为人所知和吸引大的访问量，网民常说的点击率，其实就是网站推广程度的一个度量。网站推广的方式是多种多样的，一切广告手段都可用于网站推广。网站推广一般有以下几种方式。

(1) 搜索引擎推广。在各大搜索引擎上注册，让客户可以通过搜索引擎找到网站。

(2) 传统媒体推广。在传统的广告媒体中对网站的内容、网站的地址、产品的性能以及可以提供的便捷服务进行宣传，扩大网站的影响。

(3) 软广告推广。在访客量较大的 BBS、论坛、QQ 群和微博上发布广告信息或开展与企业相关问题的讨论，进一步扩大网站的影响。

(4) 电子邮件推广。通过电子邮件将网站的信息发送给客户和消费者。

(5) 交换链接。通过与其他类似网站的合作，建立友情链接，交换链接。

(6) 分类目录，又称为行业推广，是将自己网站的有关信息发布到其他网站的分类目录里面，这种网站一般为门户网站，访问量大，而且访问者目标明确。

网站的推广要素包括以下几个方面。

(1) 向谁推广，即推广目标，只有根据市场需求，根据网站的内容，明确网站的推广目标，才能做到有的放矢。

(2) 推广什么。综合性电子商务网站，犹如百货商场，商品众多，琳琅满目，但我们要根据推广的目标，将受众喜好、急需、新颖、功能独特和本地稀缺的商品进行重点推广。

(3) 如何推广，即采用什么形式推广，选择合适的推广方式，才能取得预期的效果。一般来说，各种推广方式要综合使用。

(4) 在哪里推广。选择了合适的推广方式，接下来就要确定在哪里推广的问题。例如，传统媒体有广播、电视和报纸等，用哪种媒体进行推广，哪种媒体更适合自己的网站推广，哪种媒体能达到理想的效果，这是每个网站推广者必须作出的选择。

(5) 什么时候推广。大商场的促销活动一般选择在重大节假日期间，网站的推广也要根据网站的内容和受众群体选择适当的时机。选择合适的时候、以合适的方式、向合适的群体，推广他们需要的东西，这才是网站推广者的理想境界。

网站建成之后，在运营过程中需要定期更新网站的信息，逐步完善网站的功能。例如，不断进行技术升级，保持设备良好状态；必要时及时对服务器进行扩展；网站页面设计经常更新，对风格进行修改或强化，增加新的营销创意；完善功能，不断优化；注意网站安全管理，对网站性能进行监测等。

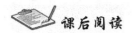

网站建设的相关技巧

在建设电子商务网站时，首先要明确网站的风格。电子商务网站的风格，是指站点的整体形象给浏览者的综合感受，是这个站点的与众不同之处，它是一个抽象的概念，主要体现在站点的企业标志(标志、色彩、字体和标语)、版面布局、浏览方式、交互性、文字、语气、内容价值、存在意义和站点荣誉等诸多因素。例如，我们觉得网易是平易近人的，迪斯尼是生动活泼的，IBM 是专业严肃的，奔驰是高端尊贵的。这些都是网站给人们留下的不同感受。

如何树立电子商务网站的风格呢？要从色调、简繁(简洁与花哨的尺度)、字体的使用及站内风格的统一等方面入手。

1. 关于色彩的运用

色彩为主题内容服务,一个网站有且只有一种主色调,色彩会对浏览者产生一定的心理效应。色调要符合网站的内容,有独特的创意,最好是一个色系(企业、事业单位的网站一般采用蓝色,政府网站在重大节日期间改版为红色,食品、农业类网站一般为绿色,科幻、游戏类一般为黑色,女性、儿童类一般为粉色)。除了主色调,一个网站的颜色不宜超过5种。

2. 关于图片的运用

图片是网页中必不可少的元素,但图片不宜太多,以免拖慢速度。图片必须画龙点睛,增加网站的吸引力。标志和导航条在所有的链接网页中被运用,既加快下载速度,又增强网站的整体感。

3. 网站内容遵循的原则

内容一般遵循相关性(以主题为主线展开内容设计)、真实性(对内容的把关)、动态性(随时进行更新和修改)、准确性(尤其是报价、库存等交易数据)和图像替代(适当以图像替代文本)等原则。

本 章 小 结

随着互联网的发展,网站成为众多企业(组织)展现自己的一种新的选择。越来越多的客户和股东通过网站来了解公司(组织),有的甚至通过网站达成交易。因此,创建一个有效的商务网站对于企业(组织),包括那些小企业和新公司都至关重要。通过本章的学习,可以了解电子商务网站的构成、电子商务网站的设计原则与步骤及建设电子商务网站的一般流程等基础知识。

复习思考题

一、选择题

1. 电子商务网站的设计原则包括(　　)。
   A. 明确目标和需求　　　　　　B. 网站主题鲜明
   C. 注重整体服务功能　　　　　D. 注意应用新技术
2. 电子商务网站的设计步骤包括(　　)。
   A. 目标规划　　B. 系统分析　　C. 系统设计　　D. 维护管理
3. 网页的类型包括(　　)。
   A. 动态网页　　B. 静态网页　　C. Flash网页　　D. 活动页面
4. 域名注册的步骤有(　　)。
   A. 准备申请资料　　　　　　B. 寻找域名注册商
   C. 查询域名　　　　　　　　D. 正式申请　　　　E. 申请成功
5. 网站推广的方式包括(　　)。
   A. 搜索引擎推广　　　　　　B. 传统媒体推广　　C. 软广告推广
   D. 电子邮件推广　　　　　　E. 微博推广

二、简答题

1. 简述建设电子商务网站的一般流程。
2. 简述营利组织和非营利组织电子商务网站的区别。

三、实践题

1. 分析一家非营利组织的电子商务网站的构成。
2. 分析红孩子购物网的规划特点。

案例分析

当当网(www.dangdang.com)是全球最大的综合性中文网上购物商城,由国内著名出版机构科文公司、美国老虎基金、美国 IDG 集团、卢森堡剑桥集团和亚洲创业投资基金(原名软银中国创业基金)共同投资成立。

1999 年 11 月,当当网正式开通。当当网在线销售的商品包括图书音像、美妆、家居、母婴、服装和 3C 数码等几十个大类,超过 100 万种商品,在库图书近 60 万种,百货近 50 万种。当当网的注册用户遍及全国 32 个省、市、自治区和直辖市,每天有上万人在当当网浏览、购物。

当当网于美国时间 2010 年 12 月 8 日在纽约证券交易所正式挂牌上市,成为中国第一家完全基于线上业务、在美国上市的 B2C 网上商城。自路演阶段,当当网就以广阔的发展前景而受到大批基金和股票投资人的追捧,上市当天股价即上涨 86%,并以 103 倍的高 PE (price to earning ratio,市盈率)和 31 300 万美金的 IPO(initial public offerings,首次公开募股)融资额,连创中国公司境外上市市盈率和亚太区 2010 年高科技公司融资额度两项历史新高。

思考题:

1. 概览当当网上书店,请说明该电子商务网站的经营范围及其目标。
2. 画出当当网的购物流程图。
3. 分析当当网在内容设计上的特色。

第 9 章 网 络 支 付

学习目标

1. 学习网络支付的基本组成要素和流程。
2. 掌握网络支付的方式。
3. 了解网上银行的基本技术原理。
4. 掌握第三方支付与移动支付。

知识结构

知识模块	知识单元	相关知识点
网络支付	网络支付的基础	(1) 网络支付的要素； (2) 网络支付的基本流程； (3) 支付网关、CA 认证中心的概念
	网络支付的方式	(1) 银行卡组织； (2) 银行卡支付模式； (3) 电子钱包； (4) 电子现金； (5) 电子支票； (6) 网上银行
	第三方支付与移动支付	(1) 第三方支付； (2) 移动支付

引例

1991 年，一位名为马克斯·莱文奇恩(Max Levchin)的年轻人从乌克兰移民到美国芝加哥，因为他从小在苏维埃警察局长大，所以他对密码技术非常的痴迷，他相信密码技术非常重要并且实用。为此，他在读大学时选择了计算机科学专业，还同时参加了学校里名为超级计算机中心的社团，一直钻研阅读和破译密码。1998 年，马克斯·莱文奇恩从 Illinois(伊利诺伊州)大学毕业后直接去了加利福尼亚州的帕罗奥图工作，这是当时美国计算机产业的心脏。尽管当时他最终的传输加密计划还没有形成，但是他一直尝试利用自己的知识和技术创业。

第9章 网络支付

> 马克斯·莱文奇恩的公司最终于1998年成立，公司名为"PayPal"，提供互联网上货币交换的服务。PayPal一度成为eBay上最受欢迎的支付系统。PayPal另外一个用途是人们可以通过E-mail进行支付和收款。
>
>
>
> PayPal向企业用户收取的费用非常低，而这个平台向个人用户提供免费服务，所以公司开始的利润率非常低。但是，平台用户数量的快速增长养活了公司。安全对于网上支付系统非常重要，任何一次攻击都可能让公司破产，因此，马克斯·莱文奇恩编写了监控交易的安全软件以确保用户交易安全。
>
> PayPal正是因为系统本身比竞争对手更安全，才受到如此多的用户的欢迎。
>
> PayPal的大部分业务来自eBay的拍卖，eBay曾经花3年的时间打造自己的支付系统，但是都无法完全替换PayPal。2002年10月，eBay放弃了研发，同时用14亿美元收购了PayPal。至今，这个支付系统仍然用PayPal的名字提供网络支付服务。

电子商务网站要具备的一个非常重要的功能就是网络支付，而大多数电子商务中的货物或服务都需要利用电子手段支付。例如，很多公司通过电子资金转账或者电子数据交换等手段进行支付。接下来，本章将详细介绍更多的网络支付手段。

9.1 网络支付的基础

网络支付技术从出现以来，一直在不断改善，越来越多的网络支付企业参与到这个市场的争夺当中。不管是何种方式，网络支付的成本都要比传统支付低得多，它给客户带来更多的便利，同时也降低了公司的成本。传统的邮寄账单方式人均费用估计为7～10元，而通过网络邮寄账单、收回客户付款能将费用平均降低4元。可想而知，如果所有的交易都采用网络支付，那公司将节省很大一部分开支。例如，一个位于大城市中心的通信运营商，拥有500万客户，公司每个月都寄给每个客户一份账单。如果这些账单通过网络投递，那么这个通信运营商一年将节省3 000万元的开支。同时，这对环保来说也有非常重要的意义。6 000万份的账单约需77万公斤的纸，制造这些纸需要砍掉2 200棵树，并且，在纸的生产过程中还有很多其他的能源消耗和环境污染。

网络支付的要素包括付款人、收款人、银行或其他金融机构以及认证管理部门，因此，网络支付体系可以说是融购物、支付、结算、认证以及金融体系为一体的综合体系。付款人和收款人分别指网上开展商务活动的双方。付款人开户行指付款人拥有资金账户的银行，简单说就是付款行；收款人开户行指收款人开设资金账户的银行，是资金流的目的地，简称为收单行；CA认证中心指网上商务活动的第三方公证机构，向收款人和付款人发放数字证书来证明交易双方的身份合法性。网络支付的基本组成要素如图9.1所示。

因为目前的电子商务网络支付基本是基于Internet公共网络平台，所以可以进一步细化网络支付流程。网络支付的基本流程如图9.2所示。

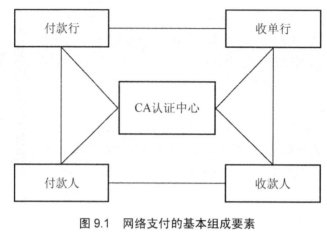

图 9.1 网络支付的基本组成要素

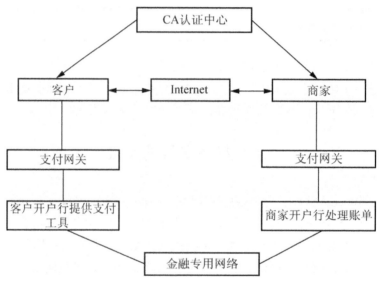

图 9.2 网络支付的基本流程

网络支付的基本流程为客户、商家在经过 CA 认证中心发放身份验证之后，在互联网上进行商务活动，在客户决定购买后，提交付款申请，互联网的信息数据经过支付网关的转换后，进入金融专用网络，客户开户行与商家开户行通过金融专用网络完成资金的流动，并把付款成功的信息通过支付网关的转换，体现在互联网公共平台上，并告知商家。

在这里，我们重点解释以下 3 个概念。

(1) 支付网关。它是 Internet 公用网络平台和银行内部的金融专用网络平台之间的安全接口，网络支付的电子信息必须通过支付网关进行处理后才能进入安全的银行内部支付结算系统，进而完成安全支付的授权和获取。因此，支付网关关系着网络支付结算的安全和银行自身的安全。一般由商家以外的第三方银行或委托的信用卡发行机构来建设。

(2) CA 认证中心。类似传统商务中的工商局，是一个第三方公证机构。主要负责发放和维护数字证书，以确认各方的真实身份，也发放公共密钥、数字签名等保证电子商务支付结算的安全有序。

(3) 金融专用网络。银行内部及银行间的通信专用网络，它不对外开放，因此，具有很高的安全性。

9.2 网络支付的方式

9.2.1 银行卡组织

银行卡是指由银行发行、供客户办理存取款业务的新型服务工具的总称。银行卡有很多种分类方式，按照功能分类，银行卡可以划分为借记卡和贷记卡。前者是储蓄卡，后者是信用卡。

借记卡可以在网络或者POS机消费或者通过ATM转账和提款。借记卡在使用时一般需要密码。借记卡按等级可分为普通卡、金卡和白金卡，按适用范围可以分为国内卡和国际卡。

贷记卡是发卡银行给予持卡人一定的信用额度，持卡人可在信用额度内先消费、后还款的信用卡。它的特点是先消费后还款，享有免息缴款期，最长期限可达56天，并设有最低还款额，客户出现透支可自主分期还款。客户需要向申请的银行交付一定数量的年费，各银行收取的年费比例不同。

据目前全球个人网上消费的支付情况调查，59%是信用卡支付，而只有11%是储蓄卡支付，其余的支付方式有ATM转账、货到付款和邮局汇款等其他支付方式。信用卡是目前Internet上最主用的银行卡支付方式。

信用卡起源于美国。目前世界上最大的信用卡组织是维萨及万事达卡两大国际信用卡组织，其次是美国大莱信用卡公司、美国运通国际股份有限公司和日本JCB信用卡公司。在世界各地区还有一些地区性的信用卡组织，如欧洲的EuroPay、中国的银联等。

1. 维萨国际组织

维萨国际组织(VISA International)是目前世界上最大的发行信用卡、旅游支票的组织，其前身是美洲银行的信用卡公司。1974年美洲银行与西方国家的一些商业银行合作，成立了国际信用卡公司，在信用卡上以蓝、白、金3色横条为主要标志。维萨国际组织拥有VISA、Electron、Interlink、Plus以及Visa Cash等品牌商标，该组织目前约有两万多个会员，总部设在美国洛杉矶市。目前维萨国际组织是世界上最大的信用卡集团，无论是信用卡的数量还是交易额都居世界前列。持有维萨卡的人几乎可以在全球任何一个国家或地区划卡消费。我国的中国银行、中国工商银行(以下简称工商银行)、中国建设银行(以下简称建设银行)和中国农业银行(以下简称农业银行)都已加入了该组织。

2. 万事达卡国际组织

万事达卡国际组织(MasterCard International)是世界上第二大的信用卡国际组织，其前身是美国加利福尼亚州一些发行自己银行卡的银行成立的地区银行卡协会，后发展为国际组织。其主要标识为MasterCard。万事达卡国际组织拥有Mastercard、Masetro、Modex和

Cirrus 等品牌商标，该组织目前会员约有两万个，总部设在美国纽约。万事达卡国际组织也是一个全球性的支付公司，在全球都有办事处。我国的中国银行、工商银行、建设银行和农业银行也都已加入了该组织。

3. 大莱信用卡公司

大莱信用卡公司，其前身是"大莱俱乐部"(Diners Club)，是由美国商人麦克纳马拉(McNamara)与施奈德(Schneider)投资成立。以后公司的经营逐渐扩展到全球，更名为大莱国际信用卡公司，1982 年被美国花旗银行控股收购。公司的总部设在美国芝加哥。

4. 美国运通公司

美国运通公司(America Express)是目前美国最大的跨国财政机构，该公司的业务主要包括旅游服务、国际银行业务、投资业务、信托财务咨询和 e 险服务 5 个方面。

5. 日本 JCB 信用卡公司

JCB(Japan Credit Bureau)公司是日本最大的信用卡公司，也是全球五大信用卡公司之一。主要以本国信用卡业务为主，现已发展到海外。

9.2.2 银行卡支付模式

当前最常用的银行卡支付模式为基于 SET(secure electronic transaction)协议的信用卡支付模式。SET 协议模式，是在开放的 Internet 上实现安全电子交易的一个国际协议和标准，它是为使银行卡在 Internet 上安全地进行交易而提出的一套完整的方案。此方案包括通信协议在内，主要采用数字证书方式、私有和公开密钥加密法、数字签名、数字信封等方式对网上支付中涉及的客户、商家和银行进行身份确认，保证网上支付的安全。

1. SET 标准的内容

SET 标准主要包括以下内容。
(1) 加密算法。
(2) 证书信息及格式。
(3) 购买信息及格式。
(4) 认可信息及格式。
(5) 划账信息及格式。
(6) 实体之间消息的传输协议。

2. 基于 SET 协议的支付流程

基于 SET 协议的支付流程与实际购物流程非常接近，首先客户在信用卡发卡行申领信用卡，然后客户在商家的 Web 主页选购商品，并填写订单，选择信用卡支付方式，将订单及要求付款的支付指令在网上发送给银行。客户对订单和支付指令进行数字签名，同时利用双重签名技术保证商家看不到支付指令(即信用卡账号及密码等)。商家收到订单后，向发卡行请求支付授权。发卡行审核确认后向商家返回确认信息，商家在接收到银行发来的支付确认信息后，发送订单确认信息给客户并发货给客户。银行按照支付请求将货款由客户的账户转移到商家的账户，支付流程结束。

3. SET 协议的安全措施

SET 协议的安全措施包括以下几个方面。

(1) 加密技术。同时使用私有密钥与公开密钥加密法。

(2) 数字签名技术。即附加在数据单元上的一些数据，或是对数据单元所作的密码变换。

(3) 数字证书。电子交易过程中，利用电子信息技术手段，确认、鉴定和认证 Internet 上信息交流参与者身份的特殊的数字信息文档，是由社会上公认的第三方权威机构认证中心颁发的。

(4) 电子信封。它是信息传输过程中，采用公开密钥加密法，利用接收方的公开密钥，对加密信息原文的私有密钥进行加密，然后再定向传送，就好比用一个安全的信封把私有密钥封装起来，因此，称为数字信封。

(5) 双重签名。信息发送方对发给不同接收方的两条报文信息分别进行 Hash(散列)运算，得到各自的数字摘要，然后将这两条数字摘要连接起来，再进行 Hash 运算，生成新的数字摘要，即双重数字摘要，最后利用发送方的私有密钥对双重数字摘要进行加密实现数字签名。

9.2.3 电子钱包

电子钱包(electronic wallet)，是用来存储客户的电子货币和交易信息的计算机软件。如同生活中的钱包一样，能够存放客户的电子零钱、电子现金和信用卡等，并可对个人资料进行管理，主要用于小额支付。电子钱包是顾客在电子商务购物活动中常用的一种支付工具，是在小额购物或购买小商品时常用的新式钱包。使用电子钱包购物，通常需要在电子钱包服务系统中进行。电子商务活动中的电子钱包的软件通常都是免费提供的，可以直接使用与自己银行账号相连接的电子商务系统服务器上的电子钱包软件，也可以从 Internet 上调出来，采用各种保密方式利用 Internet 上的电子钱包软件。

目前世界上有 Visa cash 和 Mondex 两大电子钱包服务系统。其他电子钱包服务有 MasterCard cash、Europay 的 Clip 和比利时的 Proton 等。

9.2.4 电子现金

电子现金(E-cash)，又称为数字现金，是一种以电子数据形式流通的、能被客户和商家普遍接受的，在网上购物消费过程中使用的电子货币。这种电子货币是以一系列的加密序列数的形式表示现实中各种金额的币值。可以说，电子现金是传统现金的电子化，它的使用和传统现金有许多相似之处，如需要经过兑换、流通的过程。对于客户电子现金应具有匿名性，对于金融机构电子现金只能使用一次，不能被非法使用和伪造等。电子现金主要是用于小额支付结算。

电子现金在使用过程中主要有两种表现形式：一种是预付卡形式，即以有形的卡片(如 IC 卡)作为电子现金的存储介质，用户将取得的电子现金存储在 IC 卡中，在使用时自动读取相应金额信息进行支付，典型的预付卡形式的电子现金是手机 SIM 卡、电话 IC 卡等，目前高速公路 ETC(electronic toll collection,电子不停车收费系统)速通卡也视为电子现金的一种，并且 ETC 系统 IC 卡与银行磁条卡呈双卡合一的趋势，更加强了其电子支付的功能；另一种是纯电子系统形式的，这种形式的电子现金没有明确的物理形式，以用户数字号码形式存在，适用于买卖双方物理上处于不同地点并通过网络进行电子支付的情况，主要表现为电子现金直接在网上流通使用。

 案例 9-1

电子现金的开拓者

电子现金的实质是代表价值的数字。国际著名密码学家大卫·乔姆(David Chaum)1990 年创立的 DigiCash 公司，是这一领域的开拓者和典型代表。DigiCash 公司位于阿姆斯特丹，1994 年 5 月开发了 E-cash 网上支付体系。

E-cash 是通过第三方支付公司 DigiCash，以真正数字化货币的形式进行买卖双方的交易的。使用 E-cash 的用户需要在发行 E-cash 的银行里开设一个虚拟账号，并下载一个"电子钱包"软件以管理这些 E-cash。

E-cash 的交易与支付包括电子钱包充值、客户购物、进行支付和电子现金。在本电子现金得到确认后开出发票，然后发送货物，客户确认货物，交易完成。E-cash 的主要目标是"交易绝对不可追踪"，这基于 Chaum 发明的打包加密方法。所以这种支付方式的最大特点是交易的"匿名性"，而 E-cash 的最大缺点是，需要一个中心数据库来记录使用过的电子现金序列号。如果 E-cash 得以普及，数据库的规模将变得十分庞大，目前的计算机技术难以进行管理，这成为限制 E-cash 推广的重要障碍。

DigiCash 系统是比较成功的数基系统之一，经过多年的努力，DigiCash 寻找到了 6 家接受 E-cash 电子现金的银行。

(资料来源：周虹. 电子支付与网络银行[M]. 北京：中国人民大学出版社，2011)

9.2.5 电子支票

支票是由单位和个人签发的、委托办理支票存款业务的银行，在见票时无条件支付确定的金额给收款人或持票人的银行票据。其支付过程一般为客户先从其开户行申领支票本，当进行采购时，按照支票填写规定填写支票项目，如支票用途、金额和收款单位等，将支票交给商家进行支付。商家获得支票后到银行申请兑付，银行审核确认后将资金从客户的账户上转移至商家账户，支付结算结束。支票是纸质的，在流通过程中存在费时费力、安全性差、使用区域受局限和支付成本较高等不足。电子支票则是利用金融网络，将纸质支票转变成电子形式，在网络中进行支付结算。电子支票(E-check)，就是将传统支票的全部内容电子化和数字化，形成标准格式的电子版，借助计算机网络完成其在客户之间、银行与客户之间以及银行与银行之间的传递与处理，从而实现银行客户间的资金支付结算。电子支票的优点是节省时间，减少纸张传递的费用，安全、方便、灵活性强。目前电子支票系统是专用网络系统，国际金融机构通过自己的专用网络、设备、软件及完整的用户识别、标准报文和数据堆等规范化协议完成数据传输。

电子支票一般由客户计算机内的专用支票软件结合电子支票簿生成，也可以由银行端专门软件生成特殊的电子支票文件，传递给客户进行数字签名后，形成电子支票。电子支票一般包括支付数据(支付人、支付金额和支付起因等)、支票数据(出票人、收款人、付款人和出票日期等)、客户的数字签名以及数字证书、改选银行证书等内容。电子支票与纸质支票工作方式大致相同，其支付流程如下。

(1) 客户借助网络访问商家的服务器，挑选商品，填写订单，选择电子支票支付。

(2) 客户利用自己的私有密钥对填写的电子支票进行数字签名后，向商家发出电子支票。

(3) 商家收到电子支票后通过 CA 认证中心及其开户银行对客户电子支票的有效性进行认证。

(4) 如果收到的电子支票是有效的，商家接受客户的该项业务，发出确认消息。

(5) 商家在规定期限内将电子支票发送给开户行，请求兑付。

(6) 商家开户行把电子支票发送给资金清算系统，兑换资金进行清算。

(7) 资金清算系统把兑换的资金发送给商家的开户行。

(8) 商家开户行向商家发出收款通知，客户的开户银行则向客户发送付款通知。

9.2.6 网上银行

随着时代的进步与经济的发展，整个社会的经济活动包括政府部门、企业与普通个人越来越依赖银行的参与，一个国家、一个地区和一个城市市场经济的活跃也直接体现在其金融上，特别是银行业的活跃和支持。银行也清楚地意识到，电子商务的飞速发展给金融机构带来了前所未有的机遇和挑战。电子商务的活动空间是虚拟的，产品表现形式也是虚拟的、无形的，在电子商务环境下，电子商务的全球化使地域和范围的概念不再存在，凡是利用计算机通过互联网所进行的与 IT 资源有关的商务活动都是电子商务。因此，不管厂商和消费者距离多远，厂商都能与消费者进行网上实时沟通，及时掌握每个消费者的需求，厂商可对消费者的需求作出快速反应，实现量体裁衣，开发出满足消费者需求的个性化产品。银行作为金融产品的提供者必须推出大量满足个性化需求的网上支付产品和金融信息增值服务的产品，同时该产品还要有更加方便、快捷、适应用户网上接受的金融服务方式，这就需要传统银行在网上建立一种全新的、虚拟的和数字化的营业模式，即网上银行模式。网上银行是指商业银行通过互联网为客户提供的全方位金融产品和金融服务的新的经营方式。具体说，它是以商业银行的计算机系统及软件为服务工具，以银行内联网和国际互联网为传输媒介，以单位或个人计算机为入网操作终端的"三位一体"的新型银行业务服务模式。作为客户，无论何时，或身在何处，只要轻点鼠标，就可通过计算机进入网上银行，网上银行是银行互联网向客户提供金融产品和金融服务的虚拟柜台。通过网上银行，银行向用户提供不受时空限制和个性化、全方位的服务。网上银行是金融电子化、网络化的产物，是银行发展的高级形式。它主要以信息技术、通信技术和网络技术为依托，通过 Internet 向用户提供在任何时间、任何地点、以任何方式都可获得的金融服务。

不同的银行根据自身的情况与业务需求，在建立网上银行的过程中采用了不同的模式或策略，就目前的网上银行的发展模式可以划分为两种，一种是基本网上银行模式，另一种是以传统银行为基础拓展网上业务的网上银行发展模式。

1. 以传统银行为基础拓展网上业务的网上银行发展模式

传统银行经过几百年的发展已经形成了一个完整的体系，传统银行通过宽敞舒适的营业场所、密度较高的营业网点、众多的服务人员和面对面的服务，形成了相对稳定的市场，在经营中形成了品牌实力。银行在经济活动中占有举足轻重的作用，随着 Internet 的普及应用，商业银行认识到网上市场的重要及网上维护原有市场的优势，纷纷在原有传统银行服务形式基础上开展网上银行服务。在这种情况下，网上银行通常是作为原有银行业务的补充，依托原有银行的经营优势，同时也利用网上银行的经营优势，如市场范围大、受众对象多、信息传播速度快和经营成本低的优势，作为稳定老顾客、发展新顾客的手段，优势互补。对于一些历史悠久的规模大的银行，主要采用这种模式。例如，我国的工商银行、中国银行和建设银行等都采用这种模式。这种模式主要的特点是将传统银行中经营优势与网络经营优势相互补充。另外，在银行业中还有一部分经营实力略逊一筹的社区银行(城市商业银行)，这些银行历史不是很悠久，经营实力也不能与传统大银行相比，主要是服务于城市区域内居民的，这部分银行也开展网上银行服务，主要是通过建立网上银行防止客户流失，保证市场份额。

2. 基本网上银行模式

基本网上银行是一种完全依赖于 Internet 开展起来的全新的银行形式，这类银行一般只有网络商务空间，既无分支机构，也无营业网点，几乎所有业务与服务都通过互联网进行。例如，美国安全第一网络银行(Security First Network Bank，SFNB)就是基本网上银行。基本网上银行最大的优点就是节省费用与运作成本，基本网上银行主要有两种发展模式：①提供传统银行所有的柜台业务服务项目，这种模式的基础是认为互联网或信息网络技术能够给银行提供全面的虚拟的服务平台；②侧重于发展适合网络金融的特色业务，这种模式的基础是承认互联网或信息网络技术提供的金融服务存在缺陷，特别是不能为客户提供现金管理和个性化服务。

网上银行进行金融服务是由若干个系统共同支持的。其中技术系统是网络银行经营的基础，网上银行的技术系统是根据银行的业务需求及其现有 IT 系统，基于 CA 认证安全体系的网络银行建设。网络银行的技术架构一般由 Web 服务器、应用服务器、数据库服务器、路由器、防火墙及内部管理和业务工作平台组成。网络银行系统的具体业务功能通常由银行端 Web 服务器和两台互为备份的应用服务器及数据库服务器完成。网络银行的基本技术图如图 9.3 所示。

网上银行的用户分为内部用户和外部用户。内部用户主要指银行内部管理用户及企业的使用伙伴，外部用户主要指通过 Internet 访问网络银行的用户。外部用户可以采用 DDN(digital data network，数字数据网)接入、modem 拨号接入通过 PC 机的浏览器访问网上银行网站，他们需要通过防火墙的认证，才能登录到网上银行系统，防火墙将 Internet 用户与系统外界隔离，以保护银行网络体系的安全。

路由器和防火墙对流入网络银行系统的数据进行过滤，并且隔离银行内部网络与非安全 Internet。系统一段采用两层防火墙，外层防火墙放在 Web 服务器与 Internet 之间，目的将 Web 服务器与外部网络隔离，阻止非法的访问者和数据进入。内层防火墙用于隔离网上银行的 Web 服务器与应用服务器，内层防火墙在软件上增加管理手段，如内部数据库可设定只对从特定接口来的请求作出反应，对其他的 IP 地址则不理会，以保证数据和文件的保密性。通过内外两层防火墙隔离和 Internet 网上银行的核心业务系统，内层和外层防火墙配合形成非军事化区，形成对 Internet 访问的双重隔离，使网络体系结构受到更好的保护。除 Web 服务器放在非军事化区内，其他如应用和数据库服务器等均位于内部应用区，该区主机不允许外部用户直接访问。内层防火墙用来阻止非法用户和数据通过金融专用 Intranet、Extranet 进入系统。

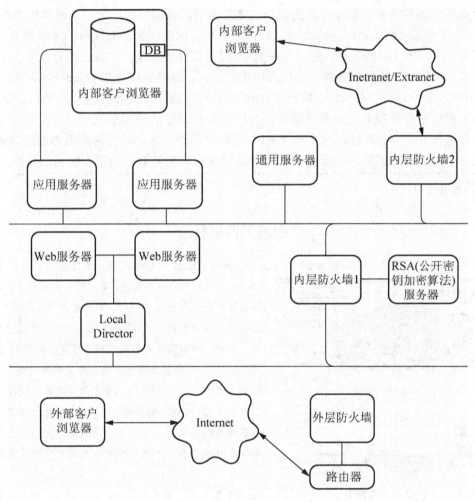

图 9.3 网络银行的基本技术图

Web 服务器存放和管理 Web 网页，向前台提供客户交易界面，同时对外提供基本的静态信息传递服务，并管理网上结算业务信息系统的网页文件和银行的其他网上信息发布。静态页面的安全性没有网上结算业务系统要求高，但有更大的访问量需求，因此将其设置在外层防火墙的后面。Web 服务器使用超文本传输协议(HTTP)和超文本标志语言(HTML)，对客户浏览器提供标准的通信支持。应用服务器是装载银行具体业务应用程序的地方，支持 Java Sever、JSP 等业界标准的服务器端的 Java 应用。它与 Web 服务器一起构成了网上结算应用系统的运行环境，实现网上交易业务的逻辑控制和流程处理，完成 Web 服务器之间和与数据库服务器之间的信息交换。银行数据库用于存放各种应用数据，包括各种应用系统参数、客户信息、账户信息和交易信息等。为便于发展综合业务服务，建议将数据库集中统一存放于总行。对于大的商业银行，由于数据量大，应设立独立的数据库服务器。如果是中小商业银行，可将数据库服务器与应用服务器软件结合在一起，应用及数据库服务器可通过双机互为备份方式保证数据的高可靠性。一旦其中一台意外停机，另一台立即就可以接管全部工作，从而实现系统的高可靠性。

为确保内部网络和数据库存储的安全，可与内层防火墙平行，设立加密认证系统(RSA 服务器)来对内部网络的访问权作加密认证；当用户访问受保护的系统时，可以通过设置安全认证服务器，如认证服务器，应用相关 RSA 代理软件等启动一个认证会话设置并且实施安全策略，保护对专用网络系统、文件及应用的访问。这套系统是以 Client/Sever 结构为基础，使用内层防火墙和中心认证系统相结合的内部网络加密认证办法来进行严密的安全检验。

为了网络银行系统有更好的扩展性，在网络银行总中心还可放置一台加密和通信服务器，负责与各电脑中心连接，通信协议采用 TCP/IP 协议，客户的交易请求都通过此服务器分发到各电脑中心的通信服务器上。通信服务器具有均衡负载、加密和解密的功能。

案例 9-2

中国工商银行

中国工商银行股份有限公司(Industrial and Commercial Bank of China Limited, ICBC)，成立于 1984 年，是中国最大的商业银行，是中国五大银行之首，世界五百强企业之一，上市公司，拥有中国最大的客户群。工商银行和中国银行 2010 年 8 月 27 日发布的财报显示，工行业绩继续保持较高的增长速度，蝉联"中国最赚钱公司"。工商银行拥有中国最先进的科技水平。在数据大集中工程的基础上，2003 年工商银行成功投产了全功能银行(NOVA)系统，加上为个性化服务提供技术基础的数据仓库，共同构成具有国际先进水平的金融信息技术平台，为业务和管理的进步提供了强健的动力。

在科技手段的有力支持下，工商银行各项业务不断创新。由自助银行、电话银行、手机银行和网上银行构成的电子银行立体服务体系日益成熟，网上银行开通城市超过 400 个，并成为国内首家个人网上银行客户突破 1 亿户的商业银行。客户基础的不断壮大直接带动了电子银行业务的快速增长，2003 年电子银行交易额仅为 22.3 万亿元，到 2011 年上半年，工商银行的电子银行交易额超过 100 万亿元，在国内同业中的领先优势持续巩固。

9.3　第三方支付与移动支付

9.3.1　第三方支付

据 IResearch(艾瑞咨询)的统计数据显示,2011 年中国支付行业互联网第三方支付业务交易规模达到 22 038 亿元,比 2010 年的 10 105 亿元增长 118.1%。

在不经意间,生活方式逐渐发生着改变,这其中的影响因素,包括手机、网络、电子商务,甚至包括我们的支付手段。用 E-mail 来进行网上支付,打个电话报上信用卡号就能预订机票,用手机上网交水费、电费、游戏费……在大家还没有完全适应从纸制货币进化到"塑胶货币"(信用卡)的今天,网络银行、手机钱包等第三方支付工具已经悄然在改变着我们的生活,同时也蕴含着巨大的商机。

第三方支付,就是一些和产品所在国家以及国外各大银行签约、并具备一定实力和信誉保障的第三方独立机构提供的交易支持平台。在通过第三方支付平台的交易中,买方选购商品后,使用第三方平台提供的账户进行货款支付,由第三方通知卖家货款到达、进行发货;买方检验商品后,就可以通知付款给卖家,第三方再将款项转至卖家账户。

目前中国国内的第三方支付产品主要有 PayPal(易趣公司产品)、支付宝(阿里巴巴旗下)、财付通(腾讯公司,腾讯拍拍)、盛付通(盛大旗下)易宝支付(Yeepay)、快钱(99bill)、国付宝(Gopay)、百付宝(百度 C2C)、物流宝(网达网旗下)、网易宝(网易旗下)、网银在线(chinabank)、环迅支付、汇付天下、汇聚支付(joinpay)和宝付(我的支付导航)。其中用户数量最大的是 PayPal 和支付宝,前者主要在欧美国家流行,后者是马云阿里巴巴旗下产品。据称,截止 2010 年 12 月,支付宝用户突破 5.5 亿个。另外中国银联旗下的银联电子支付也开始发力第三方支付,其实力不容小视。

第三方支付具有显著的特点,具体包括以下几个方面。

(1) 第三方支付平台提供一系列的应用接口程序,将多种银行卡支付方式整合到一个界面上,负责交易结算中与银行的对接,使网上购物更加快捷、便利。消费者和商家不需要在不同的银行开设不同的账户,可以帮助消费者降低网上购物的成本,帮助商家降低运营成本;同时,还可以帮助银行节省网关开发费用,并为银行带来一定的潜在利润。

(2) 较之 SSL(secure socket layer,安全套接层)、SET 等支付协议,利用第三方支付平台进行支付操作更加简单而易于接受。SSL 是现在应用比较广泛的安全协议,在 SSL 中只需要验证商家的身份。SET 协议是目前发展的基于信用卡支付系统的比较成熟的技术。但在 SET 中,各方的身份都需要通过 CA 进行认证,程序复杂,手续繁多,速度慢且实现成本高。有了第三方支付平台,商家和客户之间的交涉由第三方来完成,使网上交易变得更加简单。

(3) 第三方支付平台本身依附于大型的门户网站,且以与其合作的银行的信用作为信用依托,因此,第三方支付平台能够较好地突破网上交易中的信用问题,有利于推动电子商务的快速发展。

9.3.2 移动支付

移动支付，又称为手机支付，就是允许用户使用其移动终端(通常是手机)对所消费的商品或服务进行账务支付的一种服务方式。整个移动支付价值链包括移动运营商、支付服务商(如银行、银联等)、应用提供商(如公交、校园和公共事业等)、设备提供商(如终端厂商、卡供应商和芯片提供商等)、系统集成商、商家和终端用户。

目前，我国手机网民已经达到 3.88 亿人，易观国际 2012 年发布的报告显示，中国移动支付市场发展迅速，2011 年移动支付用户数达到 1.87 亿户，较 2010 年增长 26.4%，全年交易额达到 742 亿元，比 2010 年增长 67.8%。而从 2011 年到 2013 年，移动支付市场收入分别为 52.4 亿、122.8 亿和 235.1 亿元，差不多每年增加一倍。

移动支付主要分为近场支付和远程支付两种，近场支付，就是用手机刷卡(指手机通过射频、红外、蓝牙等通道，实现与自动售货机、POS 机等终端设备之间的本地通信)的方式坐车、买东西等，很便利。远程支付是指通过发送支付指令(如网银、电话银行和手机支付等)或借助支付工具(如通过邮寄、汇款)进行的支付方式，如掌中付推出的掌中电商、掌中充值和掌中视频等属于远程支付。

目前移动支付技术实现方案主要有 5 种，即双界面 JAVA card、SIM Pass、RFID-SIM(双界面智能卡)、NFC(near field commuication,近距离无线通信技术)和智能 SD 卡(secure digital memory card)。

1. 双界面 JAVA card

双界面 JAVA card(基于 13.56MHz)是多功能 SIM 卡，支持 SIM 卡/USIM 卡和移动支付功能。双界面 JAVA card 放到手机内，可利用手机内置 STK(sim tool kit, 用户识别应用发展工具)菜单查看读取 JAVA card 内容，并可通过 STK 菜单操作各类应用。双界面 JAVA card 空间大，可内置多个支付钱包。最具特色的是用户可后续通过空中下载、召回 JAVA card 卡重新写入等方式不断增加修改删除 JAVA card 内部 STK 菜单应用。为非接触通信设置的天线分为订制手机方案和低成本天线组方案。低成本天线组件方案中其天线为可拆卸组件，天线坏掉可以重新配置，自行购买粘贴即可，方便实用。

2. SIM Pass 技术

SIM Pass(基于 13.56MHz)是一种多功能的 SIM 卡，支持 SIM 卡功能和移动支付的功能。SIM Pass 运行于手机内，为解决非接触界面工作所需的天线布置问题给予了两种解决方案：定制手机方案和低成本天线组方案。

3. RFID-SIM

RFID-SIM(基于 2.4GHz)是双界面智能卡技术向手机领域渗透的产品。RFID-SIM 既有 SIM 卡的功能，也可实现近距离无线通信。

4. NFC 技术

NFC(基于 13.56MHz)是一种非接触式识别和互联技术。NFC 手机内置 NFC 芯片，组成 RFID(radio frequency identification，电子标签、无线射频识别)模块的一部分，可以当做 RFID 无源标签来支付使用，也可以当做 RFID 读写器来进行数据交换和采集。

5. 智能 SD 卡

在目前 SIM 卡的封装形势下，EEPROM(electrically erasable programmable read-only memory，电可擦写可编程只读存储器)容量已经达到极限。通过使用智能 SD 卡来扩大 SIM 卡的容量，可以满足业务拓展的需要。

课后阅读

新一轮支付革命下的布局

移动支付作为一个新兴领域，谁能提供安全便捷的支付服务和丰富的应用，谁就能吸引更多的用户，掌握市场话语权。通过不断推动技术升级、行业应用和产业合作，银联手机支付正逐渐走进千家万户。

近年来，中国银联在前期手机支付产品的基础上，根据智能手机普及和移动互联网迅速发展的趋势，推出了第三代银联手机支付。第三代手机支付以金融智慧能 SD 卡为基础，承载金融支付应用，既可以通过移动互联网进行远程支付，也可以借助手机内的 NFC 模块实现"闪付"，即在受理终端上一挥手机轻松支付。

银联还对应用领域进行了有效的拓展。除了传统的公共事业费缴纳、商旅预订、银行卡查询等功能，银联提出了移动支付商圈建设，把知名的电子商务企业引入银联手机支付平台，目前已吸引了京东商城、当当网和 1 号店等商户加盟。

本 章 小 结

网络支付是电子商务活动不可或缺的一个环节。电子商务与传统商务比，之所以快捷方便，一个重要的原因就在于运用网上支付系统。通过本章的学习，可以了解网络支付的基础及一些常见的网络支付方式，使得学生意识到网络支付对于电子商务活动的重要意义。

复习思考题

一、选择题

1. 网络支付的基本组成要素包括(　　)。
   A. 付款人　　　B. 收款人　　　C. CA 认证中心　　　D. 付款行
2. 现行的网络支付方式包括(　　)。
   A. 银行卡　　　B. 电子钱包　　　C. 电子现金　　　D. 网上银行
3. SET 协议的安全措施有(　　)。
   A. 加密技术　　　B. 数字签名技术　　　C. 数字证书
   D. 电子信封　　　E. 双重签名

4. (　　)对流入网络银行系统的数据进行过滤。
   A．服务器　　　　B．防火墙　　　　C．路由器　　　　D．浏览器
5. 整个移动支付价值链包括(　　)。
   A．移动运营商　　B．支付服务商　　C．应用提供商　　D．设备提供商
   E．系统集成商　　F．商家　　　　　G．终端用户

二、简答题

1. 简述CA认证中心的功能。
2. 简述第三方支付的特点。

三、实践题

1. 借鉴支付宝的模式，分析第三方支付未来的发展方向。
2. 了解一下我国目前电子钱包在哪些领域的应用，并简述使用流程。

案例分析

中国香港电影《志明和春娇》一个场景是杨千嬅和余文乐两人在便利店中买烟，都是使用了八达通来付款。两人把钱包放在读卡器前滑动一下就完成了付款，让人看着觉得很方便还很时尚。

去过香港的人应该都很熟悉香港八达通卡，八达通卡非常方便，不单可以坐巴士、地铁，而且可以在各种便利店使用，可以说得上是真正的"电子钱包"。八达通官方网站上的介绍：八达通作为全世界应用范围最广泛的智能卡收费系统之一，是全世界最早也是最成功的电子货币之一，也是全世界最发达的公交一卡通系统之一，普及程度也是全世界最高。中国香港地区现有3 000家来自各行各业的服务供应商接受八达通付款，共装置了超过50 000部读写器。八达通在1997年9月1日开始使用，最初只应用于公共交通，随后扩展至一般零售行业，同时也将功能扩展到了一卡通，用于身份的认证。

目前中国由于地域的问题，一卡通推广的时间也各有不同，现在市民手上有类似的一卡通有很多，如医院的储值卡、医保卡、公交一卡通和地铁电子客票等。在商户使用小额支付的更是非常之少，商户对于一卡通又喜又忧，一方面希望一卡通可以减少现金支付的风险，另外一方面又担心由于交易透明化后所带来的税收压力。但是从趋势来看，一卡通是方便市民、公共支付行业和商户的一个很好的解决方案。像香港的八达通卡就很好地解决了这个问题，真正实现了一卡走遍香港。

思考题：

1. 中国的现场支付产品存在哪些问题？
2. 香港的八达通对我们有何借鉴意见？
3. 移动支付环境需从哪些方面进行改善？

第 10 章 电子商务安全策略

学习目标

1. 了解电子商务的风险。
2. 掌握电子商务安全措施。
3. 掌握电子商务安全技术协议。

知识结构

知识模块	知识单元	相关知识点
电子商务安全策略	电子商务安全概论	电子商务的风险
	电子商务安全措施	(1) 网络安全措施； (2) 加密措施； (3) 认证技术
	电子商务交易标准	(1) 电子商务安全技术协议类型； (2) 安全电子交易协议 SET 简介

引例

在 2002 年，美国国会举行了一场关于联邦政府计算机安全现状的听证会。听证会的结果不尽如人意。总审计署回顾了前两年 24 家政府机构的计算机安全工作。根据总审计署的报告，其中有 16 家机构的计算机安全工作非常薄弱，而且所有的 24 家机构中，每家至少有一处明显的安全漏洞。

总审计署表明，大部分的安全问题并不是因为技术不够精湛或是投资不够，而是由于员工缺乏培训和没有及时更新软件造成的，最普遍的一个安全问题是网络进入控制缺乏基础的标准。

在很多被审计的机构中，针对一些典型的安全漏洞的补丁并没有被安装到软件系统中。根据总审计署的报告，有 90%的攻击都是钻了这个空子。总审计署建议这些政府机构应该在现有的安全措施基础上加大安全力度，如指定专人负责制定安全措施并监督执行。总审计署的报告中还强调这些政府机构的安全意识太薄弱，这在 2001 年的"9·11 事件"后是不能被接受的。

10.1 电子商务安全概论

1983年10月24日,美国著名的计算机安全专家、AT&T贝尔实验室的计算机科学家罗伯特·莫里斯(Robert Morris),在美国众议院科学技术会议运输、航空和材料专业委员会上作了关于计算机安全重要性的报告,从此计算机安全成了国际上研究的热点。现在随着互联网络技术的发展,网络安全成了新的安全研究热点。由于在互联网络设计之初,只考虑方便性、开放性,使得互联网络非常脆弱,极易受到"黑客"的攻击或有组织的群体的入侵,也会由于系统内部人员的不规范使用和恶意破坏,使得网络信息系统遭到破坏,信息泄露。网络安全问题严重影响着电子商务的应用和发展。从Internet上窃取他人账户密码、恶意篡改交易合同等,使消费者和商家蒙受了巨大的损失。电子商务面临的安全威胁主要包括信息在网络的传输中被截获、传输的文件可能被篡改、伪造电子邮件、假冒他人身份和否认已经做过的交易等。

从整个电子商务系统着手分析,可以将电子商务面临的风险分为4类,即信息传输风险、信用风险、管理风险以及法律方面的风险。

1. 信息传输风险

信息传输风险是指进行网上交易时,因传输的信息失真或者信息被非法窃取、篡改和丢失,而导致网上交易的不必要损失。从技术上看,网上交易的信息传输风险主要来自3方面。

(1) 冒名偷窃。例如,"黑客"为了获取重要的商业秘密、资源和信息,常常采用源IP地址欺骗攻击。

(2) 篡改数据。攻击者未经授权进入网络交易系统,使用非法手段,删除、修改或重发某些重要信息,破坏数据的完整性,损害他人的经济利益,或干扰对方的正确决策,造成网上交易的信息传输风险。

(3) 信息丢失。交易信息的丢失,可能有3种情况:一是因为线路问题造成信息丢失;二是因为安全措施不当而丢失信息;三是在不同的操作平台上转换操作不当而丢失信息。

(4) 信息传递过程中的破坏。信息在网络上传递时,要经过多个环节和渠道。由于计算机技术发展迅速,原有的病毒防范技术、加密技术和防火墙技术等始终存在着被新技术攻击的可能性。计算机病毒的侵袭、"黑客"非法侵入、线路窃听等很容易使重要数据在传递过程中泄露,威胁电子商务交易的安全。此外,各种外界的物理性干扰,如通信线路质量较差、地理位置复杂和自然灾害等,都可能影响到数据的真实性和完整性。

(5) 虚假信息。从买卖双方自身的角度观察,网上交易中的信息传输风险还可能来源于用户以合法身份进入系统后,买卖双方都可能在网上发布虚假的供求信息,或以过期的信息冒充现在的信息,以骗取对方的钱款或货物。现在还没有很好的解决信息鉴别的办法。传统交易中的信息传递和保存主要通过有形的单证进行的,信息接触面比较窄,容易受到保护和控制,即使在信息传递过程出现丢失、篡改等情况,也可以通过留下的痕迹查找出现偏差的原因。而在网上传递的信息,是在开放的网络上进行的,与信息的接触面比较多,而且信息被篡改时可以不留下痕迹,因此,网上交易面临的信息传输风险比传统交易更为严重。

2. 信用风险

(1) 来自买方的信用风险。对于个人消费者来说,进行支付时可能在网络上使用信用卡恶意透支,或使用伪造的信用卡骗取卖方的货物;对于集团购买者来说,存在拖延货款的可能,卖方需要为此承担风险。

(2) 来自卖方的信用风险。卖方不能按质、按量、按时寄送消费者购买的货物,或者不能完全履行与集团购买者签订的合同,造成买方的风险。

(3) 买卖双方都存在抵赖的情况。传统交易时,交易双方可以直接面对面进行,信用风险比较容易控制。由于网上交易时,物流与资金流在空间上和时间上是分离的,所以如果没有信用保证,网上交易是很难进行的。再加上网上交易一般是跨越时空的,交易双方很难面对面交流,信用的风险就很难控制。这就要求网上交易双方必须有良好的信用,而且有一套有效的信用机制降低信用风险。

3. 管理方面的风险

网上交易管理风险是指由于交易流程管理、人员管理和交易技术管理的不完善所带来的风险。

(1) 交易流程管理风险。在网络商品中介交易的过程中,客户进入交易中心,买卖双方签订合同,交易中心不仅要监督买方按时付款,还要监督卖方按时提供符合合同要求的货物。在这些环节上,都存在着大量的管理问题,如果管理不善势必造成巨大的潜在风险。为防止此类问题的风险必须要有完善的制度设计,形成一套相互关联、相互制约的制度群。

(2) 人员管理风险。人员管理常常是网上交易安全管理上最薄弱的环节,近年来我国计算机犯罪大都呈现内部犯罪的趋势,其原因主要是因工作人员职业道德修养不高,安全教育和管理松懈所致。一些竞争对手还利用企业招募新人的方式潜入该企业,或利用不正当的方式收买企业网络交易管理人员,窃取企业的用户识别码、密码、传递方式以及相关的机密文件资料。

(3) 网络交易技术管理的漏洞也带来较大的交易风险。有些操作系统中的某些用户是无口令的,如匿名 FTP,利用远程登录(telnet)命令登录这些无口令用户,允许被信任用户不需要口令就可以进入系统,然后把自己升级为超级用户。传统交易经过多年发展,在交易时有比较完善的控制机制,而且管理比较规范。而网上交易只经历了很短时间,还存在许多漏洞,这就要求对其加强管理和规范交易。

4. 法律方面的风险

法律方面的风险包括法律滞后风险和法律调整风险。网上交易信息系统的技术设计是先进的、超前的,具有强大的生命力。但必须清楚地认识到,在目前的法律上还找不到现成的条文保护网络交易中的交易方式,因此,还存在法律方面的风险。一方面,在网上交易可能会承担由于法律滞后而无法保证合法交易的权益所造成的风险,如通过网络达成交易合同,可能因为法律条文还没有承认数字化合同的法律效力而面临失去法律保护的危险;

另一方面，在网上交易可能承担由于法律的事后完善所带来的风险，即在原来法律条文没有明确规定下而进行的网上交易，在后来颁布新的法律条文下属于违法经营所造成的损失。例如，一些电子商务公司在开通网上证券交易服务一段时间后，国家颁布新的法律条文规定只有证券公司才可以从事证券交易服务，从而剥夺了电子商务服务公司提供网上证券交易服务的资格，给这些电子中间商经营造成巨大损失。

案例 10-1

点这里就能解除账户监管？

2012 年 2 月，网友"番茄假期余汉勇"发了一条新浪微博，称自己碰到新型骗局，不知不觉，支付宝登录密码、支付密码和数字证书全部被盗。原来，这是一种多数针对淘宝卖家的骗局。第一步，骗子向卖家邮箱发邮件，说卖家的支付宝被监控，并发了一条链接。第二步，骗子冒充买家找卖家的客服，说支付宝无法完成支付，付不了钱，然后发一个截图给对方。第三步，卖家通过邮件和"客户"的反馈，自然会相信邮件的真实性，点击链接解除"监管"。但实际上打开的是一个钓鱼网站。

支付宝客服人员表示，确实有这样的骗局，也有其他支付宝用户打电话反映过。"监管的说法是有的，但是支付宝的客服电话和邮箱都是唯一的，如果遇到类似的问题，请先和支付宝的客服取得联系，千万不要相信陌生人发送的链接和图片。"另外，工作人员提醒：支付宝里不要存放太多资金；最好把支付宝余额功能关闭；设置每笔和每日金额限制，超出要输入动态密码；支付宝绑定的手机号码注意不要泄露。

(资料来源：陈锴凯. 点这里就能解除账户监管[N]. 都市快报，2012(5))

10.2 电子商务安全措施

电子商务的一个重要技术特征是利用 IT 技术来传输和处理商业信息。因此，电子商务安全从整体上可分为两大部分：计算机网络安全和商务交易安全。

计算机网络安全包括计算机网络设备安全、计算机网络系统安全和数据库安全等。其特征是针对计算机网络本身可能存在的安全问题，实施网络安全增强方案，以保证计算机网络自身的安全性为目标。

商务交易安全则紧紧围绕传统商务在互联网络上应用时产生的各种安全问题，在计算机网络安全的基础上，如何保障电子商务过程的顺利进行，即实现电子商务的保密性、完整性、可鉴别性、不可伪造性和不可抵赖性。

目前电子商务安全措施主要有网络安全措施、加密措施和认证措施等。

10.2.1 网络安全措施

1. 防火墙技术

企业的电子商务是基于 Internet 的，它最大的好处是方便了企业内部以及企业与外部的信息交流，提高了工作效率。然而，与 Internet 这样一个世界范围内开放的网络连接，在获得利益的同时也要付出安全性代价。一旦企业内部网连入 Internet，就意味着 Internet 上的每个用户都有可能访问企业网。如果没有一个安全的保护措施，黑客可能会在毫无觉察的情况下进入企业网，非法访问企业的资源。防火墙就是保护企业内部网中信息安全的一项重要措施。防火墙是任何电子商务站点安全运行所必不可少的组件，它截取所有进入站点的数据并进行分析，剔除可能有害的访问。

防火墙的本义原是指古代人们房屋之间修建的墙，这道墙可以防止火灾发生的时候蔓延到别的房屋，如图 10.1 所示。

图 10.1 古代的防火墙

网络安全技术中所说的防火墙是指隔离在本地网络与外界网络之间的一个防御系统。可以认为它是一种访问控制机制，用于确定哪些内部服务允许外部访问，以及允许哪些外部服务访问内部服务。

在 Internet 上，防火墙是一种非常有效的网络安全系统，通过它可以隔离风险区域(Internet 或有一定风险的网络)与安全区域(局域网)的连接，同时不会妨碍安全区域对风险区域的访问。网络防火墙结构如图 10.2 所示。

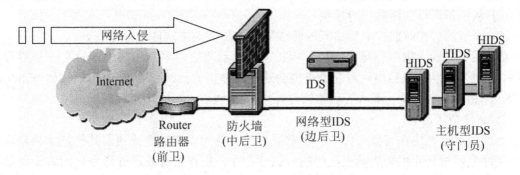

图 10.2 网络防火墙结构图

防火墙有许多种形式，有的以软件形式运行在普通计算机之上，有的以硬件形式单独实现，也有的以软件形式设计在路由器之中。总的来说，从技术角度防火墙分为 3 种：包过滤型防火墙、应用代理型防火墙和状态检测型防火墙。

(1) 包过滤型，包过滤根据报文的源 IP 地址、目的 IP 地址、源端口、目的端口及报文传递方向等报头信息来判断是否允许报文通过。只有满足过滤条件的数据包才被转发到相应的目的地，其余数据包则被丢弃。

(2) 应用代理型，又称为应用网关，它作用在应用层，其特点是完全"阻隔"网络通信流，通过对每种应用服务编制专门的代理程序，实现监视和控制应用层通信流的作用。

(3) 状态检测型，直接对分组里的数据进行处理，并且结合前后分组的数据进行综合判断，然后决定是否允许该数据包通过。

2. 反病毒技术

随着计算机网络的发展，计算机病毒已经传播到信息社会的每一个角落，并大肆破坏计算机数据，改变操作程序，摧毁计算机硬件，给人们造成了重大损失，严重阻碍了电子商务的应用与发展。

目前全球已发现 5 万余种病毒，并且还在以每天 10 余种的速度增长。为了更好地防范计算机及网络病毒，减少商业贸易中的损失，必须了解计算机病毒的机制，同时掌握计算机病毒的预防和清除办法。

随着 Internet 技术的发展，计算机病毒的定义正在逐步扩大化，与计算机病毒的特征和危害有类似之处的特洛伊木马和蠕虫程序等从广义角度也被归入计算机病毒的范围。计算机病毒通常具有传染性(自我复制能力)、非授权性(夺取系统控制权)、隐蔽性、潜伏性、破坏性和不可预见性等特性。

按照计算机病毒的寄生方式将计算机病毒分为引导型病毒、文件型病毒和混合型病毒。

1) 引导型病毒

引导型病毒主要是感染磁盘的引导扇区，也就是常说的磁盘的 boot 区(引导区)。在使用被感染的磁盘(无论是软盘还是硬盘)启动计算机时，它们就会首先取得系统控制权，驻留内存之后再引导系统，并伺机传染其他软盘或硬盘的引区。纯粹的引导型病毒一般不对磁盘文件进行感染。此类病毒有 Bupt、Mokey 和 CMOS destronger 等。

预防引导型病毒，通常采用以下一些方法。

(1) 从不带病毒的硬盘引导系统。

(2) 安装能够实时监控引导扇区的防杀病毒的防杀病毒软件进行检查。

(3) 某些底板上提供引导扇区病毒保护功能，启用它对系统引导扇区也有一定的保护作用。不过要注意的是启用这项功能可能会造成一些需要改写引导扇区的软件(如 Windows 95/98，Windows NT 以及多系统启动软件等)安装失败。

2) 文件型病毒

文件型病毒寄生在其他文件中，常常通过对自身的编码加密或使用其他技术来隐藏自己。文件型病毒劫夺用来启动主程序的可执行命令，用作自身的运行命令。同时还经常将控制权还给主程序，伪装计算机系统正常运行。此类病毒有 DIR II、HongKong、宏病毒和 CIH 等。文件型病毒主要以感染文件扩展名为.com、.exe 和.ovl 等可执行文件为主。一旦运行被感染了病毒的程序文件，病毒便被激发，执行大量的操作，并进行自我复制，同时附着在系统其他可执行文件上伪装自身，并留下标记，以后不再重复感染。

文件型病毒的防范方法包括以下几点。

(1) 平时养成良好的习惯，计算机要安装防毒软件并打开实时监控程序，而且要经常升级杀毒软件确保病毒库是最新的。

(2) 对来历不明的软件(特别是从网上下载的软件)要先查毒确保没有病毒后再运行。

(3) 由于文件型病毒会对一些文件造成破坏，所以平时要注意对数据的备份，重要的数据要备份到移动存储器或刻录到光盘上。

(4) 在不影响系统正常工作的情况下对系统文件设置最低的访问权限，以防止计算机病毒的侵害。

3) 混合型病毒

混合型病毒兼具文件型和引导型病毒的特点，可以传染.com、.exe 等可执行文件，也可以传染磁盘的引导区。此类计算机病毒有相当大的传染性，也很难清除干净。此类病毒如 One half、v3783、NATAS(4744)、Tequila 和 Hammer 系列病毒等。

由于混合型病毒难以根除，所以安全专家建议要以预防计算机病毒感染为主。常见的预防手段包括安装杀毒软件，并保持病毒库更新；对不明电子邮件以及附件不要轻易查看；避免从不明网站上下载程序等。

如果我们的计算机系统已经感染了病毒，就需要杀毒。杀毒是为了解除病毒对计算机系统和数据等的威胁和传染。概括起来，消除病毒一般包括以下 3 种方法。

(1) 软件编程法。使用自己编制的杀毒程序或者购买的杀毒软件消除病毒。优点是适合于大批量处理感染磁盘，且处理速度快。

(2) 系统再生法。系统再生法是消除系统内计算机病毒的最有效的方法，即重新进行硬盘的分区和磁盘格式化。优点是处理速度快，清除病毒彻底。但是，使用此方法前，用户的磁盘数据文件一定要有备份，否则由此带来的损失比计算机病毒造成的损失还要大。

(3) 手工操作法。此法适用于被感染的磁盘很少的情况。优点是简单，快捷；缺点是错误率高，稍有操作不当，可能会造成更大的破坏，而且需要有一定的技术作保证。

3. 入侵检测技术

1980 年詹姆斯·P·安德森(James P.Anderson)在给一个保密客户写的一份题为《计算机安全威胁监控与监视》的技术报告中指出，审计记录可以用于识别计算机误用，他对威胁进行了分类，第一次详细阐述了入侵检测的概念。1984—1986 年，乔治敦大学的多萝西·丹宁(Dorothy Denning)和 SRI 公司计算机科学实验室的彼得·诺伊曼(Peter Neumann)研究出了一个实时入侵检测系统模型-IDES(intrusion detection expert systems)入侵检测专家系统)，是第一个在一个应用中运用了统计和基于规则两种技术的系统，是入侵检测研究中最有影响的一个系统。1989 年，加州大学戴维斯分校的托德·希伯莱因(Todd Heberlein)写了一篇论文 A Network Security Monitor，该监控器用于捕获 TCP/IP 分组，第一次直接将网络流作为审计数据来源，因而可以在不将审计数据转换成统一格式的情况下监控异种主机，网络入侵检测从此诞生。

入侵检测系统(intrusion detection system，IDS)可以被定义为对计算机和网络资源的恶意使用行为进行识别和相应处理的系统，包括系统外部的入侵和内部用户的非授权行为，是为保证计算机系统的安全而设计与配置的一种能够及时发现并报告系统中未授权或异常现象的技术，是一种用于检测计算机网络中违反安全策略行为的技术。进行入侵检测的软件与硬件的组合便是入侵检测系统。

1) 入侵检测的种类

(1) 按照技术划分为异常检测模型和误用检测模型。

① 异常检测模型(anomaly detection)，即检测与可接受行为之间的偏差。如果可以定义每项可接受的行为，那么每项不可接受的行为就应该是入侵。首先总结正常操作应该具有的特征(用户轮廓)，当用户活动与正常行为有重大偏离时即被认为是入侵。这种检测模型漏报率低，误报率高。因为不需要对每种入侵行为进行定义，所以能有效检测未知的入侵。

② 误用检测模型(misuse detection)，即检测与已知的不可接受行为之间的匹配程度。如果可以定义所有的不可接受行为，那么每种能够与之匹配的行为都会引起警告。收集非正常操作的行为特征，建立相关的特征库，当监测的用户或系统行为与库中的记录相匹配时，系统就认为这种行为是入侵。这种检测模型误报率低、漏报率高。对于已知的攻击，它可以详细、准确地报告出攻击类型，但是对未知攻击却效果有限，而且特征库必须不断更新。

(2) 按照检测对象划分为主机检测模型、网络检测模型和混合型。

① 主机检测模型。系统分析的数据是计算机操作系统的事件日志、应用程序的事件日志、系统调用、端口调用和安全审计记录。主机型入侵检测系统保护的一般是所在的主机系统，是由代理(agent)来实现的，代理是运行在目标主机上的小的可执行程序，它们与命令控制台(console)通信。

② 网络检测模型。系统分析的数据是网络上的数据包。网络型入侵检测系统担负着保护整个网段的任务，基于网络的入侵检测系统由遍及网络的传感器(sensor)组成，传感器是一台将以太网卡置于混杂模式的计算机，用于嗅探网络上的数据包。

③ 混合型。基于网络和基于主机的入侵检测系统都有不足之处，会造成防御体系的不全面，综合了基于网络和基于主机的混合型入侵检测系统既可以发现网络中的攻击信息，也可以从系统日志中发现异常情况。

2) 入侵检测过程

入侵检测的过程分为3部分，即信息收集、信息分析和结果处理。

(1) 信息收集。入侵检测的第一步是信息收集，收集内容包括系统、网络、数据及用户活动的状态和行为。由放置在不同网段的传感器或不同主机的代理来收集信息，包括系统和网络日志文件、网络流量、非正常的目录和文件改变、非正常的程序执行。

(2) 信息分析。收集到的有关系统、网络、数据及用户活动的状态和行为等信息，被送到检测引擎，检测引擎驻留在传感器中，一般通过3种技术手段进行分析，即模式匹配、统计分析和完整性分析。当检测到某种误用模式时，产生一个告警并发送给控制台。

(3) 结果处理。控制台按照告警产生预先定义的响应采取相应措施，可以是重新配置路由器或防火墙、终止进程、切断连接和改变文件属性，也可以只是简单的告警。

10.2.2 加密措施

电子商务交易中的信息有较高的保密要求，如信用卡的账号和用户名可能被盗用，订货和付款的信息可能因被竞争对手获悉而丧失商机。因此，在客观上就需要一种强有力的安全措施来保护机密数据不被窃取或篡改。通过数据加密技术，可以在一定程度上提高数据传输的安全性,保证传输数据的完整性。在保障电子商务安全的诸多技术中,数据加密技术是信息安全的核心和关键技术,它构成了电子商务安全的基础,可以说,没有数据加密技术,就没有电子商务的安全。

1. 加密技术的基本概念

加密是指利用信息变换规则把可懂的信息变成不可懂的信息的过程,其中的变换规则称为加密算法(一般是一些数学公式、法则或程序),算法中的可变参数称为密钥,可懂的信息称为明文(plaintext),变换成的不可懂的信息称为密文(ciphertext)。而解密是指把密文变换成明文的过程。

2. 加密算法分类

根据加密算法所使用的加密密钥和解密密钥是否相同,能否由加密密钥推导出解密密钥(或者由后者推出前者),可以将密码算法分为对称密码算法、非对称密码算法和混合加密算法 3 类。

1) 对称密码算法

对称密钥算法中,加密密钥能够从解密密钥中推算出来,反过来也成立,即拥有加密能力就意味着拥有解密能力。一般来说,对称算法中加、解密的密钥是相同的。此算法要求通信双方在安全通信之前,协商一个密钥。如果进行通信的交易各方能够确保在密钥交换阶段未曾发生私有密钥泄漏,则可通过对称加密方法加密机密信息,即随报文发送报文摘要和报文散列值,来保证报文的机密性和完整性。密钥安全交换是关系到对称加密有效性的核心环节。目前常用的对称加密算法有 DES(data encryption algorithm,数据加密算法)、PCR(program control register,程序控制暂存器)、IDEA(international data encryption algorithm,国际数据加密算法)等算法。其中 DES 算法使用最普遍,被采用为数据加密的标准。对称密码算法的保密强度高,加、解密速度快,但是开放性差,需要有可靠的密钥传递渠道。

2) 非对称密码算法

非对称密钥加密算法中,密钥被分解为公开密钥和私有密钥,且不能从一个推导出另一个。这种算法的加密和解密是分开的。密钥生成后,公开密钥以非保密方式对外公开,只对应于生成该密钥的发布者,私有密钥则保存在密钥发布方手中。任何得到公开密钥的用户都可以使用该密钥加密信息发送给该公开密钥的发布者,而发布者得到加密信息后,使用与公开密钥相对应的私有密钥进行解密。目前常用的非对称加密算法是 RSA 算法。非对称密码算法适用于开放的使用环境,密钥管理相对简单,但工作效率一般低于对称密码算法。

3) 混合加密算法

电子商务的安全加密系统,倾向于组合应用对称密码算法和非对称密码算法。对称密码算法用于信息加密,非对称密码算法用于密码分发、数字签名以及身份的鉴别等。对文件加密传输的实际过程包括以下 4 个步骤。

第一步,由文件发送方产生一个对称密钥,并且将此密钥用文件接收方的公钥加密后,通过网络传送给接收方。

第二步，文件发送方用对称密钥将需要传输的文件加密后，再通过网络传送给接收方。

第三步，接收方用自己的私钥将收到的经过加密的对称密钥进行解密，得到发送方的对称密钥。

第四步，接收方用得到的对称密钥对收到的、经过加密的文件进行解密，从而得到文件的原文。此类加密算法扬长避短，克服了对称加密算法中密钥分发困难和非对称加密算法中加密时间长的问题。

10.2.3 认证技术

在电子商务中必须解决两个问题：身份验证和交易的不可抵赖。认证技术就是解决这两个问题、保证电子商务安全不可缺少的一个重要技术手段。数字认证可用电子方式证明信息发送者和接收者的身份、文件的完整性(如交易合同未被修改过)，甚至数据媒体的有效性(如录音、照片等)。随着商家在电子商务中越来越多地使用加密技术，人们都希望有一个可信的第三方，以便对有关数据进行数字认证。认证中心便应运而生，担负起发放和管理"数字证书"的重任。

国内存在的 CA 基本上分为 3 类：第一类是行业性的，由相应行业的主管部门建立，如中国金融认证中心(China Financial Certification Authority，CFCA)、海关 CA 和商务部 CA 等；第二类是地方性的，由当地政府牵头建立，如北京 CA、上海 CA 和浙江 CA 等；第三类是商业性的，如北京天威诚信数字认证服务中心，这类 CA 进行商业化运营，由国家主管部门审批，以确保其权威性和公正性。

以下是认证技术涉及的一些基本概念。

1. 证书

在一个电子商务系统中，所有参与活动的实体都必须用证书来表明自己的身份。证书一方面可以用来向系统中的其他实体证明自己的身份，另一方面由于每份证书都携带着证书持有者的公钥(签名证书携带的是签名公钥，加密证书携带的是加密公钥)，所以证书也可以向接收者证实某人或者某个机构对公开密钥的拥有，同时也起着公钥分发的作用。

2. CA

证书授权中心，又称为认证中心。在电子商务系统中，无论是数字时间戳服务，还是数字凭证的发放都需要由一个具有权威性和公正性的第三方认证机构来承担。认证中心就是公正的第三方，它为建立身份认证过程的权威性框架奠定了基础，为交易的参与方提供了安全保障，为网上交易构筑了一个互相信任的环境，解决了网上身份认证、公钥分发及信息安全等一系列问题，提高了网上购物和网上交易的安全，控制了交易的风险，从而推动电子商务的发展。由此可见，建立安全的认证中心是电子商务顺利开展的中心环节，是保证电子商务安全的关键。电子商务安全认证中心的基本功能包括以下方面：①生成和保管符合安全认证协议要求的公开密钥和私有密钥、数字证书及其数字签名；②对数字证书和数字签名进行验证；③对数字证书进行管理，重点是证书的撤销管理，同时追求实施自动管理(非手工管理)。CA 体系由证书审批部门和证书执行部门组成。CA 的组成体系如图 10.3 所示。

第 10 章 电子商务安全策略

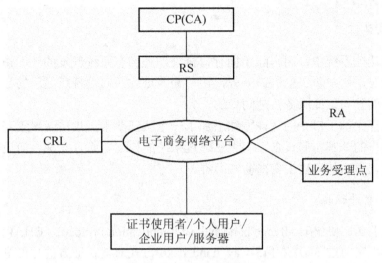

图 10.3　CA 的组成体系

3. RA

RA(release auditing)即证书发放审核部门。它负责对证书申请者进行资格审查，并决定是否同意给该申请者发放证书，如果审核错误或为不满足资格的人发放了证书，所引起的一切后果都由该部门承担。

4. CP

CP(certificate perform)即证书发放的执行部门。负责为已授权的申请者制作、发放和管理证书，并承担因操作运营错误所造成的一切后果，包括失密和为没有获得授权者发放证书等，它可以由审核授权部门自己担任，也可以委托给第三方担任。

5. RS

RS(releasee)即证书受理者。它用于接受用户的证书申请请求，转发给 CP 和 RA 进行相应的处理。

6. CRL

CRL(certificate repeal list)即证书作废表，记录尚未过期但已经声明作废的用户证书序列号，供证书使用者在认证与之通信的对方证书是否作废时查询。CRL 通常也被称为黑名单。

7. 基于口令的认证方法

传统的认证技术主要采用基于口令的认证方法。当被认证对象要求访问提供服务的系统时，提供服务的认证方要求被认证对象提交该对象的口令，认证方收到口令后，将其与系统中存储的用户口令进行比较，以确认被认证对象是否为合法访问者。这种认证方法的优点在于一般的系统(如 UNIX、Windows NT 和 NetWare 等)都提供了对口令认证的支持，对于封闭的小型系统来说不失为一种简单可行的方法。

8. 双因素认证

在双因素认证系统中，用户除了拥有口令外，还拥有系统颁发的令牌访问设备。当用户向系统登录时，用户除了输入口令外，还要输入令牌访问设备所显示的数字。该数字是不断变化的，而且与认证服务器是同步的。

双因素认证比基于口令的认证方法增加了一个认证要素，攻击者仅仅获取用户口令或者仅仅拿到用户的令牌访问设备，都无法通过系统的认证。而且令牌访问设备上所显示的数字不断地变化，这使得攻击变得非常困难。

9. 提问—握手认证

提问—握手认证协议(challenge handshake authentication protocol，CHAP)采用的就是提问—响应方法，它通过 3 次握手(3-way handshake)方式对被认证方的身份进行周期性的认证。其认证过程分为以下 3 个步骤：第一步，在通信双方链路建立阶段完成后，认证方(authenticator)向被认证方(peer)发送一个提问(challenge)消息；第二步，被认证方向认证方发回一个响应(response)，该响应由单向散列函数计算得出，单向散列函数的输入参数由本次认证的标识符、秘诀(secret)和提问构成；第三步，认证方将收到的响应与它自己根据认证标识符、秘诀和提问计算出的散列函数值进行比较，若相符则认证通过，向被认证方发送"成功"消息，否则，发送"失败"消息，断开连接。在双方通信过程中系统将以随机的时间间隔重复上述 3 步认证过程。CHAP 采用的单向散列函数算法可保证由已知的提问和响应不可能计算出秘诀。同时由于认证方的提问每次都不一样，而且是不可预测的，因而具有很好的安全性。

10. 基于可信赖的第三方的认证

基于可信赖的第三方的认证系统最典型的代表是由美国麻省理工学院提出的 Kerberos 系统。Kerberos 提供了一种在开放式网络环境下进行身份认证的方法，它使网络上的用户可以相互证明自己的身份。Kerberos 采用对称密钥体制对信息进行加密。其基本思想是能正确对信息进行解密的用户就是合法用户。用户在对应用服务器进行访问之前，必须先从第三方(Kerberos 服务器)获取该应用服务器的访问许可证(ticket)。

11. X.509 证书及认证框架

国际电信联盟的 X.509 标准定义了一种提供认证服务的框架。采用基于 X.509 证书的认证技术类似于 Kerberos 技术，它也依赖于共同信赖的第三方来实现认证。所不同的是它采用非对称密码体制(公钥制)，更加简单明了。这里可信赖的第三方就是称为 CA 的认证机构。该认证机构负责认证用户的身份并向用户签发数字证书。数字证书遵循 X.509 标准所规定的格式，因此，被称为 X.509 证书。持有此证书的用户可以凭此证书访问那些信任 CA 的服务器。

当用户向某一服务器提出访问请求时，服务器要求用户提交数字证书。收到用户的证书后，服务器利用 CA 的公开密钥对 CA 的签名进行解密，获得信息的散列码。然后服务器用与 CA 相同的散列算法对证书的信息部分进行处理，得到一个散列码，将此散列码与对签名解密所得到的散列码进行比较，若相等则表明此证书确实是 CA 签发的，而且是完整的未被篡改的证书。这样，用户便通过了身份认证。服务器从证书的信息部分取出用户的公钥，以后向用户传送数据时，便以此公钥加密，对该信息只有用户可以进行解密。

由于这种认证技术中采用了非对称密码体制，CA 和用户的私钥都不会在网络上传输，避免了基于口令的认证中传输口令所带来的问题。攻击者即使截获了用户的证书，但由于无法获得用户的私钥，也就无法解读服务器传给用户的信息。

基于 X.509 证书的认证实际上是将人与人之间的信任转化为个人对组织机构的信任，因此这种认证系统需要有 CA 的支持。目前互联网上已有一些这样的认证机构，如 Verisign、U.S.Postal Service 和 CommerceNet 等。

CA 在确信用户的身份后才为用户签发证书，而 CA 对用户身份的确认则遵循 CA 自己定义的称为 CPS(certification practice statement，电子认证业务规则)的规则，CA 通过这些规则来判定用户是否存在和有效。证书将用户的唯一名称与用户的公钥关联起来。但这种关联是否合法，却不属于 X.509 所涉及的范畴。X.509 声明：凡是与语义或信任相关的所有问题都依赖于 CA 的证书常规声明 CPS，即关联的合法性取决于 CA 自己定义的 CPS 规则。显然，这种做法会导致各个 CA 对用户的确认方法和确认严格程度上的差异。因此，建立全球性的统一的认证体系以及相关的规范就显得非常必要。

全球公钥基础设施(public key infrastructure，PKI)就是一个全球范围的相互信任的基础设施，它是一种遵循标准的密钥管理平台。PKI 的构建主要围绕着认证机构、证书库、密钥备份及恢复系统、证书作废处理系统和客户端证书处理系统等基本部分来进行。建立 PKI 这样的基础设施是一项非常庞大的工程，它不仅涉及一些技术问题，而且涉及诸多的政策性及政治性问题，因为它要求参与的各方在一个共同点上达成信任。尽管实现全球公钥基础设施还需要一定的时间，然而一旦实现，将使得全球性的商务活动变得非常的快捷和方便。目前我国已经开始着手进行这方面的工作，建立自己的认证中心。

10.3 电子商务交易标准

如何通过电子支付安全地完成整个交易过程，又是人们在选择网上交易时所必须面对的而且是首先要考虑的问题。就目前而言，虽然电子支付的安全问题还没有形成一个公认成熟的解决办法，但人们还是不断通过各种途径进行大量的探索，本节就目前典型的电子商务安全协议做详细介绍。

10.3.1 电子商务安全技术协议类型

(1) 安全超文本传输协议(S-HTTP)，依靠密钥对的加密，保障 Web 站点间的交易信息传输的安全性。

(2) 安全套接层协议，由美国 Netscape 公司于 1995 年开发和倡导的安全套接层协议，是目前安全电子商务交易中使用最多的协议之一。SSL 协议主要用于提高应用程序之间的数据的安全系数。SSL 协议的实现属于 Socket 层，在 Internet 网络层次中的位置处于应用层和传输层之间。SSL 协议是国际上最早应用于电子商务的一种网络安全协议，至今仍然有很多网上商店使用它。它被许多世界知名厂商的 Intranet 和 Internet 网络产品所支持，其中包括 Netscape、Microsoft、IBM 和 OpenMarket 等公司提供的支持 SSL 协议的客户机和服务器产品，如 IE 和 Netscape 浏览器，IIS、DominoGoWebServer、NetscapeEnterpriseServer 和 Apache 等 Web 服务器。

(3) 安全交易技术协议(secure transaction technology，STT)，由 Microsoft 公司提出，STT 将认证和解密在浏览器中分离开，用以提高安全控制能力。Microsoft 在 Internet Explorer 中采用这一技术。

(4) 安全电子交易协议，1996 年 6 月，由 IBM、MasterCard International、Visa International、Microsoft、Netscape、GTE、VeriSign、SAIC 和 Terisa 就共同制定的标准 SET 发布公告，并于 1997 年 5 月底发布了 SET Specification Version 1.0，它涵盖了信用卡在电子商务交易中的交易协定、信息保密、资料完整及数据认证和数据签名等。SET 规范明确的主要目标是保障付款安全，确定应用之互通性，并使全球市场接受。

所有这些安全交易标准中，SET 标准以推广利用信用卡支付网上交易而广受各界瞩目，它将成为网上交易安全通信协议的工业标准，有望进一步推动 Internet 电子商务市场。

10.3.2 安全电子交易协议 SET 简介

1. SET 协议提供的安全服务

1) SET 协议的主要安全目标

信息在 Internet 上安全传输，保证网上传输的数据不被黑客窃取；使订单信息和个人账号信息隔离，当包含持卡人账号信息的订单送到商家时，商家只能看到订货信息，而看不到持卡人的账户信息；持卡人和商家相互认证，以确定通信双方的身份。一般由第三方机构负责为在线通信双方提供信用担保；要求软件遵循相同协议和报文格式，使不同厂家开发的软件具有兼容和互操作功能，并且可以运行在不同的硬件和操作系统平台上。

2) SET 协议提供的安全服务

确保在支付系统中支付信息和订购信息的安全性；确保数据在传输过程中的完整性，即确保数据在传输过程中不被破坏；对持卡者身份的合法性进行检查；对支付接收方的身份(即商家的身份)的合法性进行检查；提供最优的安全系统，以保护在电子贸易中的合法用户；确保该标准不依赖于传输安全技术，也不限定任何安全技术的使用；使通过网络和相应的软件所进行的交互作业简便易行。

2. SET 协议的运行步骤

电子商务的工作流程与实际的购物流程非常接近，使得电子商务与传统商务可以很容易融合，用户使用也没有什么障碍。从顾客通过浏览器进入在线商店开始，一直到所订货物送货上门或所订服务完成，以及账户上的资金转移，所有这些都是通过 Internet 完成的。如何保证网上传输数据的安全和交易方的身份确认是电子商务能得到推广的关键，也是 SET 所要解决的最主要问题。一个完整的购物处理流程的 SET 的工作过程如图 10.4 所示。

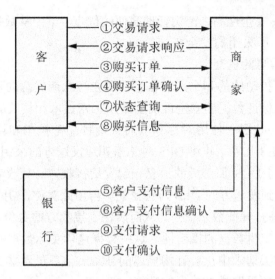

图 10.4 购物处理流程的 SET 的工作过程

图 10.4 中，消息①、消息②是交易初始设置，客户与商家相互交换身份证书，建立一个交易号；在消息③的客户购买消息中，包含商品或服务名、客户签名和加密的客户信用卡信息；消息④是商家对用户购买订单的确认；消息⑤、⑥是商家对客户支付信息合法性的验证，在商家与银行(或其代理)间进行；消息⑦、⑧使用户对交易内容、状态有查询的能力；消息⑨、⑩是商家与银行间的兑现和平账过程。前 3 个消息，即消息①、②、③与 SET 无关，从消息④开始 SET 起作用，一直到消息⑨，在处理过程中，对通信协议、请求信息的格式、数据类型的定义等，SET 都有明确的规定。在操作的每一步，持卡人、商家和支付网关都通过认证机构来验证通信主体的身份，以确保通信的对方不是冒名顶替的。

3. SET 协议的体系结构

SET 向基于信用卡进行电子化交易的应用提供了实现安全措施的规则。SET 主要由 3 个文件组成，分别是 SET 业务描述、SET 程序员指南和 SET 协议描述。SET 规范涉及的范围包括加密算法的应用(如 RSA 和 DES)，证书信息和对象格式，购买信息和对象格式，确认信息和对象格式，划账信息和对象格式，对话实体之间消息的传输协议。SET 支付系统的主要参与方有：①持卡人，即消费者，他们通过 Web 浏览器或客户端软件购物；②商家，提供在线商店或商品光盘给消费者；③发卡人，它是一金融机构，为持卡人开账户，并且发放支付卡；④收款银行，它为商家建立账户，并且处理支付卡的认证和支付事宜；⑤支付网关，是由收款银行或指定的第三方操纵的设备，它处理商家的支付信息，同时也包括来自消费者的支付指令。

4. SET 协议的安全措施

SET 协议采用的安全措施几乎全以数据加密技术为基础。可以说没有加密技术就没有安全电子交易。SET 协议把对称密钥体制和公开密钥体制完美地结合起来，充分利用了 DES

效率高、速度快和 RSA 安全性高、密钥管理简便的优点。下面从数据的机密性、认证性和完整性等方面讨论 SET 所采用的安全措施。

1) 通过加密保证信息的机密性

数据机密性用于保护敏感的和个人的信息，防止有意或无意的攻击和泄露。在一个非安全的网络环境中，要保证数据的安全性需要采用加密技术和相关的密钥管理。SET 在一个数字信封(digital envelope)中使用对称和非对称两种加密技术和算法来提供数据的机密性。发送方将消息用 DES 加密，并将 DES 对称密钥用发送方的公钥加密，形成消息的"数字信封"，将数字信封与 DES 加密后的消息一起发给接收方。接收者收到消息后，先用其密钥打开数字信封，得到发送方的 DES 对称密钥，再用此对称密钥去解开数据。只有用接收方的 RSA 密钥才能够打开此数字信封，从而确保了接收方的身份。SET 既保证支付数据的机密性，也须保证非支付数据的机密性，这些数据包含实际数据的提示。例如，SET 不交换订购说明，但在购买请求中包含订购描述的 Hash 值。虽然非支付数据的机密性不在 SET 范围内，但是也必须采取措施以保护数据。

2) 应用数字签名技术进行鉴别

签名技术在 SET 中有两种应用形式，一个最重要的革新就是双重签名。

(1) 数字签名。在 SET 中，数字签名采用 RSA 算法，数据发送方采用自己的私钥加密数据，接受方用发送方的公钥解密。由于私钥和公钥之间的严格对应性，使用其中一个只能用另一个来解密，保证了发送方不能抵赖发送过的数据，完全模拟了现实生活中的签名。

(2) 双重签名。数字签名在 SET 协议中一个重要的应用就是双重签名。在交易中持卡人发往银行的支付指令是通过商家转发的，为了避免在交易的过程中商家窃取持卡人的信用卡信息，以及避免银行跟踪持卡人的行为，侵犯消费者隐私，但同时又不能影响商家和银行对持卡人所发信息的合理验证，只有当商家同意持卡人的购买请求后，才会让银行给商家付费。SET 协议采用双重签名来解决这一问题。

3) 使用 X.509v3 数字证书来提供信任

SET 协议使用 X.509v3 数字证书来提供信任。SET 协议中主要的证书是持卡人证书和商家证书。持卡人证书是支付卡的一种电子化表示。持卡人证书不包括账号和终止日期信息，而是用单向哈希算法根据账号和截止日期生成的一个码。如果知道账号、截止日期和密码值，即可导出这个码值；反之则不行。商家证书就像是贴在商家收款台小窗上的付款卡贴画，以表示它可以用什么卡来结算。在 SET 环境中，一个商家至少应有一对证书，与一个银行打交道；一个商家也可以有多对证书，表示它与多个银行有合作关系，可以接受多种付款方法。除了持卡人证书和商家证书外，还有支付网关证书、银行证书、发卡机构证书。在双方通信时，通过出示由某个 CA 签发的证书来证明自己的身份。如果对签发证书的 CA 本身不信任，则可验证 CA 的身份。依此类推，一直到公认的权威 CA 处，就可确信证书的有效性。每一个证书与签发该证书的实体的签名证书相关联。SET 证书正是通过信任层次来逐级验证的。在网上购物实现中，持卡人的证书与发卡机构的证书相关联，而发卡机构证书通过不同品牌卡的证书连接到根 CA，而根 CA 的公开密钥对所有的 SET 软件都是已知的，可以校验每一个证书。持卡人可从公开媒体上获得商家的公开密钥，但持卡人无法确定商家不是冒充的(有信誉)，于是持卡人请求 CA 对商家认证。CA 对商家进行调查、验证和鉴别后，将包含商家公开密钥的证书经过数字签名传给持卡人。同样，商家也可对持卡人进行验证。

4) 应用散列函数保证数据完整性

数据完整性保证接收到的是实际发出的所有数据。SET 协议中采用从传输数据产生的完整性数值(即 Hash 值)来实现。数据的完整性数值从发送方传输到接收方，接收方通过比较完整性数值来验证数据是否经过篡改。SET 中将散列函数和数字签名一起结合使用，允许数据单元的接收方验证数据的来源和完整性，防止伪造和篡改。在 SET 结构中，一个数字签字是采用发送方私用密钥加密的 Hash 值，该 Hash 值提供消息内数据的完整性。如果支付数据被修改，则其 Hash 值不同，当接收方接到消息后，重新计算 Hash 值，可发现数据被修改。该 Hash 值被加密后保证一个第三方无法改变 Hash 值。因为没有发送方的私人密钥，无法将新 Hash 值加入到消息中。

总的来讲，SSL 协议比较简单，因而其应用也相对较广泛；SET 协议比较复杂，因而在某种程度上也阻碍了其推广的进程。从安全性角度看，SSL 协议不如 SET 协议安全，对于使用信用卡支付的系统来说，SET 协议则是最好的选择，SET 协议是专门针对信用卡支付而设计的协议。

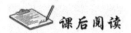
课后阅读

当当网用户账号大量被盗刷

用了几年的当当网账号，登录时竟显示"用户不存在"，账户内的余额和礼品卡也不翼而飞。2012 年 3 月，不少网友的当当网账户遭人盗刷，账号无法追回。3 月 20 日，当当网通过官方微博表示，将紧急冻结所有账户余额和礼品卡，此前发生的盗刷一经确认将分批全额补偿用户。随后当当网针对用户账号被盗一事向警方报案，并呼吁被盗用户自行向当地派出所报警。同时，当当网建议用户修改账户密码，并改成大小写字母及数字组合的方式，尽量避免在不同网站使用相同的账户和密码。

对于此次账户被盗事件，当当网外宣部门的工作人员表示，2011 年 CSDN(Chinese software develop net，中国软件开发联盟)互联网泄密事件导致大量网络用户账户密码数据丢失，此次用户账号被盗一事可能与此有关。对于用户登录显示"账号不存在"的情况，该工作人员称，用户可与当当客服联系，客服将帮助用户找回被盗的账号和密码，随后再将损失金额分批补偿给用户。

本 章 小 结

安全性是影响电子商务健康发展的关键。如何采取高效的安全措施保证电子商务的顺利开展，解决电子商务中存在的一系列安全问题，关系到电子商务能否良好运作。本章从网络安全措施、加密措施和认证技术等几个方面比较系统地阐述了电子商务体系的安全技术。通过本章学习可以培养学生对于电子商务活动的安全意识。

复习思考题

一、选择题

1. 电子商务面临的风险包括( )。
   A．信息传输风险   B．信用风险
   C．管理方面的风险   D．法律方面的风险
2. 下列不属于网络安全措施的有( )。
   A．防火墙技术   B．反病毒技术
   C．入侵检测技术   D．认证技术
3. 按照计算机病毒的寄生方式可分为( )病毒。
   A．引导型   B．文件型   C．混合型
   D．蠕虫型   E．木马型
4. 消除病毒的方法包括( )。
   A．软件编程法   B．手工操作法   C．数据流过滤法   D．系统再生法
5. 入侵检测按技术划分可分为( )。
   A．异常检测模型   B．主机检测模型
   C．误用检测模型   D．网络检测模型

二、简答题

1. 简述信息传输风险的主要内容。
2. 简述防火墙的3种主要类型。

三、实践题

1. 通过对一家认证中心的应用实例分析,对认证中心的未来发展提出一些改进建议。
2. 针对银行卡被盗刷的案件,分析可能存在的漏洞。

案例分析

移动支付眼下已然是移动领域最热门的应用。据市场调研机构日前发布的报告显示,2011年中国移动支付市场发展迅速,全年交易额规模达到742亿元,同比2010年增长67.8%,易观2012年发布的报告显示,2011年移动支付用户数达到1.87亿户,较2010年增长26.4%,预计该市场规模在未来3年将持续保持快速发展,2014年交易规模有望达到3 850亿元,用户规模有望达到3.87亿户。到2013年,中国移动支付市场规模有望超过1 500亿元,而未来几年中国移动支付的年均增速将超过50%。传统的支付方式在发生改变,新的支付习惯正在形成。

但在这种高速发展下,移动支付也暗藏着安全隐忧,用户如何实现安全支付,需要产

业链各方的整体合作。近日,据美国媒体报道称,谷歌钱包服务的一个漏洞能够使攻击者获得用户的个人识别码并窃取账户中的资金,攻击者甚至没有必要掌握专门的黑客技术。而 Google 作为移动支付领域的领头羊出现安全问题,必将引起业界关注移动支付的安全问题。

智能手机普及率越来越高,手机病毒也越来越多,黑客使用病毒盗取用户的手机 PIN 码、网银密码,导致用户账户被盗刷,这样的案例比比皆是,如何保证手机支付账户的安全已成为目前手机支付的一个重要难题。

另外,由于移动支付产业链较长,链内没有任何一方能够单独将该业务一手包揽从头做到尾,加之移动支付仍欠缺行业标准,若产业链环节中的各方各自为战,整个产业的发展举步维艰。对此,全国政协委员招商银行长马蔚华建议,应将移动支付产业纳入国家重点扶持创新产业,推动移动支付商业模式的创新,实现移动支付产业链上下游合作共赢,这样,产业链各企业共同建立一道支付防火墙,将黑客阻挡在外,这样才能真正实现安全支付。

(资料来源:赵海霞. 移动支付高歌猛进中暗藏安全隐忧[N]. 通信信息报,2012(A10))

思考题:
1. 从以上案例中分析哪些因素导致移动支付安全问题突出?
2. 应从哪些方面来防范电子商务的安全问题?
3. 举例说明,现实生活中你所遇到的电子商务安全问题。

第11章 电子商务的法律和风险

学习目标

1. 了解现行电子商务法律法规。
2. 了解电子商务法律面临的新问题。
3. 清楚电子商务面临的新风险。

知识结构

知识模块	知识单元	相关知识点
电子商务的法律和风险	电子商务法规概述	(1) 电子商务法的概念和特征； (2) 电子商务法的调整对象； (3) 电子商务法的主体； (4) 电子商务法的性质； (5) 国内外电子商务立法现状
	电子商务的法律新问题	(1) 电子商务合同的法律问题； (2) 电子商务税收的法律问题； (3) 电子商务电子支付的法律问题； (4) 电子商务知识产权保护的法律问题； (5) 电子商务消费者权益保护的法律问题
	电子商务面临的新风险	(1) 信息风险； (2) 信用风险； (3) 交易安全风险； (4) 法律政策风险； (5) 管理风险； (6) 投资风险； (7) 战略风险； (8) 人才风险

第 11 章 电子商务的法律和风险

> **引例**
>
> 2010 年 11 月 3 日晚,腾讯发布公告,在装有 360 软件的电脑上停止运行 QQ 软件。360 随即推出了 "WebQQ" 的客户端,但腾讯随即关闭 WebQQ 服务,使客户端失效,事件仍在紧张发展。随后,北京市朝阳区人民法院正式受理腾讯科技(深圳)有限公司、深圳市腾讯计算机系统有限公司(简称腾讯公司)诉北京奇虎科技有限公司、奇智软件(北京)有限公司和北京三际无限网络科技有限公司涉嫌不正当竞争案。2010 年 11 月 10 日下午,在工信部等三部委的积极干预下,腾讯与 360 已经兼容。2011 年 4 月 26 日,腾讯起诉 360 隐私保护器不正当竞争案做出判决,奇虎被判停止发行 360 隐私保护器,赔偿腾讯 40 万元。

虽然电子商务已经步入了一个黄金时期,但是相关法律却仍不够完善。应该说,电子商务对传统法律构成了新的挑战:交易无纸化如何保证信息安全并具有证据效力?虚拟的商业环境、跨越时空的交易形式如何确定交易发生地、行为地、发生时间?信息产品如何规范?社会亟需一部完善的电子商务法来规范电子商务市场,保证电子商务的可持续发展。

11.1 电子商务法规概述

11.1.1 电子商务法的概念和特征

电子商务法是调整平等主体之间通过电子行为设立、变更或消灭财产关系和人身关系的法律规范的总称。其具有以下特征。

(1) 电子商务法调整的是财产关系和人身关系。
(2) 电子商务法调整的是平等主体之间的财产关系和人身关系。
(3) 电子商务法调整的是通过电子行为进行的民商事活动。

11.1.2 电子商务法的调整对象

电子商务法是调整以数据电文为交易手段而形成的商事关系的法律法规。联合国国际贸易法委员会在《电子商务示范法》中对数据电文的定义是:"就本法而言,数据电文是指以电子手段、光学手段或类似手段生成、发收或储存的信息,这些手段包括但不限于电子数据交换、电子邮件、电报、电传或传真"。当以数据电文为交易手段,一般应由电子商务法来调整。

11.1.3 电子商务法的主体

电子商务的发展是政府、企业和消费者等各类主体协同努力的结果。企业是市场的主体,是电子商务的主力军,既是发起者,又是响应者,同时还是结果的承担者;政府是倡导者和支持者,是政策、法规的缔造者,是市场经济活动的宏观调控者;消费者则是电子商务最终的服务对象。

11.1.4 电子商务法的性质

(1) 电子商务法既有任意性，又有强制性。任意性规范主要体现在电子商务交易法中，它给予交易主体以充分的选择权，体现了当事人的意愿；而强制性规范表现为它要求当事人必须在法律规定的范围内为或不为，违反这种规定就要受到国家强制的制裁。违反电子商务法不但要承担民事责任，还要承担行政责任和刑事责任。

(2) 电子商务法的表现形式是制定法，联合国贸易法委员会制定的《电子商务示范法》是以制定法的形式表现出来的。电子商务法应该是由一系列成文的法律法规所组成的，它是调整电子商务活动的法律规范的总称。

(3) 电子商务法具有国际性。它的法律框架不应局限在一国范围内，而应适用于国际间的经济往来，得到国际间的认可和遵守。

11.1.5 国内外电子商务立法现状

电子商务立法，是近几年世界商事立法的重点。电子商务立法的核心，主要围绕电子签名、电子合同和电子记录的法律效力展开。从1995年美国犹他州颁布《数字签名法》至今，已有几十个国家、组织和地区颁布了与电子商务相关的立法，其中较重要或影响较大的有：联合国贸易法委员会1996年12月的《电子商务示范法》和2002年的《电子签字示范法》，欧洲联盟(以下简称欧盟)的《关于内部市场中与电子商务有关的若干法律问题的指令》和《电子签名统一框架指令》，德国1997年的《信息与通用服务法》，俄罗斯1995年的《俄罗斯联邦信息法》，新加坡1998年的《电子交易法》，美国2000年的《国际与国内商务电子签章法》等。

我国目前已经制定的相关法律法规有《中华人民共和国合同法》(以下简称《合同法》)、《中华人民共和国电子签名法》(以下简称《电子签名法》)、《电子服务认证管理办法》和《计算机信息网络国际联网管理暂行规定》等。

《合同法》涉及电子商务合同的有3点：①传统的书面形式扩大到数据电文形式；②规定了商务合同的到达时间。第16条规定："采用数据电文形式订立合同，收件人指定特定系统接收数据电文的，该数据电文进入该特定系统的时间，视为到达时间；未指定特定系统的，该数据电文进入收件人的任何系统的首次时间，视为到达时间。"③确定电子商务合同的成立地点。第34条规定，"采用数据电文形式订立合同的，收件人的主营业地为合同的成立地点；没有主营业地，其经常营业地为合同成立的地点。"

《电子签名法》规定了数据电文、电子签名与认证以及法律责任等方面的问题，是我国电子商务立法中的一个里程碑。

但这些法规大都停留在网络的建设、运营，域名注册，网络安全与发展的初步层面上，有关适应网络交易的法律法规还没有真正涉及，立法滞后于技术与交易。虽然在《合同法》中对电子合同的法律效力作出规定，但也仅仅是简单规定，不具有具体操作性。立法的严重滞后对于电子商务的发展也形成严重的阻碍，形势迫切需要统一的电子商务法的出台。

第 11 章 电子商务的法律和风险

11.2 电子商务的法律新问题

11.2.1 电子商务合同的法律问题

1. 书面形式问题

合同是否采用书面形式，依照《合同法》第 10 条的规定，合同当事人可根据自己的意愿来确定，可以是书面形式也可以是其他形式，但法律另有规定的除外。

与传统的书面文件相比，数据电文有以下特征。

(1) 数据电文的实质是一组电子信息，其依赖于的存在介质是电脑硬盘或软盘的磁性介质，而不是传统的纸张。

(2) 数据电文的表现形式不是有形的纸张文字而是调取储存在磁盘中的文件信息，利用电子枪显示在电脑显示屏上的文字来表现。中国合同当事人可以数据电文形式订立法律要求的"书面合同"。

2. 电子合同的成立时间与成立地点

我国《合同法》第 26 条规定："承诺通知到达要约人时生效……采用数据电文形式订立合同的，承诺到达的时间适用本法第 16 条第 2 款的规定。"第 16 条第 2 款规定："采用数据电文形式订立合同，收件人指定特定系统接收数据电文的，该数据电文进入该特定系统的时间，视为到达时间；未指定特定系统的，该数据电文进入收件人的任何系统的首次时间，视为到达时间。"

我国《合同法》第 34 条规定："承诺生效的地点为合同成立的地点。采用数据电文形式订立合同的，收件人的主营业地为合同成立的地点；没有主营业地的，其经常居住地为合同成立的地点。当事人另有约定的，按照其约定。"

3. 电子签名和数字签名

在传统的交易模式中，签名具有确认签名人身份以及表示同意签名所附加信息的作用，它的表现方式是自然人手写、法人盖章。但是，网络环境下，由于所有文件都实行电子化，无法继续沿用上述方法，于是签名也变成了一系列经过加密的电子信息。为适应这一技术发展，电子签名(electronic signature)、数字签名(digital signature)等概念应运而生。

联合国国际贸易法委员会于 1996 年 12 月审议通过的《电子商务示范法》规定，"法律规定需要签名的，如果数据信息符合以下条件，则符合签名要求：①使用了某种方法确定此人，并能说明此人已经同意该信息数据中的内容；②该方法是可信的，并且对生成或者传送该信息的目的是合适的。"

从技术的角度而言，电子签名和数字签名都是指通过某种加密技术方案，赋予当事人一个特定的电子密码，起到证明当事人身份和确保发件人发出的信息内容不被篡改的作用。换而言之，它们在法律上要解决的问题包括：真实身份的确认和保证内容未被篡改。

11.2.2 电子商务税收的法律问题

税收法律关系在总体上与其他法律关系一样,都是由权利主体、义务主体、客体和法律关系内容几方面构成。税收涉及几个概念。

税收管辖权:是指一国政府对一定的人或对象征税的权力,它表现在一国政府有权决定向哪些人征税、对什么征税和征多少税。世界上不同国家之间确定税收管辖权的标准主要有两个,属地原则和属人原则。

(1) 属人原则,又称为居民或公民原则,是指一国依人员范围作为其征税权力所遵循的指导思想原则。

(2) 属地原则,又称为行为发生地原则,是指一国依地域范围作为其征税权力所遵循的指导思想原则。

税收作为国家实现其职能取得财政收入的一种基本形式,受到了电子商务的深刻影响。一方面,它拓展了税源空间;另一方面,它对传统的税收制度、政策和国际税收等产生了前所未有的冲击。电子商务应当纳税,但电子商务税收在纳税环节、纳税地点和国际税收管辖等方面遇到了新问题。

1. 电子商务税收法律关系主体难以确定

电子商务的特点是使经济全球化、虚拟化、一体化和流动性强。一方面,电子商务当事人无须在一个国境内有其固定的住所,可以从全球的任何一个角落对其产品、劳务等进行销售,交易主体的收益来源难以准确地判断,使税收管辖权运作失灵,直接导致征税主体模糊不清;另一方面,网络交易有其虚拟性,在虚拟的交易中是通过交易主体的网址进行交易,无法通过网址来判断其纳税主体是谁。纳税主体可以通过虚假名称来进行交易,也可以经常性改变其网址,这样网址并不能成为确定纳税主体的依据,也就是说,纳税主体与其从事交易的网址之间并不存在直接的关联,难以确定纳税主体。

2. 电子商务税收法律关系客体难以确定

电子商务使贸易数字化,整个交易过程中只是数字化信息流的传输过程。传统贸易中的商品、劳务、特许权和收益所得等都是以信息流的形式在当事人之间流动,尤其是网络上出现的新型服务如知识产权等,任何人都可以下载和复制,对交易的数量、性质无法准确地掌握,交易客体及性质无法确定。

中国网络交易相关案件

2007年7月,全国首例利用网上交易逃税案在上海宣判。被告张黎以自己公司的名义在网上建立"彤彤屋",专卖婴儿用品。半年来,"彤彤屋"共销售了价值280多万元的商品,但从不开具发票、不记账,偷逃税款达11多万元。最终,张黎被判有期徒刑2年,缓刑2年,罚款6万元,公司被罚10万元。

2010年7月1日,《网络商品交易及有关服务行为管理暂行办法》实施,国内网店开始步入"实名制"时代。各界普遍猜测,这将是对网店征税的"前奏"。一年后,这一猜测在武汉成为现实。

2011年,武汉市国税局开出国内首张个人网店税单——对淘宝女装网店"我的百分之一"征税430余万元。据称,在汉的淘宝皇冠级以上网店都将被纳入该市税收征管范围。武汉网店"我的百分之一"是淘宝网女装销售冠军,信用级别达到3个金皇冠,意味着累计有200万笔以上交易。武汉市国税局第二稽查局介绍,多方掌握的数据显示,该店2010年销售额超过1亿元,该局征收其2010年的增值税、企业所得税、滞纳金,共计430.79万元。这也是目前披露的国内首例对个人网店征税。

11.2.3 电子商务电子支付的法律问题

根据《2010年中国电子商务市场数据监测报告》显示,截至2010年12月,中国电子商务市场交易额已逾4.5万亿元,作为中国最大的电子商务平台,2010年11月11日,淘宝网的当天单日交易额达到19.5亿元。这一数据已经超过北京、上海、广州国内3个一线城市的单日社会消费品零售总额。电子支付作为新型的金融交易工具,对传统的法律体系提出了挑战,在其发展中不可避免地面临着以下几个方面的法律问题。

1. 电子支付的安全问题

电子支付的技术安全性是网络银行、商家和消费者最关心的问题,主要是关于数据的保密性和完整性方面,如系统技术失效,网上交易发生故障,数据的完整性和可靠性出现问题,造成交易错误损失;黑客侵入系统内部,破解金融交易密码,客户保密信息被第三方非法截获等。

2. 电子支付规范标准不统一问题

中国目前的网络银行业务由各银行独立开发、推销,开发模式、业务范围和发展规模有较大差异,发展不均衡。例如,信用卡业务,各银行展开了激烈的竞争,却不能达成内部的一致协议,实现信用卡的跨行结算。这种规范标准不统一的局面既造成重复建设、浪费资金,又使得整个金融结算系统不能满足消费者方便、快捷的要求。

3. 各方权利义务不明确、法律责任不清问题

由于法律法规对网络银行与有关商家、客户的权利义务关系没有明确规定,也未明确规定网络银行在业务流程中对客户承担的义务种类以及适用范围,各方在电子支付中所应承担的法律责任不清晰,极易发生纠纷,而且,由于缺乏有关此类纠纷诉讼程序的法律规定,纠纷发生也因无法可依而不易及时解决。

4. 电子支付的监管问题

传统的资本管制手段对网络银行失去意义,而针对网络银行的监管体制还未建立,因此,网络银行开展电子支付业务,还面临着监管失控的风险。监管当局必须研究电子货币可能对国家的货币政策产生的冲击、对资本市场的资金流产生的影响,以及使用电子货币进行网上支付可能引发的交易风险等电子支付监管中发生的新问题。据了解,信用卡非法套现约七成发生在第三方支付平台。

11.2.4 电子商务知识产权保护的法律问题

1. 著作权法与网上版权保护

电子商务活动中涉及最多的是知识产权问题。在网络传输的电子商务中,已涉及版权产品的无形销售,产生了版权保护的新问题;特别是已经产生了在网上的商标及其商业标志保护、商誉保护和商品化形象保护等与传统保护根本不同的新问题。因此,电子商务在网络环境下,已对我国著作权法和商标法产生了较大的影响。

我国著作权法中,对作品的数字化、作品的网络传播都没有作出相应的法律规定。这种状况,首先使网络环境下作品的主体和客体发生了变化。开放式的作品的著作权主体难以认定,而信息网络作品、多媒体作品和由工具生成的衍生作品的存在,给作品的分类带来困难。这就影响了电子商务活动中主体资格的认定。其次使出版、传播行为得到扩展。在网络环境下,传统意义上出版的环节是不存在的,承担作用的是信息内容提供者和网络服务者以及从事电子商务活动的商家。由于出版地域的不确定性,给地域的确定带来困难。因此,必须要研究网络传播服务提供者和信息内容提供者以及电子商务的商家的权利和义务。第三,个人合理使用作品的界线很难界定。特别是在网络环境下,经济利益获取与作品形式的分离,使营利与非营利的界线很难划清。第四,用户合法权利的保护受到影响。在网络环境下,存在着用户对作品被动获取的条件和环境,极可能使用户合法权利受到侵害。所以为了保护各方著作权利人的利益,同时有利于推动电子商务的发展,我国著作权法的保护原则和重点应当有所调整,并随着计算机网络技术和应用的进展,不断增加调整力度。

2. 域名注册与商标权的冲突

我国的商标法只规定可受保护标志为"文字、图案或其组合",而没有把在网上出现的某一动态过程作为商标来保护。在网络环境下的商业活动,已使人们感到用"视觉可感知"去认定,比起用"文字、图案"认定商标更能适应商业活动的发展的需要。当前在我国最突出的问题是在网络环境下,"域名注册"与商标权的冲突。虽然1997年5月国务院相关部门发布了《中国互联网络域名注册暂行规定》,但其中只规定了"不得使用不属于自己的已注册商标申请域名注册";并没有禁止以他人的商标和商号抢注域名。因而"域名"已实际上成为商誉、乃至商号的一部分受到了保护,并作为无形资产被交易着。目前国际上的一些条约中,也仅仅规定"国际知名商标"所有人,有权禁止他人以自己的商标抢注域名;

而非驰名商标及商号与"域名"矛盾的焦点之一则是在权利产生的程序上。这是因为，商标权多是经官方行政批准注册产生，商号权却是依实际使用产生，而域名专用权则多经非官方组织登记产生。由于技术上仍没有找到解决冲突的出路，使"域名"与在先商标权、在先商号权的冲突无法得到真正解决。对于域名是否适用商标法、具有商标的权利，业界颇有争议，笔者认为这并不重要，重要的是域名作为一种独立的权利应予以保护。值得注意的是，2002年10月16日起施行的《最高人民法院关于审理商标民事纠纷案件适用法律若干问题的解释》第1条第3项规定，"将与他人注册商标相同或者相近似的文字注册为域名，并且通过该域名进行相关商品交易的电子商务，容易使相关公众产生误认的"，该行为属于《中华人民共和国商标法》第52条第5项规定的"给他人注册商标专用权造成其他损害的行为"。根据上述司法解释，如果侵害人将他人注册商标恶意注册为域名后，进而使用域名进行了易使公众产生误认的电子商务等经营行为，该行为属于侵犯商标权的行为。虽然域名保护在立法环节没有充分地跟进，但在司法环节给予了一定的重视。

3. 著作权与"复制权"制约

由于数字化后的作品具有"可复制性"和"独创性"等特征，因而已有作品数字化应属于著作权人的一项专有权利，应该受到著作权法的保护。将作品数字化本身就是一种"复制"行为，应受"复制权"的制约。因此，对著作权法修正案(2010年4月1日起施行)第10条财产权中的第(五)项"复制权"应修改为："复制权，即以印刷、复印、临摹、拓印、录音、录像、翻录和翻拍转换等数字化或者非数字化方式将作品制作一份或者多份的权利"。作品的网络传播，既不完全是作品的发行，也不完全是作品的播放，它是一种全新的作品传播方式。因此，从保护著作权人的利益出发，将作品上载到互联网络上向公众发送是对作品的使用，它属于著作权人的一项专有权利，应受到著作权法的保护。因此，建议考虑增加"信息网络传播权"，并可定义为"信息网络传播权，即在网络上向公众提供作品，使公众中的成员在其选定的地点和时间获得这些作品的权利"。这对于电子商务是重要的，虽然在网络上销售的版权保护作品是数字化形式存在，但并没有改变其版权所有权的实质，在电子商务活动中，应注重作品版权主体的认定。

案例 11-2

"麦梦"之争再唤电子商务立法

2010年3月，梦芭莎在麦考林的邮购目录、B2C网站上发现了一款文胸产品，与梦芭莎的凤尾玲珑杯文胸如出一辙。然而，其标价却仅为梦芭莎同款产品的1/3。

2010年5月，梦芭莎将麦考林诉讼至上海市浦东新区法院，要求麦考林立刻停止侵权并赔偿损失200万元。由于涉及赔偿标的过大，此案由上海市浦东新区法院移交上海市第一中级人民法院。

梦芭莎凤尾文胸的原图

麦考林侵权文胸的图片

2010年8月23日，梦芭莎状告麦考林侵权案在上海市第一中院开庭审理，当庭未宣判。

2010年10月29日上午，上海第一中院宣判，法院认定麦考林侵权行为成立，判决其赔偿梦芭莎3.3万元人民币。

"麦梦"之争再次引起了市场对《电子商务法》的呼唤之声。伴随着电子商务的蓬勃发展，越来越多的法律纷争开始出现在大众的视线内，亟需出台一套系统的《电子商务法》将电子商务市场纳入规范的监管体系。

11.2.5 电子商务消费者权益保护的法律问题

我国现行立法对网络消费者权益的保护散见于《中华人民共和国民法通则》(以下简称《民法通则》)、《合同法》、《中华人民共和国消费者权益保护法》(以下简称《消费者权益保护法》)、《中华人民共和国产品质量法》(以下简称《产品质量法》)和《计算机信息网络国际互联网安全保护管理办法》等法律法规中，内容简单、散乱，可操作性不强，救济程序也太过于笼统。

1. 安全权问题

在传统商务模式中，对消费者安全权的定义是经营者必须保证所提供的商品或服务不存在危及人身及财产安全的缺陷，对可能危及人身、财产安全的商品和服务应当向消费者作出真实的说明和明确警告，并标明正确使用产品或接受服务的方法及防止危害产生的方法。在电子商务模式中，消费者安全权有着更广泛的内涵。除上述要求外，还要求网络经营者提供一个安全的交易虚拟环境和交易过程。但目前现状是计算机病毒破坏、黑客侵袭以及内部人员作案使网络中的敏感数据有可能被泄露、窃听、伪造、篡改以及拒绝服务攻击、行业否认等问题时有发生，甚至网络瘫痪。目前电子商务存在的安全隐患主要包括以下几个方面：①中断系统，破坏系统的有效性；②窃听信息，破坏系统的机密性；③篡改信息，破坏系统的完整性；④伪造信息，破坏系统的可靠性、真实性；⑤对交易行为进行抵赖。当交易一方发现交易行为对自己不利时，否认电子交易行为，从而造成对方或他人的损失。交易安全问题另一重要表现是侵犯隐私权和个人信息的滥用。Internet具有惊人的整理信息并进行分类的能力，在线消费者的信息随时都有被收集和扩散的危险，从而对传统的隐私价值产生了新的潜在的危险。Internet技术使得对个人信息的收集、储存和销售有着前所未有的能力和规模，而消费者对此往往很模糊。这些都可能对消费者造成损害，如信用卡密码被盗造成资金流失，个人隐私泄露，把钱付给商家后却收不到货等等。这些问题的存在使进行电子商务交易的消费者心存疑虑，从而大大制约了电子商务的发展。

2. 知悉真情权问题

知情权是消费者的基本权利之一，我国《消费者权益保护法》第8条规定："消费者享有知悉其购买、使用的商品或接受的服务的真实情况的权利，消费者有权根据商品或服务的不同情况要求经营者提供商品的价格、产地、生产地、用途、性能、规格、等级、主要成分、生产日期、有效期限、检验合格证明、使用方法说明书、售后服务或服务的内容、规格和费用等有关情况。"电子商务中消费者与经营者在虚拟的空间背对背地交易，消费者通过网上的宣传了解商品信息，通过网络远距离订货，通过电子银行结算。在这样的情况下，就产生了消费者无法掌握商品真实可靠信息的问题。网上交易的全球性、虚拟性加强了交易主体的不确定性，Internet 技术的复杂性亦为网上欺诈敞开大门。

3. 消费者退换货问题

我国《消费者权益保护法》第 23 条规定："经营者提供商品或者服务，按照国家规定或者与消费者的约定，承担保修、包换、包退或者其他责任的，应当按照国家规定或者约定履行，不得故意拖延或者无理拒绝。"然而，在电子商务环境下，《消费者权益保护法》及各相关法律法规所规定的消费者退换货的权利却遇到许多新问题。对于网上购物而言，离线购买的实体商品应视为邮购商品，无疑可以退货。但对于在线购物的数字化商品能否退货的问题须加以探讨。由于数字化商品复制十分容易，成本低廉，而且品质不会耗损，故有些人可能一面将档案留存于电脑，一面又向商家要求退货，避免支付价金。实际上商家对于消费者的复制行为是无法监督与控制的。如果作出数字化商品可以退货的规定，则法律的天平过于倾向消费者，其结果必然是商家为了避免经营风险，不敢经营在线传送的数字化商品，最终损害的还是消费者和社会公众的利益。在此问题上如何求得经营者和消费者的利益平衡，是一个值得思考的问题。

4. 公平交易权问题

《消费者权益保护法》第 10 条规定了消费者的公平交易权，即获得质量、价格和计量等公平交易条件。在网上进行交易时，并不能因购物空间的改变和特殊而可随意采用欺诈性价格或隐瞒商品及服务的真实品质。网络消费者仅能根据网上的商品信息自行判断性价比是否适当。这种看似主动的购物方式容易导致消费者受虚假信息蒙蔽而发生不公平交易。同时，在电子商务中应对公平交易权作扩张性解释：消费者有获得公平的交易机会、缔约条件及约定条款的权利。在电子商务中，我们进行网上购物时，很重要的一环就是要通过 Internet 与商家签订有关契约，这些契约内容一般都是商家事先准备好的固定的条款，我们称之为格式化契约。由于格式化条款不具有协商性，由一方提供格式条款，相对方或全部接受，或全部拒绝，并无谈判余地。常有网上商家通过格式化契约预设购物的限制性条件或是免除商家的责任，通过电脑程序的控制，消费者需点击同意键后才能继续购物。例如，有的商家规定通过网络发送数字化商品时，即使传送过程中遭到任何干扰或者网络断线以至消费者收到的商品有瑕疵时，消费者仍需支付价金。诸如此类的格式条款均属于对消费者不公平的规定，在实质上违背了契约自由的要求。这一现象导致一个问题的产生，即《消费者权益保护法》第 24 条关于"格式条款"的规定是否必然延伸到 Internet 上。

5. 管辖权问题

由于网络空间具有全球性以及管理的分散性等特点，我们不能把物理空间中已经发展成熟、形成了完整体系的有关管辖权的法律制度生硬地照搬到网络空间中来。电子商务冲破了一切国家的地域、管辖权的限制，没有地理和时间的限制，以电脑网络为依托，与任何一个国家、任何一个网站的用户进行交易。一方面，通过互联网，任何人都可以隐匿地址和姓名与不同的人交易，这就使得判断某一网上活动发生的地点和发生结果的确切范围变得非常困难；另一方面，由于互联网的设计目的在于信息共享而不是独有，同样一条信息，会被很多人点击浏览，甚至被多种媒体所转载，这样一个加害行为就可能产生多个损害的结果，进而产生多个侵害地。那么怎样确定管辖法院呢？如果将这些侵权作为结果地法院都赋予管辖权，是否妥当？这些都值得探讨。

6. 索赔权问题

消费者与网络经营者缔结电子交易合同后，有时会因一方违约、不可抗力等因素导致不能履行，或因产品、服务质量存在安全性的缺陷而致消费者人身或财产受损。根据消费合同的性质和《消费者权益保护法》的规定，消费者可要求经营者承担修理、更换、退货或金钱赔偿损失的违约责任。但在电子商务中，违约责任承担方式、责任承担主体及处理纠纷适用的实体法均变得特殊而复杂了。例如，网络经营者违约提供与合同不符的商品或服务时，经营者自然应成为消费者索赔的直接对象，但当经营者利用互联网接入服务提供商连线服务在网上发布不实广告，诱骗消费者购物时，ISP 能否成为损害赔偿责任主体？电子商务的完成需要多个实体的参与，任何一个"供销链"出现问题，都会损害消费者的合法权益，如果货物有瑕疵时，各方都相互推诿，必然会使消费者陷入困境。

11.3　电子商务面临的新风险

11.3.1　信息风险

信息风险指信息虚假、信息滞后、信息不完善、信息过滥和信息垄断等有可能带来的损失。在信息传递过程中，如果市场行为主体不能及时得到完备的信息，就无法对信息进行正确的分析和判断，无法作出符合理性的决策。而信息虚假、信息滞后和信息不完善性对电子商务的运行安全也会产生威胁。此外，信息作为一种资源在电子商务的开展中起到了决定性的作用，但同时也带来了信息过滥的问题。信息社会，各种各样的信息层出不穷，但大量信息在带来巨大财富的同时，也会带来很多的麻烦和更多的工作量。由于每天被大量的信息包围，企业在对众多的信息进行挖掘，过滤自己所需要信息的时候就会非常困难，该留的信息没有留下，不该留的信息反而留下了，这容易出现信息不足，或是信息失真的风险。同时，在企业内部如果不能实现信息的有效流动和共享，电子商务开展的有效性也会大打折扣。由于企业开展电子商务是一项系统工程，涉及企业的方方面面，各个部门能否步调一致，协调开展各项工作，直接决定了企业开展电子商务的效果。最后，信息垄断也是企业发展电子商务时不得不防的问题。在我国，信息垄断主要表现为一些信息综合部门垄断着大量信息，他们只愿把汇集和综合的信息无偿提供给有关上级部门，而非企业和个人。信息风险的直接表现是网络欺诈，不仅使厂商和消费者在经济上蒙受重大损失，更重要的是它可能会使人们对电子商务这种新的经济形式失去信心。

11.3.2 信用风险

传统商务交易一般使用以纸为介质形式的手写签名或证明文件等方式来证明或确认商务的交易，应该说比较容易辨认真伪，操作显得比较容易。而在基于互联网络为交易平台的电子商务形式下，参与商业交易均在互联网上进行，双方并不存在与传统商业模式的见面、磋商、谈判、监证和签署文件等问题，这就需要通过一定的技术手段相互认证，如数据加密技术、数字签名和数字证书等技术来保证电子商务交易的安全。在电子商务环境下，由于电子报表、电子文件和电子合同等无纸介质的使用，无法使用传统的签字方式，从而在辨别真伪上存在新的风险，电子商务的成功与否取决于消费者对网上交易的信任程度，电子商务的信任风险实质是由网络交易的虚拟化造成的，首先是买方信用风险。在网络中个人可以任意伪造信息，可以伪造假信用卡骗取卖方商品，从而给卖方带来风险。然后是卖方信用风险，由于信息不对称的原因消费者不可能全部掌握商家商品信息。卖方商品信息不完全、不准确或商家过分诱导消费者从而误导消费者购买行为；另外，卖家单方面毁约、不履行交易，也会对买方造成损失。所以电子商务应用过程中遇到的信用风险问题，是值得关注的问题。

淘宝秒杀门

2009年9月25日20点整"淘宝网"为庆祝成立6周年发起"一元秒杀"活动，活动商品都是价值数千元的数码类产品，但是20点活动开始之前陆续有网民发现开拍前这些"一元秒杀"商品被转移，一直持续到20点之后页面才恢复正常，更奇怪的是某几位网民竟然能在同时同分同秒同时拍下所有的"一元秒杀"商品，这种行为被网民视为欺诈。

11.3.3 交易安全风险

由于Internet运用TCP/IP协议和开放的体系结构，强调高效和通信，而不强调安全性，所以网上交易安全也是传统企业发展电子商务普遍关心的问题之一。若不妥善解决安全性问题，则电子商务很难推广。

首先，从网上交易来看，电子商务给人类带来的最大风险是由于网上交易极大程度依赖于电脑和软件，经其进行的交易大多是瞬间的、不受地理距离限制的，控制传统经济行为的那些理论和方法对软件往往不再适用或不起作用，从而有可能使周期性的经济动荡变得更为频繁,幅度更大,还可能引发灾难性的价格战。其次,网上交易有着极大的不确定性,要避免交易数据的更改、交易信息的泄漏、交易流程的破坏,都很大程度上依赖于网络交易的安全保证。第三,实行电子商务后,可以在短时间内完成大规模的资金调动,政府可能对此完全失去监控。总之,电子商务使交易更为便捷,但随之而来的网上交易安全问题也更加突出。

11.3.4 法律政策风险

电子商务法律和政策方面的风险,主要起因于相关电子商务立法的滞后和全球化环境下各国法律和制度的差异。立法的滞后严重制约了电子商务的发展,在法律不健全的条件下,企业只能做到尽量不违背现行法律,但企业会担心今后遇到法律冲突。另外,企业即使能够完全做到符合本国法律和制度,也难免会与他国法律发生冲突,各国法律和制度的差异使企业陷于风险中。

11.3.5 管理风险

网上交易的管理风险是指由于交易流程管理、人员管理和交易技术管理的不完善所带来的风险,具体包括以下几个方面。

(1) 交易流程管理风险。在网络商品中介交易的过程中,客户进入交易中心,买卖双方签订合同,交易中心不仅要监督买方按时付款,还要监督卖方按时提供符合合同要求的货物。在这些环节上,都存在着大量的管理问题,如果管理不善势必造成巨大的潜在风险。

(2) 人员管理风险。人员管理常常是网上交易安全管理上最薄弱的环节,近年来我国计算机犯罪大都呈现内部犯罪的趋势,其原因主要是工作人员职业道德修养不高,安全教育和管理松懈所致。一些竞争对手还利用企业招募新人的方式潜入该企业,或利用不正当的方式收买企业网络交易管理人员,窃取企业的用户识别码、密码、传递方式以及相关的机密文件资料。

(3) 网络交易技术管理的漏洞的交易风险。有些操作系统中的某些用户是无口令的,如利用远程登录(Telnet)命令登录这些无口令用户,允许被信任用户不需要口令就可以进入系统,然后把自己升级为超级用户。

11.3.6 投资风险

企业采用电子商务这种新交易模式,所面临的投资风险主要表现在以下几方面。

(1) 电子商务相关的固定资产折旧快,淘汰率高。随着电子技术的飞速发展,作为电子商务相关的固定资产的硬件设施如电脑、复印机、打印机和路由器等,技术和经济寿命较短,变现能力差,需要持续不断的后续投资,加大了企业的运营成本,增加了企业的投资风险。

(2) 电子商务无形资产投资比重大。由于网络经济的快速发展,新技术变革日新月异,使得传统企业电子商务要获得生存发展必须在信息和技术两个方面跟上整个行业的发展,稍微落后即遭淘汰,企业需要不断的投入资金进行技术开发,这更增加了传统企业发展电子商务的投资风险性。

(3) 电子商务收益的增加是长期的、逐步的，企业在短期内很难收回投资。而且收益只能在电子商务项目建成之后从其运作过程中所能节省的运营成本中体现出来，具有不可估算性。这些都使得电子商务投资的回报难以确定，加大了传统企业的投资风险。

11.3.7 战略风险

战略是组织为了参与竞争而制订出的内容广泛的规则和方案，包括组织的目标以及为实现这些目标所实施的计划和政策。战略意味着寻求创新，以求显著改变现状和塑造未来。战略风险主要来自于错误的战略导向，对某些供应商、购买方等的过分信任与依赖，不恰当的公司文化，信息的缺乏等。其结果可能导致某些产品积压，某些产品供不应求。

11.3.8 人才风险

知识经济时代，知识成为财富的主要来源。作为知识载体的人才已经成为企业关注的焦点，人才的风险表现为全球范围的人力资源政策竞争。加入 WTO 后，传统企业人力资源管理薄弱日益严重，人力资源风险不可避免地成为企业风险的中心。首先，传统企业不重视企业家的培养和造就，对管理者缺乏有计划地进行知识技能的更新、提高，同时企业对电子商务缺乏必要的了解和足够的重视，使得企业领导层缺乏具有科技成果的科技实业家和复合型、高素质的知识型企业家。其次，缺乏高效率的人力资源管理体制，员工不能获得良好的培训，这往往不能提高员工的技能和对企业的忠诚度。同时，落后的管理思想使员工不能够公平竞争，人才不能合理流动，优秀人才大量流失。特别是企业参与开发、管理电子商务的相关人员，是集网络技术、企业管理知识于一身的复合型人才，但是由于我国传统企业内部人才激励机制不健全，同类企业间人才流动率高，致使人力资源成本比较高。这种高人才流动率一方面使企业人员稳定性降低，不利于电子商务技术的推广及应用，也就相应降低了系统的稳定性；另一方面造成企业内部的商业信息和技术秘密的泄漏，有可能给企业带来巨大的损失。

网店实名制

网店实名制是指个人开网店要登记实名，具备条件的要办理工商登记注册；而已经有营业执照的经营主体则要将营业执照电子版公开。2010 年 4 月 2 日，工商总局研究起草的《网络商品交易及有关服务行为管理暂行办法(征求意见稿)》向社会公开征求意见，办法规定，通过网络从事商品交易及有关服务行为的自然人，应当向提供网络交易平台服务的经营者提出申请，提交其姓名和地址等真实身份信息。该办法自 2010 年 7 月 1 日起正式实施。

本 章 小 结

从本章的学习中可以发现,随着电子商务活动的蓬勃发展,开始出现越来越多的电子商务纠纷。而现行的电子商务法律尚不规范,不能很好地保障电子商务活动的持续健康发展。因此亟需有关部门出台一部电子商务法来规范电子商务市场,引导电子商务的可持续发展。

复习思考题

一、选择题

1. 电子支付面临的问题包括(　　)。
    A．安全问题
    B．规范标准不统一
    C．各方权利义务不明确、法律责任不清
    D．监管问题
2. 电子商务面临的风险包括(　　)。
    A．人才风险　　　B．交易安全风险　　　C．战略风险　　　D．信用风险
3. 采用数据电文形式成立合同的,(　　)为合同成立的地点,如没有则(　　)为合同成立的地点。
    A．收件人的主营业地、经常居住地
    B．收件人的经常居住地、主营业地
    C．寄件人的主营业地、经常居住地
    D．寄件人的经常居住地、主营业地
4. 电子签名和数字签名在法律上要解决的问题包括(　　)。
    A．真实身份的确认　　　　　　　　B．加密技术方案
    C．保证内容未被篡改　　　　　　　D．指定特定接收系统
5. 管理风险具体包括(　　)。
    A．交易流程管理风险　　　　　　　B．人员管理风险
    C．交易技术管理风险　　　　　　　D．资金管理风险

二、简答题

1. 简述电子商务知识产权保护的法律问题。
2. 简述电子商务法的性质。

三、实践题

1. 分析淘宝用户信誉问题对 C2C 电子商务的影响。

2. 分析网店实名对电子商务各方的影响。

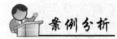

2012年5月，淘宝网9家店铺被关闭进入司法程序，涉及受贿的数名"小二"(淘宝员工)被批捕和刑拘。继2011年2月B2B公司关闭涉嫌欺诈的千余名"中国供应商"后，阿里巴巴集团日前再举反腐利刃，这次的目标是淘宝内部私相授受、行贿受贿的部分网商和个别淘宝"小二"。

据悉，部分淘宝"小二"之所以会与商家产生利益输送问题，是因为这些"小二"手握巨大的市场资源。以现在月交易额超过10亿元的聚划算为例，网店只要能上一次聚划算，交易量就能以几何倍数大增，所以网店商家排队上聚划算，但因为排队商家数量巨大，部分"小二"就有了人为操作的空间，腐败因此产生。更有甚者，还有"小二"在外参股或设公司，利用职权谋取不当得利。淘宝早在2010年就成立了廉正部，用以处理内部不正当利益输送问题，部分已进入司法程序。(相关资料："中国供应商"是阿里巴巴国际平台的一项服务，企业可借助"中国供应商"向海外买家展示产品，将产品打入全球市场。内部调查信息显示，2011年1月，上市的B2B公司董事会委托专门的调查小组，对上述事件进行了独立调查，查实2009年、2010年两年间分别有1 219家(占比1.1%)和1 107家(占比0.8%)的"中国供应商"客户涉嫌欺诈。上述账户已经被全部关闭，并已提交司法机关参与调查。)

思考题：

1. 从以上两起事件反映出哪些问题？
2. 如何监控上述问题的发生？
3. 结合此案例，谈谈如何应对电子商务面临的新风险？

第12章 电子商务经济

学习目标

1. 了解电子商务的组织模式。
2. 了解电子商务市场的发展趋势。
3. 掌握电子商务环境下的消费者行为。
4. 掌握电子商务中介的分类及作用。

知识结构

知识模块	知识单元	相关知识点
电子商务经济	电子商务环境中的市场组织	(1) 电子商务环境中的组织模式； (2) 电子商务环境下的市场动态
	电子商务环境中的消费者行为	(1) 电子商务环境中的消费者行为的特点； (2) 电子商务环境中的消费者行为的制约因素
	电子商务环境中的中介	(1) 电子商务中介的定义； (2) 电子商务中介的类型； (3) 电子商务中介的作用

引例

随着网络购物规模的不断扩大，实体＋网络的电子商务营销模式将成为各行业的主流。网购不仅让年轻白领乐此不疲，而且成为不少零售企业抗击金融危机的一条新出路。同样，资本也在电子商务这一爆发领域聚集。

根据易观咨询 2010 年 12 月最新发布的数据显示，我国电子商务行业 2010 年的融资总额已高达 10 亿美元，目前的电子商务是一个疯狂烧钱的行业。其中较为典型的投资项目有，京东商城在 2010 年 1 月宣布融资 1.5 亿美元；百度乐天也在 1 月宣布，双方将在未来 3 年投资 5 000 万美元打造乐酷天；6 月红孩子徐沛欣透露，红孩子第四轮融资基本落实；9 月，麦包包叶海峰宣布获得来自 DCM 和联想创投合计 3 000 万美元投资；10 月上线的银泰百货旗下银泰网，其于 2010 年上半年开始筹建，投资金额超过 1 亿元人民币。土豆网也于 2010 年 10 月完成第五轮融资，除了淡马锡控股领投 3 500 万美元外，原有股东追投 1 500 万美元。从 2005 年 4 月土豆网正式上线(2012 年 3 月土豆和优酷合并为优酷土豆股份有限公司)，总金额已升到 1.35 亿美元。

网络购物在理念上已得到众多网友的认同，网上支付、物流配送和售后服务等技术问题目前也都得到较好解决，现在正是市场快速成长的大好时机。同时，随着用户网购习惯的日渐养成，"宅经济"现象逐日凸显，对带动电子商务市场发展起到了积极的推动作用。

受到电子商务的高速发展和高回报率所带来的吸引力，许多传统企业巨头也逐渐向电子商务转型或正涉及电子商务相关的领域。电子商务市场越来越成为投资者追捧的对象。

12.1 电子商务环境中的市场组织

12.1.1 电子商务环境中的组织模式

随着电子商务的蓬勃发展，越来越多的企业开始实现电子商务化。企业实施电子商务战略有4种模式可以选择，即部门形式、分公司形式、合资企业形式和战略联盟形式。

(1) 部门形式是指企业将内部某个职能部门的功能转移到互联网上，形成一个将网络和实体功能紧密集成起来的无缝单一业务部门，由此部门专门负责企业的互联网业务。

(2) 分公司形式是指一些规模较大、电子商务应用潜力巨大的传统企业，为了统一规划、运作与管理公司的所有网络业务，专门成立一个拥有自治权但隶属于总公司的电子商务分公司。

(3) 合资企业形式是指传统企业出于经验缺乏、投资巨大以及产品价格弹性等原因选择与其他在线企业共同出资创立独立于两家企业的新企业。

(4) 战略联盟形式是指传统企业与提供电子商务网站交易平台的在线企业构建战略联盟，在互联网业务方面进行战略合作的组织模式。由于电子商务的实施需要大量支持性服务，而这些服务很难有单一企业提供，所以当企业间优势互补时，商业联盟比以往任何时候都更加重要。

12.1.2 电子商务环境中的市场动态

网络时代的事物变化已经成为了常态，依托网络的电子商务市场的变化也是日新月异，唯有适应不断变化的电子商务市场，才能在未来的竞争中游刃有余，立于不败之地。

1. 电子商务应用呈现较高的普及化、常态化趋势

近年来，电子商务服务已全面覆盖商业经济各个方面：不管是国民经济的制造业领域，还是服务业的流通领域；无论企业应用、个人应用，还是政府采购；无论内贸服务，还是跨国外贸服务；无论是基于互联网的电子商务，还是基于移动互联网的电子商务。所有这些，都在各级政府、行业主管部门、行业协会和电子商务服务企业、电子商务应用企业和电子商务配套服务企业的共同努力下，取得了令人瞩目的发展成绩。2011年中国电子商务市场整体交易规模达7.0亿元人民币，较2010年上升46.4%，增速明显，当前的电子商务应用，已呈现出了较高的普及化与常态化趋势。

2. 电子商务呈现渐向电子服务扩张与升级趋势

随着各领域、各行业之间的交叉融合化，电子商务也逐渐呈现向电子服务扩张与升级趋势。电子服务以现代服务业为依托，为服务业、工业和农业等不同行业，产业、企业、团体、家庭和个人等不同对象的社会或个体活动提供网络化与信息化的支持服务。电子服务涵盖了电子商务、电子政务、现代物流、信息服务、企业信息化管理、新媒体应用、数字旅游、数字教育、电子医疗、数字社区和数字家庭等领域。在这11项领域中，前6项都与电子商务有着直接或间接关联。由此可见，"电子服务业"的诞生，与电子商务的发展和延伸是密不可分的。2011年12月，阿里巴巴集团研究中心在上海举办的第一届中国电子商务服务商年会上，正式发布了《2011中国电子商务服务业报告》。该报告显示，截至2011年年底，中国电子商务服务企业突破15万家，电子商务服务业收入达到1 200亿元，支撑超过3万亿元的电子商务交易规模。众多专业服务商加入到服务生态中，不断为网商创造价值。

 案例 12-1

阿里金融：用互联网的方式微贷款

2011年阿里金融各个贷款产品所服务的小微企业(小型企业、微型企业、家庭作坊式企业和个体工商户的统称)已经超过10万家。这10万小微企业在获得资金的同时，也收获着与绝大多数小企业截然不同的融资体验——无须担保或者抵押，获贷的途径都通过互联网。

在阿里金融各个贷款产品中，数据和互联网的作用极其关键。数据化的运作降低了小微企业获贷的门槛，也能有效控制阿里金融自身的放贷风险。目前掌握的微贷技术，借助互联网和云计算的能力，而非大量使用人工，一方面降低了自身运营的成本，同时也能有效对应更多的小企业客户群，这是以往技术所不能比拟的。2012年阿里金融计划为40万家小微企业提供融资服务。

3. 企业电子商务应用呈现产业链与供应链全流程化趋势

不仅在企业商机与贸易撮合方面，即从发布商机、寻找客户开始，一直到洽谈、订货、在线付收款、开具电子发票以至到电子报关、电子纳税等，都能够通过电子商务平台完成。而且，电子商务平台服务还能覆盖某行业或某领域产业链，甚至能全面应用于企业从采购、研发、生产、招商、市场、零售、企划、行政、财务、人力和设计等几乎所有企业的常规部门。

4. 移动电子商务成为电子商务发展新驱动力

在经历了对网络广告、SP、网游、垂直搜索、Web 2.0和B2C电子商务等热门市场争夺之后，随着"3G时代"的到来，中国电子商务已步入了对移动电子商务市场进行抢滩布局的新阶段。各家具备前瞻意识的电子商务公司开始在移动支付、移动IM、移动搜索、移动旺铺和移动定位等领域抢先战略布局。2009年，中国移动电子商务实物交易规模保持快速增长,达到 5.3 亿元,同比增长 248.7%。专家认为,2010 年中国移动电子商务实物交易市场将继续保持快速发展态势,预计到 2012 年,整体实物交易市场规模有望突破 350 亿元。

 案例 12-2

网盛生意宝"3G 战略"——"生意搜"

随着 3G 来临,开展电子商务的中小企业用户数则可能会出现跨越式的爆发性增长。基于手机强大的上网功能,用户完全可以随时随地通过手机上网来发布产品信息,查询并第一时间获取最新商机。2009 年,网盛生意宝对外宣布了其"3G 战略":推出一款新产品"生意搜",通过移动互联网搬上 3G 手机,以帮助中小企业主随时随地即可联系到生意对象,获得新商机。

5. "寡头垄断"格局渐渐被"多元化"竞争市场替代

"一枝独秀不是春,百花齐放才是春",只有形成百家争鸣的市场格局,才可能在最大程度上有利于用户的选择使用、准入门槛的降低,避免行业"寡头垄断",也才能更好地促进电子商务整个市场的健康、持续与稳定发展。

当前,综合 B2B 电子商务市场的高度集中,阿里巴巴虽看似仍保持一家独大的局面,但随着环球资源、慧聪网、网盛生意宝和焦点科技 4 家 B2B 上市公司的崛起,其市场份额也渐呈下降趋势。资料显示,2009 年阿里巴巴市场份额为 58.9%,至 2011 年第四季度市场份额下降至 45.3%,而这种良性竞争的格局,最终受益的是 4 300 万家中小企业。

网购领域亦如此,早年的 B2C 与 C2C 市场只有屈指可数的几家电子商务企业,在近年来数千家企业涌入后,以尽最大可能地避免或延缓"一强独大"垄断格局的形成,促进了行业良性循环发展,也降低了用户网购成本。

6. B2C 替代 C2C 是未来网络购物发展的必然趋势

近年来,不仅涌现了众多纯线上业务的 B2C 网站,而且各大传统企业亦纷纷涉水 B2C 领域。此外,C2C 企业开始涉足代表网购未来趋势的 B2C 业务,如淘宝推出天猫(原淘宝商城)、百度提出 X2C 进军 B2C 领域,这意味着 B2C 与 C2C 的"大融合时代"即将到来。

由于 B2C 平台提供的产品在质量、品牌和售后服务等系列核心环节上,远较 C2C 平台有竞争优势,B2C 电子商务市场呈现逆势"井喷",且逐渐呈现替代 C2C 成为电子商务中网购第一大主流的趋势。

7. B2C2C 兴起,呈现多种模式并存发展的趋势

新型电子商务模式平台的盈利问题一直摆在参与者面前,中国电子商务网站目前仍没有在发展和盈利中找到好的平衡方式,而随着新型电子商务交易规模和用户规模的扩大,购物网站除了承载交易功能外,还直面消费终端、掌握海量用户购买路径和习惯数据、加上覆盖群体广泛等特征,其蕴含的巨大媒体价值被逐步释放和认可。

近年来，我国先后出现了 BMC、BGC、M2C 和 B2C2C 等新型电子商务模式，BMC 的代表是太平洋直购网，B2C2C 的代表是斐贝国际旗下的菲玛特商城，菲玛特商城的 B2C2C 融合了 B2C 及 C2C 模式的精华，解决了店主在物流、配送和支付等方面的瓶颈。菲玛特商城只允许女性免费注册开店，成为菲玛特商城"我的店"的店主后，店主就拥有了商城上所有商品的分销权，店主每天大概只要花几十分钟，挑选推介商品、做好分享销售。B2C2C 兴起后，不少网站纷纷效仿，在电子商务界刮起了一阵 B2C2C 旋风。

案例 12-3

菲玛特商城

斐贝国际旗下的菲玛特商城(Femart)推出 B2C2C 新商业模式，创造性打造出全球首个"3G"概念网店平台，该平台以先进的创业模式、"分享成就价值"的经营理念及"生产消费公民"的生活倡导赢得了广大女性消费者的喜爱。据业内专家预测，菲玛特商城 B2C2C 模式将有别于 B2C、C2C 模式的发展，开创我国 B2C2C 新商业模式的先河。

与传统的网店平台不同，菲玛特商城既不直接由企业面对消费者，也不像淘宝网、易趣网那样在个人与个人之间进行交易，菲玛特商城通过挑选优质商户，为商户提供产品展示的平台，菲玛特商城网店的店主们可以自由选择商城上的产品进行推荐和分享，物美价廉、优质的商品自然能获得更多的青睐，商家的渠道也就通过这样的口碑营销建立起来。有业内人士认为，这样的模式给了商户一个展示和推广产品的平台，也对商户的产品和服务提出了更高的要求，只有高品质的产品、高质量的服务才能赢得消费者的信赖，这也给消费者的网络购物提供了更多的保障。

菲玛特商城新商业模式的核心竞争力表现在 3 个方面：①"零投资"创业，网店店主只要利用口碑传播的力量，将消费能量集中起来，就可以实现创业赢利；②实现了"订单经济"，通过整合供需双方的资源，将原本无组织、无秩序的网店经营群体打造成一个巨大的消费通路；③将生产商、网店与消费者整合成一个和谐发展的循环体，使忠实消费群体越来越壮大。

8. 电子商务平台与搜索引擎平台呈融合化趋势

调查报告表明，中小企业开展网络营销有三大必备途径：一是电子商务；二是搜索营销；三是网络广告。而以往，这三类平台往往是被对立甚至孤立起来的，但随着电子商务的深入发展与应用，这三大平台已呈现出"融合化、互补化、一体化"的趋势。

9. 电子商务的安全、诚信与立法等问题逐步完善

随着阻碍电子商务发展的网络普及、在线结算和物流配送的"三座大山"的逐步移除，特别是随着 3G 时代的到来，中国已经进入电子商务快速发展的时期。但与此同时，快速发展的电子商务仍存在不容忽视的问题。

相比于欧美日韩等国，中国电子商务仍处于起步阶段，虽然市场潜力巨大，但还有不少瓶颈问题有待突破，如网上交易的安全问题、电子合同的法律问题和网络信用问题等。值得欣慰的是，政府部门与所有电子商务服务商都在为搬除这些"绊脚石"而努力着。在过去的12年里，我国出台了10余部电子商务相关的法律法规。目前，有关部门和机构对商家的认证以及评级、国家及地方政府日益完善的电子商务立法、交易金第三方保管及交易纠纷的协调仲裁等，这些措施将有效地保证电子商务的健康发展。

10. 第三方电子支付行业与电子商务平台应用加速

2011年中国第三方支付行业网上支付交易规模达到22 038亿元，增速达到118.1%；共101家企业获得非金融机构支付业务许可，支付行业迎来全新经营主体；多项监管法规待颁布，第三方支付行业全面进入监管时代。

国内电子支付市场近两年增速虽有所放缓，但行业发展速度依然较快。这一方面因为随着中国经济形势回暖，消费活跃，网上支付交易额成长空间巨大；另一方面因为网上支付渗透率依然较低，商务电子化、支付在线化大有潜力可挖。而网络购物B2C、航空客票、电子商务B2B和网络保险等新领域渐成为促进电子支付市场的增长引擎。然而，当前第三方支付行业除消费性领域(网络购物占到45%左右)外，应用行业渗透率仍较低，高黏度用户仍然有较大拓展空间，除了最早C2C外，还加大了在B2C、B2B等领域应用与融合，成为一个新兴潜在增长点。

11. 线上电子商务平台与线下实体平台呈融合化趋势

随着电子商务服务多元化的发展，以及产业链上下游控制的内在需要，近年来逐渐呈现出线上电子商务平台向线下实体平台扩张的趋势。这在弥补纯线上平台服务能力的同时，也使得电子商务平台的赢利模式由单一走向多元化，而行业准入门槛则随之进一步提高。

在B2B领域，几家B2B电子商务上市公司在线下展览、买家见面会和认证服务中均有覆盖。有些还在行业咨询调研服务、自办发行线下刊物有所尝试。在B2C与C2C领域，一些行业领先的B2C企业，如当当网、京东商城等，也从依托第三方物流逐渐加大对物流的资金投入，在主要城市自建物流，向线下实体扩张。

反之传统产业的制造商(如家电领域的创维、海信)与渠道商(如家电领域的苏宁、国美)大规模介入B2C市场，纷纷借自建网上商城进军网络直销领域。甚至像慧聪网、环球资源，本身就是从线下商情刊物和行业会展公司向线上B2B转型而来，且其目前大部分营收还来自线下业务。

 案例 12-4

苏宁易购网

苏宁易购网是苏宁电器集团的新一代B2C网上商城，于2009年8月18日上线试运营。苏宁易购网具有行业内领先的合作伙伴IBM合作开发的新型网站平台，与全球领先的IBM公司联手，着力打造最前沿的网络购物技术平台。

2010年1月25日，苏宁电器在南京总部宣布，公司的B2C网购平台"苏宁易购"将于2月1日正式上线，并将自主采购、独立运营，苏宁电器也由此正式出手电子商务B2C领域。

苏宁易购是建立在苏宁电器长期以来积累的丰富的零售经验和采购、物流、售后服务等综合性平台上的，同时由行业内领先的合作伙伴IBM合作开发的新型网站平台。虚拟经济无实体店支撑很难发展起来，苏宁B2C的优势在于可以把实体经济和虚拟经济结合起来，共同发展。

苏宁易购具有苏宁品牌优势、上千亿元的采购规模优势、遍及全国30多个省、1 000个配送点和3 000多个售后服务网点的服务优势、持续创新优势等。

12.2 电子商务环境中的消费者行为

电子商务在全球飞速发展，人们可以通过网络，在任何时间、任何地点进行商品交易。面对电子商务这种特殊的消费形式，消费者的消费心理和消费行为变得更加复杂和微妙。了解消费心理和消费行为，对企业准确把握市场机会、开发和生产适销对路的产品、提高经营管理水平和增强企业的竞争能力等具有非常重要的意义。

12.2.1 电子商务环境中的消费者行为的特点

网络购物具有形式方便、信息快捷和节省时间等优势，使得消费者逐渐接受并适应了这种全新的商务模式。在享受网络购物的过程中，消费者的消费心理与行为习惯正在慢慢发生改变，并且呈现出新的特点和趋势。

1. 追求个性化的消费

电子商务环境下的消费者往往富有想象力、渴望变化、喜欢创新和有强烈的好奇心，对个性化消费提出了更高的要求。他们所选择的已不再单是商品的实用价值，更要与众不同，充分体现个体的自身价值，这已成为他们消费的首要标准。可见，个性化消费已成为电子商务消费的主流。

2. 追求自主、独立的消费

网络消费者大多是中青年人，具有较高的分析判断能力。往往在消费实践中非常有主见，不易接受来自他人的提示、建议或广告宣传的诱导，较少受到外界的影响，而善于从实际出发，权衡商品的性能、品质及利弊，独立地作出购买决策。

3. 追求方便、快捷的消费

现代社会生活节奏加快，消费者在购物过程中讲求时间短、质量好和信誉高。有大部分用户出于"节省时间"的原因而选择网络消费。消费者在网上购物没有时间和空间的限制,查询和购物过程所需时间极短,程序简便快捷,足不出户便可在全球范围选购商品。

4. 追求躲避干扰的消费

现代消费者更加注重精神的愉悦、个性的实现和情感的满足等高层次的需要,希望在购物中能随便看、随便选,保持心理状态的轻松、自由,最大程度地得到自尊心理的满足。但店铺式购物中商家提供的销售服务却常常对消费者构成干扰和妨碍,有时过于热情的服务甚至吓跑了消费者。

5. 追求物美价廉的消费

消费者普遍存在求廉心理,在其他条件大致相同的情况下,价格往往成为左右消费者购买决策的关键因素。对于一般商品,价格与需求量经常呈反比,价格越低,销售量越大。

6. 追求时尚的消费

现代社会新生事物不断涌现,消费心理受这种趋势带动,稳定性降低,在心理转换速度上与社会同步,在消费行为上表现为需要及时了解和购买到最新商品,产品生命周期不断缩短。产品生命周期的不断缩短反过来又会促使消费者的心理转换速度进一步加快。传统购物方式已不能满足这种心理需求。

12.2.2 电子商务环境中消费者行为的制约因素

1. 对网上商店缺乏信任感

传统的购物方式表现为"眼看、手摸、耳听",但是当消费者在网上购物时,看到的只是商品的图片和文字介绍,而图片文字和实物之间是有一定差异的,消费者在网上所购商品不一定完全符合他们的需求。同时,由于个别网上商店存在作假现象,在我国法律还不是十分健全的情况下,消费者的权益很容易受到侵害。

2. 个人隐私权受到威胁

随着电子商务的发展,商家不仅要抢夺已有的客户,还要挖掘潜在的客户,而现有技术不能保障网上购物的安全性、保密性。隐私权不能得到保障,使许多消费者不愿参与网上购物。

3. 对价格预期缺乏满足感

消费者普遍希望能够买到物美价廉的商品,他们认为网上商品的价格应该比商场的价格低20%~30%。但是,目前网上商品价格的优惠达不到消费者的心理预期。

4. 对低效配送缺乏保障感

消费者在网上购买了商品后,都希望能快速方便地获得商品。但是,我国的物流配送体系还不够成熟和完善,商品在配送过程中存在周期较长、费用较高和准确率较低等问题,使得消费者在网上支付后有可能得不到商品,或者不能快速地得到商品。

5. 对网上支付机制缺乏信任感

现阶段电子商务缺乏网上有效的支付手段和信用体系，在支付过程中消费者的个人资料和信用卡密码可能会被窃取盗用，有时还会遇到虚假订单，没有订货却被要求支付货款或返还货款，使消费者望而生畏。

6. 对虚拟的购物环境缺乏安全感

在电子商务环境下，所有的企业在网上均表现为网址和虚拟环境，网络商店很容易建立，也容易作假，使消费者心存疑虑。另外，互联网是一个开放和自由的系统，目前仍缺乏适当的法律和其他规范手段，如果发生网上纠纷，消费者的权益不能获得足够的保障。

12.3 电子商务环境中的中介

12.3.1 电子商务中介的定义

电子商务中介是指存在于电子商务市场中的中介，其与传统的市场中介差别仅仅在于电子商务中介运作于虚拟的互联网环境中，有些电子商务中介甚至没有物理的实体存在。从职能上看，电子商务中介与传统市场中介并没有本质的差别，其目的都是为市场主体服务，提高市场效率；从提供的服务上看，电子商务中介更偏重于对交易有关数据的收集、整理和分析，以便为交易方提供有关交易的信息；但从管理主体来看，传统市场中介主要是通过管理者来进行管理，而电子商务中介是应用人与计算机的结合来进行管理。

12.3.2 电子商务中介的类型

按电子商务中介服务模式分，可以将其分为3类：一类是平台服务，主要以阿里巴巴、速卖通为典型代表；一类是信息集市化服务，这类服务以大众点评网、口碑网等为典型代表；一类是中介的中介，以去哪儿网为典型代表。

根据电子商务中介服务的内容不同，可以将电子商务中介分为四大类，即互联网服务提供商、第三方物流及金融中介、信息服务提供商和电子造市商(E-market maker)。电子商务中介的分类见表12-1。

表12-1 电子商务中介分类

类 别	服务内容
互联网服务提供商	提供网络通信、设备、软件
第三方物流及金融中介	提供电子商务交易的物流、资金流
信息服务提供商	为电子商务用户提供信息及交流环境
电子造市商	为特定交易类别聚集大量的买方和卖方

现就上述四大类别进行简要介绍。

第 12 章 电子商务经济

1. 互联网服务提供商

互联网服务提供商，即向广大用户综合提供互联网接入业务、信息业务和增值业务的电信运营商。ISP 是经国家主管部门批准的正式运营企业，受国家法律保护。

2. 第三方物流及金融中介

物流代理(第三方提供物流服务)。根据《物流术语》，对第三方物流的定义是："独立于供需双方，为客户提供专项或全面的物流系统设计或系统运营的物流服务模式。"

金融中介是指在金融市场上资金融通过程中，在资金供求者之间起媒介或桥梁作用的人或机构。

3. 信息服务提供商

信息服务提供商主要为电子商务用户提供信息及交流环境，主要有信用中介、搜索引擎、信息服务中介和虚拟社区中介。

(1) 信用中介通过确认交易者身份来降低交易双方的信息不对称。信用中介是利用市场公开信息和内部信息，运用专门的知识和经验，对有关的信息进行加工、处理、研究和分析，将交易中各种复杂的信息转化为简单明了的评级信息，可以降低交易双方的信息不对称。由于网上的通信双方互不见面，所以在交易前必须首先确认对方的真实身份；电子商务系统应该提供通信双方进行身份鉴别的机制，确保交易双方身份信息的可靠和合法。在电子商务市场上，电子商务认证中心是电子商务交易中受信任的和具有权威性的第三方，它通过发放数字证书来确认交易者身份的真实性和唯一性。

(2) 搜索引擎中介通过将海量信息进行加工、整理来解决信息不对称。由于搜索引擎是职业信息搜寻中介，通过提供网址、网页、文件搜索及综合服务等，能把无序、无限和缺乏质量控制的网络信息，通过收集、整理和加工等，转变为有限、有序和高质量的增值信息，满足用户日益复杂化的各类信息需求。所以他们的搜寻成本比一般市场参与者的低。在电子商务环境中，搜索引擎公司利用其强大的搜索功为消费者提供了更经济的搜寻服务。所以说搜索引擎是网络信息的必经之路，是用户消除信息不对称的重要手段。

案例 12-5

口 碑 网

口碑网是中国最大的生活搜索引擎，涵盖餐饮娱乐、租房、买房、工作和旅游等生活消费信息，信息遍布所有大中城市。自 2004 年 6 月成立以来，一直致力于做百姓生活的好向导，2006 年 10 月，阿里巴巴集团正式战略投资口碑网。雅虎本地生活搜索是口碑网提供给用户的重要服务功能。口碑网寓意口碑相传，邻里街坊的介绍可能胜过铺天盖地的产品广告，亲朋好友的推荐更能胜过商场超市的优惠打折，这就是口碑的力量。口碑网基于诚信的基本原则，为商家与百姓搭建有效的信息沟通平台，短短两年多的时间，已迅速成长为国内分类信息的领头羊。

口碑网旗下两大频道"餐饮休闲、房产交易(易赁房产)"都在同类网站中居首位。其中,地图找店和品客点评是口碑餐饮休闲的两大特色功能,为用户本地化生活提供更加便利和趣味的服务;易赁房产则为百姓提供出租、求租、二手房买卖的发布、查询和交易服务,并拥有国内分类信息领域完善的诚信体系;而本地搜索是口碑网提供给用户的又一大重要服务功能,它为老百姓查找各种生活信息提供了更加便捷的途径,并且正引领着业内的发展方向。

(3) 信息服务中介可以匹配买卖双方需求来解决信息不对称。由于网络上信息泛滥,消费者有需求却找不到合适的供应商,供应商生产出产品也很难找到有需求的消费者,市场效率十分低下。中介可以把消费者的需求与供应商提供的产品结合促成买卖双方达成交易,还可以使特定的买卖双方根据双方支付和索取意见进行区域或全球性匹配。在电子商务市场下,中介匹配的效率、参与匹配的人数和匹配的范围得到迅速提高和扩大,可以有效地缓解或者解决买卖双方信息不对称问题。

(4) 虚拟社区中介有效降低信息的不对称性。虚拟社区服务可以有效地降低信息的不对称性,电子商务中介通过创造交流和讨论的环境,吸引具有相同兴趣和问题的特定群体,从而提高用户对网站的忠诚度。例如,聊天室、BBS、各种论坛和俱乐部都是典型的虚拟社区,它们在沟通用户和厂家的关系以及支持市场研究方面发挥着重要作用。

4. 电子造市商

电子造市商在互联网上建立公共交易平台,为交易双方提供交易场所、交易规则和支持交易的网络设备,并通过这一平台将卖方及销售信息、买方及购买信息汇集在一起,并通过其制定的交易规则、管理机制来实现对交易双方行为的管理,从而规避交易过程中的风险。

12.3.3 电子商务中介的作用

1. 聚合商品,提高效率

中介能够将供应商的商品聚合在一起,从而降低交易成本。在这个市场中,每一个消费者必须单独同适合自己的供应商交易,同时每一个供应商必须同消费者洽谈并且填写订货单。中介能够聚合很多消费者的需求以及很多供应商的商品,能够提供不同供应商的替代性和互补性商品。商品的聚合有助于中介实现规模经济和范围经济。通过同时聚合相同的商品,将实现同时交易的大量商品共担固定成本,因此,降低了交易的平均成本。

2. 定价

中介在市场中发挥着为商品和服务制定价格的重要作用。中介基于所观测到的供需情况确定商品的价格。通过确定一种价格,中介扮演着拍卖师的角色,以使市场达到均衡。

3. 降低成本

信息在组织之间的传递是需要成本的,尤其表现在当信息中包含有暗含的或者与环境知识相关的内容时,这种成本更高。在这个方面,通过协调供应商和消费者之间的信息转换过程,中介能够让信息的交换变得相对容易。

4. 提高信任,防止市场中的机会主义行为

由于长期参与市场交易,中介在确保市场交易安全方面有较高的激励作用,并且确保交易中的每一方(供应商和消费者)实践其交易谈判的结果。因为交易中每一方在未来都必须同中介联系,所以中介可能处于一种较有利的位置来防止机会主义行为。

案例 12-6

团 购

团购作为一种新兴的电子商务模式,通过消费者自行组团、专业团购网站和商家组织团购等形式,提升用户与商家的议价能力,并极大程度地获得商品让利,引起消费者及业内厂商、甚至是资本市场关注。据了解,目前网络团购的主力军是年龄25~35岁的年轻群体,在北京、上海、深圳等大城市十分普遍。网友们一起消费、集体维权,同时团购网的公司提供网络监督,确保参与厂商资质,监督产品质量和售后服务。

团购的商品价格更为优惠,尽管团购还不是主流的消费模式,但它所具有的爆炸力已逐渐显露出来。业内人士表示,网络团购改变了传统消费的游戏规则。团购最核心的优势体现在商品价格更为优惠上。根据团购的人数和订购产品的数量,消费者一般能得到从5%~40%不等的优惠幅度。

2010年7~9月的3个月期间,网络团购市场累计购买金额的月复合成长率为109%,3~9月期间累计购买金额的增长率为241%。2010的全年销售额达到20亿元以上,2011年的总体团购市场规模保守地看为40亿元,乐观地看可以达到100亿元,网络团购市场也逐渐涌现出一批表现十分抢眼的电子商务团购网站,见表12-2。

表 12-2 2010 年中国团购网站交易额排名　　　　单位：亿元

排名	网站	域名	开团日期	网站类型	交易额
1	淘宝聚划算	Ju.taobao.com	2010 年 3 月	购物网站	5.2
2	拉手网	Lashou.com	2010 年 3 月	自主运营式团购网站	2.6
3	美团网	Meituan.com	2010 年 3 月	自主运营式团购网站	1.4
4	满座网	Manzuo.com	2010 年 1 月	自主运营式团购网站	1.2
5	糯米团	Nuomi.com	2010 年 6 月	SNS 网站	1
6	点评团	t.dianping.com	2010 年 7 月	生活服务类网站	0.9
7	QQ 团购	Tuan.qq.com	2010 年 7 月	门户网站	0.8
8	24 券网	24quan.com	2010 年 3 月	自主运营式团购网站	0.6
9	团宝网	Groupon.cn	2010 年 3 月	自主运营式团购网站	0.5
10	58 团购	t.58.com	2010 年 6 月	生活服务类网站	0.2

(资料来源：艾瑞资源相关数据)

互联网造富　英国居首中国第三

如果把互联网也当成一个国家经济体，它会是仅次于美国、中国、日本以及德国的全球第五大经济体。根据著名咨询机构波士顿 2012 年 3 月 20 日发布的报告，到 2016 年，全球将有 30 亿个网民，几乎是全球人口的一半。而论国家，英国的互联网经济价值 1 210 亿英镑(约合 1 920 亿美元)，占到国内生产总值(GDP)的 8.3%，全球领先。中国则居第三位，互联网经济占 GDP 的 5.5%，但价值达到 3 260 亿美元。

消费是大多数国家互联网经济增长的主要驱动因素。中国和印度凭借其与互联网相关的大量出口脱颖而出，其中中国是货物出口，而印度是服务出口。调查发现，在中国，高度网络化的企业(使用互联网进行市场营销、销售并与客户和供应商开展互动的企业)在过去 3 年中的收入增长达到 25%。而互联网应用水平较低或无互联网的中小企业在过去 3 年中的收入增长仅为 9%。

未来 5 年，发展中国家的互联网经济将平均以 17.8% 的速度增长，发达国家互联网经济的平均年度增速将为 8%，远超过其任何一个传统经济产业。如今个人电脑占据网络使用设备的 80%，而到了 2016 年，智能手机和平板电脑等移动设备所占的比例将大大增加。

本 章 小 结

本章介绍电子商务环境下的市场趋势及组织模式。通过了解电子商务环境下消费者行为的特点及其制约因素，可以为电子商务营销提供支持。另外对于电子商务中介的介绍能够增强学生对电子商务市场的了解。

第12章 电子商务经济

复习思考题

一、选择题

1. 电子商务环境中的消费者行为的特点包括( )。
   A. 追求个性化的消费   B. 追求方便、快捷的消费
   C. 追求时尚的消费   D. 追求物美价廉的消费
2. 电子商务中介包括( )。
   A. 互联网服务提供商   B. 第三方物流及金融中介
   C. 信息服务提供商   D. 电子造市商
3. 企业实施电子商务战略的4种模式包括( )。
   A. 部门形式   B. 分公司形式   C. 合资企业形式
   D. 独资企业形式 E. 战略联盟
4. 消费者行为的制约因素主要包括( )。
   A. 信任度   B. 个人隐私   C. 价格预期
   D. 低效配送   E. 支付安全
5. 近年来，我国先后出现了( )等新型电子商务模式。
   A. BMC   B. BGC   C. M2C
   D. B2C2C   E. SOLOMO

二、简答题

1. 简述电子商务环境下消费者行为的制约因素。
2. 简述电子商务中介的作用。

三、实践题

1. 了解一个团购网，提出一些对团购未来发展的改进意见。
2. 分析口碑网的盈利模式，提出一些未来的发展意见。

案例分析

近年来，社交化电子商务成为互联网行业内热议的话题。社交化电子商务，是指将关注、分享、沟通、讨论和互动等社交化的元素应用于电子商务交易过程的现象。具体而言，从消费者的角度来看，社交化电子商务，既体现在消费者购买前的店铺选择、商品比较等，又体现在购物过程中通过IM、论坛等与电子商务企业间的交流与互动，也体现在购买商品后消费评价及购物分享等。从电子商务企业的角度来看，通过社交化工具的应用及与社交化媒体、网络的合作，完成企业营销、推广和商品的最终销售。从社交化网络媒体或网络的角度来看，通过帮助电子商务企业完成推广和销售获取广告收入。

社交化电子商务具备两个核心特征：一是具有导购的作用；二是用户之间或用户与企业之间有互动与分享，即具有社交化元素。

按照开展社交化电子商务活动的主体类别，社交化电子商务划分为5类，即B2C网站自建社区、电商平台、门户及垂直媒体、综合SNS社区及微博和购物社交网站。

艾瑞咨询分析，对于新兴购物社交网站而言，发展初期运营成功的关键点分别为构建健康的内容产生机制、不断创新网站产品和应用、加大移动互联网的布局及加快融资步伐，提高行业门槛。

艾瑞咨询的调研数据显示，用户在社交化购物网站上常使用的功能是浏览(69.3%)，其次是分享(60.6%)、喜欢(55.2%)及评论(54.1%)；超八成用户会因为关注商品而关注发布者，因喜好相同等原因部分用户在社交化购物网站上结交到新朋友。84.7%的用户愿意继续使用社交化购物网站，其中有72.9%的用户会逐渐增加对此类网站功能的使用；仅有1.0%的用户表示不再使用此类网站；另有14.3%的用户表示不确定。由此可见，社交化购物网站逐渐得到用户的认可，未来用户继续使用的意愿很强。

(资料来源：http://news.iresearch.cn/zt/163947.shtml)

思考题：

1. 中国用户使用社交化购物网站的动因是什么？迎合消费者的哪种心理诉求？
2. 列举3~5个社交化电子商务的形式，并说明其特点。
3. 阐述美丽说、蘑菇街等购物分享社区的体验感受。

参 考 文 献

[1] 艾瑞学院. 蜕变：传统企业如何向电子商务转型[M]. 北京：清华大学出版社，2012.
[2] 白东蕊，岳云康，张莹. 电子商务概论[M]. 北京：人民邮电出版社，2010.
[3] 蔡剑，叶强. 电子商务案例分析[M]. 北京：北京大学出版社，2011.
[4] 陈德人. 网络零售[M]. 北京：清华大学出版社，2011.
[5] 傅翠晓，秦敏，黄丽华. 企业向平台型B2B电子商务模式的转型策略研究[J]. 商业经济与管理，2011(8).
[6] 韩莉. 我国网络团购发展的经济学思考[J]. 商业时代，2012(7).
[7] 洪涛. 电子商务盈利模式案例[M]. 北京：经济管理出版社，2011.
[8] 胡军. eBay中国实践之启示[M]. 北京：电子工业出版社，2009.
[9] 姜雷，陈敬良. 美国电子政务的立法状况及其对我国的启示[J]. 北京工商大学学报，2011(2).
[10] 荆林波. 阿里巴巴的网商帝国[M]. 北京：经济管理出版社，2009.
[11] 雷玲，张小筠，王礼力. 基于电子商务营销的网上冲动购买研究[J]. 商业研究，2012(3).
[12] 李怀恩. 电子商务网站建设与完整实例[M]. 北京：化学工业出版社，2009.
[13] 李晓秋. 电子商务法案例评析[M]. 北京：对外经济贸易大学出版社，2011.
[14] 梁春晓. 电子商务服务[M]. 北京：清华大学出版社，2010.
[15] 刘宏. 电子商务概论[M]. 北京：清华大学出版社，2010.
[16] 刘宁. 移动电子商务产业价值链分析及商务模式选择[J]. 中国电子商务，2011(6).
[17] 刘晓佳，张阑嫱. 我国移动电子商务发展趋势与对策研究[J]. 中国电子商务，2011(3).
[18] 罗辉林. 物流智联网[M]. 北京：机械工业出版社，2011.
[19] 石声波. 电子商务安全[M]. 北京：清华大学出版社，2011.
[20] 苏秋来. 基于平衡计分卡的企业绩效评价研究[J]. 商场现代化，2012(6).
[21] 涂伟，甘丽新. 基于云计算模式的电子商务安全研究[J]. 商业时代，2010(36).
[22] 汪楠，李佳洋. 电子商务客户关系管理[M]. 北京：中国铁道出版社，2011.
[23] 吴健. 电子商务物流管理[M]. 北京：清华大学出版社，2009.
[24] 奚宪铭，鞠成东，刘科文. 电子商务安全与法律[M]. 北京：中国铁道出版社，2009.
[25] 杨雪雁. 电子商务概论[M]. 北京：北京大学出版社，2010.
[26] 轶名. 不可复制的亚马逊[J]. IT时代周刊，2012(3).
[27] 臧良运，崔连和. 电子商务网站建设与维护[M]. 北京：电子工业出版社，2011.
[28] 曾宪义，王利明. 电子商务法[M]. 北京：中国人民大学出版社，2011.
[29] 张楚，曾宪文，王利明. 电子商务法[M]. 北京：中国人民大学出版社，2011.
[30] 张启涛. 关于第三方支付平台系统架构的研究与设计[J]. 中国电子商务，2011(12).
[31] 张侨. 多级电子商务供应链协同利益分配模型研究[J]. 商业研究，2010(1).
[32] 赵秋雁. 电子商务中消费者权益的法律保护[M]. 北京：人民出版社，2010.
[33] 周虹. 电子支付与网络银行[M]. 北京：中国人民大学出版社，2011.
[34] [美]戴夫·查菲. 电子商务管理：战略、执行与实务[M]. 3版. 大连：东北财经大学出版社，2011.
[35] [美]埃佛瑞姆·特伯恩，戴维·金，朱迪·兰. 电子商务导论[M]. 2版. 北京：中国人民大学出版社，2011.
[36] [美]加里·P·施奈德. 电子商务[M]. 北京：机械工业出版社，2011.

北大版·本科电子商务专业规划教材

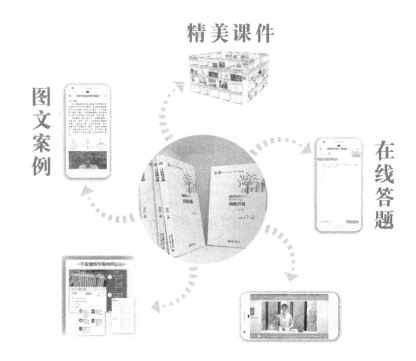

精美课件

图文案例

在线答题

部分教材展示

扫码进入电子书架查看更多专业教材，如需申请样书、获取配套教学资源或在使用过程中遇到任何问题，请添加客服咨询。